Recht –
schnell erfasst

AF077877

Ludwig Gramlich

Öffentliches Wirtschaftsrecht

Schnell erfasst

Unter Mitarbeit von
F. Mai, C. Manger-Nestler, K. Orantek,
D. Schwarz

Reihenherausgeber
Dr. iur. Detlef Kröger
Dipl.-Jur. Claas Hanken

Autor
Professor Dr. Ludwig Gramlich
TU Chemnitz
Professur für Öffentliches Recht
und Öffentliches Wirtschaftsrecht
Reichenhainer Straße 39
09126 Chemnitz
l.gramlich@wirtschaft.tu-chemnitz.de

Graphiken
Dirk Hoffmann

ISSN 1431-7559

ISBN 978-3-540-48692-3 Springer Berlin Heidelberg New York

Bibliografische Information der Deutschen Nationalbibliothek
Die Deutsche Nationalbibliothek verzeichnet diese Publikation in der Deutschen Nationalbibliografie; detaillierte bibliografische Daten sind im Internet über http://dnb.d-nb.de abrufbar.

Dieses Werk ist urheberrechtlich geschützt. Die dadurch begründeten Rechte, insbesondere die der Übersetzung, des Nachdrucks, des Vortrags, der Entnahme von Abbildungen und Tabellen, der Funksendung, der Mikroverfilmung oder der Vervielfältigung auf anderen Wegen und der Speicherung in Datenverarbeitungsanlagen, bleiben, auch bei nur auszugsweiser Verwertung, vorbehalten. Eine Vervielfältigung dieses Werkes oder von Teilen dieses Werkes ist auch im Einzelfall nur in den Grenzen der gesetzlichen Bestimmungen des Urheberrechtsgesetzes der Bundesrepublik Deutschland vom 9. September 1965 in der jeweils geltenden Fassung zulässig. Sie ist grundsätzlich vergütungspflichtig. Zuwiderhandlungen unterliegen den Strafbestimmungen des Urheberrechtsgesetzes.

Springer ist ein Unternehmen von Springer Science+Business Media

springer.de

© Springer-Verlag Berlin Heidelberg 2007

Die Wiedergabe von Gebrauchsnamen, Handelsnamen, Warenbezeichnungen usw. in diesem Werk berechtigt auch ohne besondere Kennzeichnung nicht zu der Annahme, dass solche Namen im Sinne der Warenzeichen- und Markenschutz-Gesetzgebung als frei zu betrachten wären und daher von jedermann benutzt werden dürften.

Herstellung: LE-TeX Jelonek, Schmidt & Vöckler GbR, Leipzig
Umschlaggestaltung: WMX Design GmbH, Heidelberg

SPIN 11920588   64/3180YL - 5 4 3 2 1 0   Gedruckt auf säurefreiem Papier

Vorwort

Öffentliches Wirtschaftsrecht umfasst eine so große Vielzahl von Sachverhalten und Vorgängen auf internationaler, europäischer, nationaler, regionaler und schließlich lokaler Ebene, dass sich eine Einführung notwendigerweise auf einige wichtige Aspekte dieses Themenfeldes beschränken muss. Andererseits erfordert die zunehmende Vernetzung wirtschaftlicher Organisationen und Transaktionen auch mittels rechtlicher Institutionen und Regeln einen Blick über die herkömmlichen Schwerpunkte des Gebiets, nämlich (deutsches) Wirtschaftsverfassungs- und Wirtschaftsverwaltungsrecht, hinaus. Ohne Grundkenntnisse über Art und Inhalt dieser Vorprägung lässt sich das aktuelle Verhältnis von Staat und Wirtschaft innerhalb eines bestimmten Territoriums kaum begreifen. Die Darstellung weist daher bewusst einige Schnittstellen zu »Internationales Wirtschaftsrecht – schnell erfasst« (2004) auf. Sie ist aus Lehrveranstaltungen (Vorlesungen und Übungen) zum Öffentlichen Wirtschaftsrecht entstanden, die jeweils mit speziellen Kursen sowohl zum nationalen Recht (Subventions-, Vergaberecht – öffentliche Unternehmen – Recht der Bankwirtschaft einschl. Währungsrecht – Recht der Information und Kommunikation) als auch zum europäisch-internationalen Recht (Internationales und Europäisches Wirtschaftsrecht – Außenwirtschaftsrecht der Europäischen Union) abgestimmt wurden. An diesen Veranstaltungen haben über Jahre hinweg Mitarbeiterinnen und Mitarbeiter der Professur mitgewirkt, die daher auch die Abfassung einzelner Kapitel dieses Werks (Zulässigkeit staatlicher wirtschaftlichen Betätigung – Öffentliche Unternehmen – Entwicklungen und Tendenzen staatlicher Wirtschaftstätigkeit: Privatrechtlich organisierte Wirtschaftsverwaltung und Privatisierungen – Instrumentarium der Wirtschaftsverwaltung: Frank Mai; Verfassungsrechtliche Grundlagen des öffentlichen Wirtschaftsrechts in Deutschland – Europäische Wirtschafts- und Währungsverfassung – Nationale, europäische, »Weltwirtschaftsordnung« – Subventionsrecht: Nationale Regelungen – EG-Beihilfenrecht: Dr. Cornelia Manger-Nestler; Datenschutz im Öffentlichen Wirtschaftsrecht – Gewerbeordnung – Gaststättenrecht – Handwerksrecht – Immissionsschutzrecht: Kerstin Orantek; Organisation der Wirtschaftsverwaltung – Selbstverwaltung der Wirtschaft: Doina Schwarz) sowie von Fällen und Lösungen (1.: Dr. C. Manger-Nestler/D. Schwarz; 2.: K. Orantek) übernommen haben. Das Konzept erforderte freilich noch eine glättende Schlussredaktion, um ein Mindestmaß an Einheitlichkeit zu gewährleisten. Angestrebt wurde kein umfassender Überblick über wirtschaftsrechtliche und -relevante Regelungen; die Auswahl im Besonderen Teil ist daher Präferenzen der Autoren geschuldet und soll zugleich traditionelle wie moderne Facetten des Rechtsgebiets deutlich machen.

Chemnitz, März 2007   Ludwig Gramlich

Inhaltsübersicht

Einleitung   1
- Einführung: Nationales und internationales, privates und öffentliches Wirtschaftsrecht • Begriffe und System • Akteure •

Wirtschaftsverfassungsrecht   15
- Verfassungsrechtliche Grundlagen des öffentlichen Wirtschaftsrechts in Deutschland • Europäische Wirtschafts- und Währungsverfassung • Nationale, europäische, »Weltwirtschaftsordnung« •

Organisation der Wirtschaftsverwaltung   53
- Staatliche Wirtschaftsverwaltung • Selbstverwaltung der Wirtschaft •

Wirtschaftliche Betätigung staatlicher Einheiten / der »öffentlichen Hand«   69
- Zulässigkeit staatlicher wirtschaftlicher Betätigung • Öffentliche Unternehmen • Entwicklungen und Tendenzen staatlicher Wirtschaftstätigkeit •

Instrumentarium der Wirtschaftsverwaltung   97
- Aufgaben- und Befugnisnormen • Informationen über und für die Wirtschaft • Wirtschaftsplanung • Wirtschaftsüberwachung • Wirtschaftslenkung • Wirtschaftsförderung • Wirtschaftsverwaltungshandeln •

Weitere Querschnittsregelungen   135
- Datenschutz im Öffentlichen Wirtschaftsrecht • Verstöße gegen Vorschriften des öffentlichen Wirtschaftsrechts und Sanktionierung •

Besonderer Teil: Gewerberecht   151
- Gewerbeordnung • Besondere Bereiche •

Besonderer Teil: Immissionsschutzrecht   185
- Rechtsgrundlagen und Zuständigkeiten • Begriffe • Genehmigungsbedürftige Anlagen • Nicht-genehmigungsbedürftige Anlagen •

Besonderer Teil: Regulierungsrecht   195
- Telekommunikationsrecht • Energiewirtschaftsrecht • Andere Sektoren •

Besonderer Teil: Subventionsrecht   211
- Nationale Regelungen • EG-Beihilfenrecht •

Fälle und Lösungen   221
- »Durch dick und dünn« • »Indian Summer« • »Verbotenes Silber« •

Register   243

Einleitung

1.	Einführung: Nationales und internationales, privates und öffentliches Wirtschaftsrecht	2
2.	**Begriffe und System**	6
2.1.	Begriffsbestimmungen und -abgrenzungen	6
2.2	Systematischer Überblick über das deutsche Öffentliche Wirtschaftsrecht	7
3.	**Akteure**	11
3.1.	Person, Unternehmer, Betrieb, Unternehmen	11
3.2.	Private und öffentliche Unternehmen	12
4.	**Wiederholungsfragen**	14

1. Einführung: Nationales und internationales, privates und öffentliches Wirtschaftsrecht

Breite Gesetzgebungskompetenzen des Bundes

Das »**Recht der Wirtschaft**« wird in Art. 74 Abs. 1 Nr. 11 des Grundgesetzes (GG) als ein Gegenstand angesprochen, der in die **konkurrierende Gesetzgebungszuständigkeit** des Bundes (nach Art. 72 GG) fällt. In einem Klammerzusatz der Vorschrift werden dann **einzelne Bereiche** des Wirtschaftslebens aufgeführt: »Bergbau, Industrie, Energiewirtschaft, Handwerk, Gewerbe, Handel, Bank- und Börsenwesen, privatrechtliches Versicherungswesen«. Durch die am 1. September 2006 in Kraft getretene GG-Änderung (»Föderalismusreform«) wird nunmehr ausgenommen »das Recht des Ladenschlusses, der Gaststätten, der Spielhallen, der Schaustellung von Personen, der Messen, der Ausstellungen und der Märkte«. Darüber hinaus finden sich in demselben Absatz weitere Materien mit **wirtschaftlichem Bezug**: »Gemeinwirtschaft« (Nr. 15), (Verhütung des) Missbrauch(s) »wirtschaftlicher Machtstellung« (Nr. 16), »Land- und Forstwirtschaft« (sowie Fischerei, Nr. 17). Gemeinsam ist diesen Gebieten die Ausrichtung auf inländische Sachverhalte. Die – ebenso wie die verschiedenen »**Verkehrs**«-Sektoren (Art. 74 Abs. 1 Nr. 21 – 23 und Art. 73 Nr. 6, 6a GG) – nicht nur als eigene Wirtschaftszweige, sondern auch als zentrale Basis für andere ökonomische Aktivitäten wichtigen Bereiche »Post(wesen)« und »Telekommunikation« (Art. 73 Abs. 1 Nr. 7) fallen hingegen in die **ausschließliche Gesetzgebung** des Bundes (Art. 71). In diesem Kontext stehen auch die »Freizügigkeit« von Personen (im Inland) sowie die »Ein- und Auswanderung« aus einem bzw. in einen anderen Staat (Art. 73 Abs. 1 Nr. 3), das »Währungs-, Geld- und Münzwesen« (Nr. 4) sowie – auf grenzüberschreitende Transaktionen bezogen – der »Waren- und Zahlungsverkehr mit dem Auslande einschließlich des Zoll- und Grenzschutzes« (Nr. 5).

Ausschließliche und konkurrierende Kompetenzen

Kein System öffentlichen Wirtschaftsrechts

Ein **System** des (nationalen) öffentlichen Wirtschaftsrechts ist insoweit kaum zu erkennen. Trotzdem ist eine **doppelte, grundsätzliche Unterscheidung** möglich und notwendig: Zum einen können sich Regelungen entweder nur oder primär auf die **nationale** (inländische) Wirtschaft beziehen oder stattdessen auch oder allein Geschäfte mit **ausländischen Akteuren** oder im Ausland betreffen. Nationales – staatliches – Wirtschaftsrecht befasst sich nicht nur mit rein inländischen Vorgängen, sondern erstreckt sich dann auch auf **internationale Transaktionen**, wenn an ihnen neben Ausländern auch zumindest ein Inländer beteiligt ist oder sich diese (teilweise) nicht im eigenen Gebiet vollziehen. Die Befugnis zu einer hierauf bezogenen »extraterritoria-

Unterscheidungskriterien

len« Rechtsetzung ergibt sich im ersten Fall aus der »**Personalhoheit**« jedes Staates über seine eigenen **Staatsangehörigen** unabhängig von ihrem Wohn- oder Aufenthaltsort, im zweiten aus der »**Territorialhoheit**« über das gesamte (dreidimensionale) eigene **Staatsgebiet**. Daher können nationales und internationales Wirtschaftsrecht in ihren Anwendungsfeldern zusammentreffen, sich sogar überschneiden. Denn sowohl bei Regelungen in Bezug auf Ausländer bzw. gebietsfremde Personen als auch im Hinblick auf (wirtschaftliche) Vorgänge außerhalb des eigenen Staatsgebiets muss jeder Staat internationale (rechtliche) »Rahmenbedingungen« einhalten, damit seine Vorschriften (Rechts-)Wirkungen entfalten und diese auch von anderen Staaten akzeptiert werden. Nicht nur muss jeder Staat allgemein die (gleiche) **Souveränität** des durch einen solchen Regelungsanspruch berührten zweiten, dritten oder x-ten Staates respektieren, sondern er muss auch die mit diesem (und ggf. weiteren Ländern) geschlossenen (völkerrechtlichen) Verträge einhalten und darf schon bei der Festlegung der Vertragsinhalte auch grundlegende **Menschenrechte** wirtschaftlicher Art als »zwingendes Recht« (ius cogens) nicht außer Acht lassen. Auf diese Weise werden zumeist aber nur (horizontal) Rechte und Pflichten für die (staatlichen) Vertragspartner begründet; im (vertikalen) Verhältnis zu (ausländischen) Individuen/Unternehmen hingegen ergeben sich Möglichkeiten und Schranken grenzüberschreitender wirtschaftlicher Betätigung bis heute vorwiegend aus nationalen Bestimmungen, nämlich dem jeweiligen »**Außenwirtschaftsrecht**« der an der Transaktion beteiligten Personen.

Anwendungsbereiche

Grenzen auslandsbezogener Regelungen

§ 1 Abs. 1 AWG
Der Waren-, Dienstleistungs-, Kapital-, Zahlungs- und sonstige Wirtschaftsverkehr mit fremden Wirtschaftsgebieten sowie der Verkehr mit Auslandswerten und Gold zwischen Gebietsansässigen ... ist grundsätzlich frei. Er unterliegt den Einschränkungen, die dieses Gesetz enthält oder die durch Rechtsverordnung auf Grund dieses Gesetzes vorgeschrieben werden.

Schon auf der Ebene des »**Internationalen Wirtschaftsrechts**« stecken Bestimmungen des vertraglichen und sonstigen (Wirtschafts-)Völkerrechts zumeist lediglich den Rahmen ab, innerhalb dessen private Individuen oder Unternehmen internationale Geschäfte tätigen. Diese privatrechtlichen Beziehungen werden durch allgemeines Völkerrecht aber nur in einzelnen Punkten näher ausgestaltet. Ähnlich verhält es sich auch auf der nationalen Ebene: **Öffentliches (Wirtschafts-)Recht** sichert in erster Linie privates wirtschaftliches Handeln gegenüber staatlichen Eingriffen ab, die – bezogen auf den Akteur und/oder den Gegenstand – ein Verhalten verbieten oder einschränken.

Öffentliches und privates Wirtschaftsrecht

§ 1 GewO

(1) Der Betrieb eines Gewerbes ist jedermann gestattet, soweit nicht durch dieses Gesetz Ausnahmen oder Beschränkungen vorgeschrieben oder zugelassen sind. ...

Verknüpfungen

Dadurch gewährleisten seine Vorschriften **Privatautonomie** im wirtschaftlichen Bereich, vor allem in Form von Vertrags- und Vereinigungsfreiheit. Abschluss, Inhalt und Form eines Vertrags, aber auch die Voraussetzungen für die Errichtung eines Unternehmens in einer bestimmten Rechtsform stehen im Mittelpunkt des (Wirtschafts-)Privatrechts; maßgeblich für letzteres sind die die allgemeinen Bestimmungen des BGB insoweit ergänzenden und konkretisierenden speziellen Regelungen des Handels- und Gesellschaftsrechts.

Auch öffentliches und privates (Wirtschafts-)Recht sind vielfach miteinander verknüpft. So kann etwa eine behördliche Maßnahme ausschlaggebend für die (Un-)Wirksamkeit eines Vertrages sein (»**privatrechtsgestaltender**« **Verwaltungsakt**).

§ 37 Abs. 2 TKG

Verträge über Dienstleistungen, die andere als die genehmigten Entgelte enthalten, werden mit der Maßgabe wirksam, dass das genehmigte Entgelt an die Stelle des vereinbarten Entgelts tritt.

Auch können sich aus dem Umstand, dass ein Akteur die für seine Betätigung erforderliche öffentlich-rechtliche Genehmigung (noch) nicht erhalten hat und diese ihre Wirksamkeit eingebüßt hat, sowohl zivil- als auch strafrechtliche Konsequenzen ergeben.

§ 23a EnWG

(2) ... Die genehmigten Entgelte sind Höchstpreise und dürfen nur überschritten werden, soweit ...

(5) Ist vor Ablauf der Befristung oder vor dem Wirksamwerden eines Widerrufs ... eine neue Genehmigung beantragt worden, so können bis zur Entscheidung über den Antrag die bis dahin genehmigten Entgelte beibehalten werden. ...

§ 149 Abs. 1 TKG

Ordnungswidrig handelt, wer vorsätzlich oder fahrlässig ...
6. ohne Genehmigung ... ein Entgelt erhebt ...

§ 54 Abs. 1 KWG

Wer
1. Geschäfte betreibt, die nach § 3 ... verboten sind, oder

2. ohne Erlaubnis nach § 32 Abs. 1 Satz 1 Bankgeschäfte oder Finanzdienstleistungen erbringt, wird mit Freiheitsstrafe bis zu drei Jahren oder mit Geldstrafe bestraft.

2. Begriffe und System

2.1. Begriffsbestimmungen und -abgrenzungen

Teil des Öffentlichen Rechts

Öffentliches Wirtschaftsrecht ist ein Teil des Öffentlichen Rechts; wie beim **Wirtschaftsprivatrecht** ist der Gegenstand dieses Rechtsgebiets das Wirtschaftsleben, durch seine Vorschriften werden rechtliche Grundlagen für wirtschaftliche Tätigkeit geschaffen. Wie andere Felder des Öffentlichen Rechts befasst sich aber auch das Öffentliche Wirtschaftsrecht in erster Linie mit dem vertikalen, regelmäßig durch Über-/Unterordnung gekennzeichneten Verhältnis von privaten und – soweit ihnen wirtschaftliche Betätigung nicht verboten ist – auch öffentlichen Akteuren einer- und staatlichen Stellen, insbesondere solchen der Legislative und der Exekutive, andererseits. Seine Regelungen beziehen sich dabei sowohl auf die Voraussetzungen für die Aufnahme (und – als Gegenstück – die Beendigung) wirtschaftlicher Aktivitäten als auch auf die Überwachung der »laufenden« Tätigkeit durch verschiedene Aufsichtsmittel. Eingriffe in wirtschaftliche Abläufe – in Märkte – durch Verbote, Beschränkungen oder andere, indirekte (finanzielle) Belastungen sind aber nur die eine Seite der Medaille; eine Einflussnahme auf die Akteure und ihr Verhalten kann daneben oder stattdessen auch durch »positive« Anreize in Form staatlicher Förderung erfolgen. Des weiteren setzt eine effektive und effiziente Lenkung voraus, dass staatliche Stellen in der Lage sind, sich von Wirtschaftsteilnehmern alle nötigen Informationen zu beschaffen, und müssen auch Vorkehrungen dafür getroffen werden, dass gegenüber erheblichen oder sogar kriminellen Rechtsverletzungen wirksame Sanktionen erfolgen können. Wirtschaftliche Betätigung ist schließlich nicht ausschließlich auf private Personen oder Unternehmen beschränkt, vielmehr stellen sich spezifische Probleme, wenn sich staatliche Einrichtungen am Wirtschaftsverkehr beteiligen und als »öffentliche Unternehmen« an Märkten mit Privaten konkurrieren.

Nationales und EG-Wirtschaftsrecht

Wie das Öffentliche Recht im Allgemeinen, so lässt sich auch das Öffentliche Wirtschaftsrecht in **Wirtschaftsverfassungs-** und **Wirtschaftsverwaltungsrecht** unterteilen. Dabei wird freilich der Blick auf die nationale Ebene konzentriert, werden also die Rahmenbedingungen und Vorgaben des **EG-Wirtschaftsrechts** ausgeblendet. Die vor allem für spezielle Regelungen für »Verwaltungs«-Verfahren (VwVfG), -»Vollstreckung« (VwVG) und -»Prozess« (VwGO) ausgerichtete Trennung zwischen »allgemeinem« Privat- und besonderem »Öffentlichen« Recht findet allerdings auf europäischer Ebene auch keine direkte Entsprechung. Zudem liegt hier der Schwerpunkt auf Rechtsetzung und findet ein direkter Vollzug (durch eigene »Behörden« oder »Agenturen« der EG/EU) bislang nur selten statt. Daher werden Prinzipien und Regeln des EG-Wirtschaftsrechts im Folgenden nur punktuell, vor allem bei der Behandlung verfassungsrechtlicher Problemstellungen, berücksichtigt.

2.2. Systematischer Überblick über das deutsche Öffentliche Wirtschaftsrecht

Nationales Öffentliches Wirtschaftsrecht ist nicht nur dann in ein internationales Regelungsumfeld eingebunden, wenn und soweit es Vorgänge mit grenzüberschreitendem Bezug regelt. Auch rein oder primär auf das Inland (Bundesgebiet) bezogene Vorschriften dienen häufig – und wohl in immer größerem Maße – der **Umsetzung internationalen, globalen oder regionalen Rechts**. So verpflichtet die Unterzeichnung eines völkerrechtlichen Vertrags jede Partei eines solchen Übereinkommens dazu, eingegangene Pflichten nötigenfalls auch durch Erlass oder Änderung innerstaatlicher Rechtsvorschriften zu erfüllen. Ob dazu ein (Parlaments-)Gesetz auf Bundes- oder Landes-Ebene erforderlich ist, bemisst sich dabei zunächst nach Art. 32 GG; soweit es hiernach um eine Bundeszuständigkeit geht, greift Art. 59 Abs. 2 GG ein. Bundestag und Bundesrat werden also immer dann mit einem »Vertrags«- bzw. »Zustimmungsgesetz« befasst, wenn es entweder um einen Gegenstand der Bundesgesetzgebung (nach Art. 73, 74 etc.) geht oder der Vertrag die (hoch)»politischen Beziehungen« des Bundes regelt.

Einfluss internationalen Rechts

Abkommen wirtschaftlichen Inhalts bestehen mit einer Vielzahl anderer Staaten; wichtige Fälle sind **Handels-, Niederlassungs- und Kapitalschutzverträge**. Nur bei den weit über 100 Verträgen über die Förderung und den Schutz von »Kapitalanlagen« kann allerdings die Bundesrepublik auch als EG-Mitgliedstaat noch eigenständig tätig werden und (durch den Bundespräsidenten, Art. 59 Abs. 1 S. 2 GG) solche Übereinkommen ohne Mitwirkung von EG-Organen aushandeln und ratifizieren; die anderen Bereiche der Wirtschaftsbeziehungen zu Drittstaaten gehören ganz oder weitgehend zur »**Gemeinsamen Handelspolitik**« (Art. 133 EG-Vertrag) und fallen daher in die ausschließliche Kompetenz der Europäischen Gemeinschaft. Im nationalen Recht erlangen solche Umsetzungs-Regelungen allerdings nur den Rang eines einfachen Bundesgesetzes; ein späteres Gesetz kann daher, wenn ein Verstoß gegen die völkerrechtliche Pflicht zur Vertragstreue in Kauf genommen wird, die innerstaatliche Wirkung des früheren aufheben.

Wirtschaftsverträge seitens der EG und der Mitgliedstaaten

Anders verhält es sich nur im Hinblick auf **Rechtsakte der EG**: Hier lässt das nationale Verfassungsrecht durch Art. 23 Abs. 1 GG zu, dass

Vorrang des EG-Rechts vor Recht der Mitgliedstaaten

sowohl die primärrechtlichen Vorschriften (Gründungs-, Änderungs-, Beitrittsverträge) als auch das Sekundärrecht – verbindliche Regelungen von Rat (und Europäischem Parlament) oder Kommission in Form von »Verordnungen« oder »Richtlinien« (Art. 249 Abs. 2, 3 EGV) – innerstaatlichem Recht vorgehen. Dieser »**Anwendungsvorrang**« gilt gegenüber Bundes- und Landesrecht; er betrifft sowohl Verfassungs- als auch Gesetzes- und Verordnungsrecht (jedes einzelnen EG-Mitgliedstaates). »**Verordnungen**« werden von nationalen Behörden ohne weiteres angewendet; die innerstaatlichen Vorschriften beinhalten insoweit lediglich ergänzende Regelungen zur (sachlichen) Zuständigkeit, zum Verfahren (sofern nicht bereits durch EG-Recht geregelt) und zu Sanktionen bei Verstößen gegen EG-Vorschriften.

§ 50 Abs. 1 GWB

Soweit ihre Zuständigkeit nach den §§ 48 und 49 begründet ist, sind das Bundeskartellamt und die obersten Landesbehörden für die Anwendung der Artikel 81 und 82 des Vertrages zur Gründung der Europäischen Gemeinschaft zuständige Wettbewerbsbehörden im Sinne des Artikels 35 Abs. 1 der Verordnung (EG) Nr. 1/2003.

§ 26 Abs. 1 AWG

Durch Rechtsverordnung können Vorschriften über das Verfahren bei der Vornahme von Rechtsgeschäften und Handlungen im Außenwirtschaftsverkehr erlassen werden, soweit solche Vorschriften zur Durchführung dieses Gesetzes oder von Regelungen der in Satz 2 genannten Art oder zur Überprüfung der Rechtsgeschäfte auf ihre Rechtmäßigkeit ... erforderlich sind. Regelungen im Sinne des Satzes 1 sind

1. die Bestimmungen der Verträge zur Gründung der Europäischen Gemeinschaften,
2. die Bestimmungen in Verträgen, ... die auf Grund der in Nummer 1 genannten Verträge zustande gekommen sind oder zu deren Erweiterung, Ergänzung oder Durchführung ... abgeschlossen ... sind,
3. Rechtsakte des Rates oder der Kommission der Europäischen Gemeinschaften auf Grund oder im Rahmen der in den Nummern 1 und 2 genannten Verträge. ...

§ 34 Abs. 4 AWG

Mit Freiheitsstrafe nicht unter zwei Jahren wird bestraft, wer ... einem im Bundesgesetzblatt oder im Bundesanzeiger veröffentlichten Rechtsakt der Europäischen Gemeinschaften zur Beschränkung des Außenwirtschaftsverkehrs, die der Durchführung einer vom Sicherheitsrat der Vereinten Nationen nach Kapitel VII der Charta der Vereinten Nationen beschlossenen wirtschaftlichen Sanktionsmaßnahme dienen, zuwiderhandelt. ...

»**Richtlinien**« hingegen richten sich zunächst nur an (alle) EG-Mitgliedstaaten; für Privatpersonen oder Unternehmen ergeben sich Verpflichtungen erst dann, wenn der Rechtsakt im jeweiligen Land ordnungsgemäß (regelmäßig durch den parlamentarischen Gesetzgeber) umgesetzt worden ist. Rechte hingegen können auch dann eingefordert werden, wenn ein Staat Vorschriften einer Richtlinie nicht vollständig, nicht rechtzeitig oder sonst nicht ordnungsgemäß »transformiert« hat. Eine solche »**Direktwirkung**« setzt allerdings voraus, dass die fragliche Regelung hinreichend bestimmt und unbedingt formuliert ist, und tritt nur im »vertikalen« Verhältnis gegenüber dem säumigen Staat ein.

Art. 6 Rats-Richtlinie 93/104
Die Mitgliedstaaten treffen die erforderlichen Maßnahmen, damit nach Maßgabe der Erfordernisse der Sicherheit und des Gesundheitsschutzes der Arbeitnehmer: ...
2. die durchschnittliche Arbeitszeit pro Siebentageszeitraum 48 Stunden einschließlich der Überstunden nicht überschreitet.

Die der Begünstigung des Arbeitnehmers in der »horizontalen« Beziehung korrespondierende Verpflichtung des Arbeitgebers ergibt sich dabei erst und nur aus der nationalen Umsetzung (hier durch Arbeitszeitgesetz bzw. einen dieses ausfüllenden Tarifvertrag).

Öffentliches Wirtschaftsrecht setzt sich zum weitaus überwiegenden Teil aus **Bundesgesetzen** zusammen, der **Vollzug** auch dieser Vorschriften ist andererseits regelmäßig Sache der **Bundesländer** (Art. 83, 84 GG). Damit fällt in ihre Kompetenz, je spezielle oder auch allgemeine Organisations- und Verfahrensbestimmungen zu erlassen. Zumindest steht den Ländern über den Bundesrat ein Mitgestaltungsrecht (»Zustimmungserfordernis«) zu, soweit diesbezügliche Regelungen auf Bundesebene ergehen sollen.

§ 155 Abs. 2 GewO
Die Landesregierungen oder die von ihnen benannten Stellen bestimmen die für die Ausführung dieses Gesetzes und der nach diesem Gesetz ergangenen Rechtsverordnungen zuständigen Behörden, soweit in diesem Gesetz nichts anderes bestimmt ist.

Eine Ordnung nach **Sachgebieten** ergibt die folgende grobe **Gliederung** des (nationalen) Öffentlichen Wirtschaftsrechts:

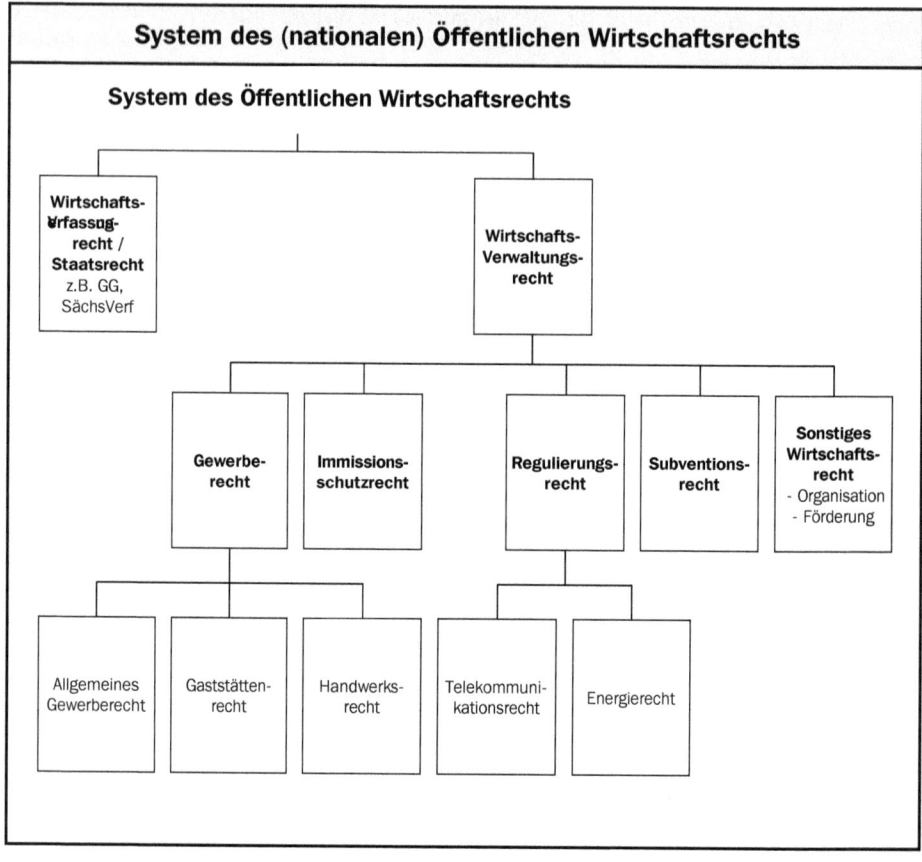

3. Akteure

3.1. Person, Unternehmer, Betrieb, Unternehmen

Auch im Öffentlichen Wirtschaftsrecht agieren als **Rechtssubjekte** **natürliche** oder **juristische Personen** (diese durch ihre Organe). Als Träger von Rechten und Pflichten sind sie insbesondere fähig, an **Verwaltungsverfahren beteiligt** (§ 11 Nr. 1 VwVfG) zu sein, und haben die Stellung einer **Partei** vor (Verwaltungs-)**Gerichten** (§ 61 Nr. 1 VwGO).

Arten von Akteuren

Um wirksam Verfahrens- oder Prozesshandlungen vorzunehmen, müssen allerdings natürliche Personen nach bürgerlichem Recht für die jeweilige Angelegenheit **geschäftsfähig** sein (§ 12 Abs. 1 Nr. 1, 2 VwVfG, § 62 Abs. 1 Nr. 1, 2 VwGO). Aufgrund dieser Vorschriften können dann auch (nach § 106 BGB beschränkt geschäftsfähige) **Minderjährige** weithin selbstständig unternehmerisch tätig werden (§ 112 BGB), nicht zuletzt, wenn sie als »gesetzlicher Vertreter« oder »besonders Beauftragter« für eine juristische Person oder eine sonstige (teilrechtsfähige) Vereinigung handeln.

Eine allgemeine gesetzliche Definition von »**Unternehmer**« oder »**Unternehmen**« existiert nicht. Die in §§ 13 und 14 BGB enthaltenen Begriffsbestimmungen geben lediglich einen **Anhaltspunkt**, dass hierfür eine »gewerbliche oder selbständige berufliche Tätigkeit« kennzeichnend ist; bezweckt wird dort jedoch (nur) eine Abgrenzung des Anwendungsbereichs von privatrechtlichen Verbraucherschutz-Vorschriften.

Kein allgemeiner Unternehmer- oder Unternehmensbegriff

Im Hinblick auf die grundrechtlich gewährleistete Berufs- und Eigentumsfreiheit ist von einem **weiten Verständnis** auszugehen: Jeder Einzelne bzw. jede nach außen hin einheitlich auftretende organisatorische Einheit, der/die mit der Absicht dauerhafter, gewinnorientierter Tätigkeit mit anderen Personen aus freien Stücken geschäftliche Beziehungen aufnimmt, handelt als »Unternehmer«/»Unternehmen«. Insoweit ist unerheblich, ob die Aktivitäten gewerblicher, land- oder forstwirtschaftlicher oder freiberuflicher Art sind; keine Rolle spielen auch Art oder Zahl von Betriebsstätten, die Rechtsform oder die Eigentums-/Anteilsverhältnisse.

Häufig sprechen Gesetze vom »**Betreiben**« wirtschaftlicher Tätigkeiten bzw. von einem (Gewerbe-)»**Betrieb**«. Diese Formulierung ist auslegungsbedürftig: Sie kann sich mit dem Unternehmens-Begriff decken; ein Unternehmen kann allerdings auch – an mehreren Orten – verschiedene Betriebe (**Betriebsstätten**) unterhalten. Bedeutsam ist dies vor allem im (kollektiven) Arbeitsrecht, also im (Innen-) Verhältnis zwischen Arbeitgeber und Arbeitnehmer (»Betriebsverfassungsgesetz«, »Betriebsrat«).

3.2. Private und öffentliche Unternehmen

§ 130 Abs. 1 S. 1 GWB erfasst unter die Überschrift »**Unternehmen der öffentlichen Hand**« alle Einheiten,

die ganz oder teilweise im Eigentum der öffentlichen Hand stehen oder die von ihr verwaltet oder betrieben werden.

Die Unterscheidung ist nicht nur für das allgemeine Wettbewerbsrecht bedeutsam. Staatlichen Stellen ist eine wirtschaftliche Betätigung auf Märkten nicht untersagt. Hierfür können freilich spezielle gesetzliche **Zugangshindernisse** bestehen, wie z.B. im Kommunalrecht.

§ 97 Abs. 4 SächsGemO

Bankunternehmen darf die Gemeinde nicht betreiben. Für das öffentliche Sparkassenwesen ... gelten besondere Vorschriften.

Für das (zulässige) **Marktverhalten** auch von »öffentlichen Unternehmen« sind dann die Vorschriften des **Privatrechts** maßgeblich, etwa über den Abschluss oder Inhalt von Verträgen. Das Merkmal »**öffentlich**« steht dabei für eine (wesentliche) bundes-/gliedstaatliche oder kommunale Beteiligung bzw. Einflussnahme. »Öffentliche Unternehmen« können in unterschiedlichen Rechtsformen bestehen und müssen nicht notwendig rechtlich von ihrem staatlichen Träger getrennt sein. Ein Beispiel für eine bloß wirtschaftlich-organisatorische Ausgliederung sind kommunale »**Eigenbetriebe**«.

§ 1 SächsEigBG

Die Gemeinden und Landkreise können ... wirtschaftliche Unternehmen ... als Eigenbetriebe führen, wenn deren Bedeutung es rechtfertigt.

§ 4 Abs. 1 SächsEigBG

Durch die Betriebssatzung kann für den Eigenbetrieb eine Betriebsleitung gebildet werden. ...

§ 12 Abs. 1 SächsEigBG

Der Eigenbetrieb ist finanzwirtschaftlich als Sondervermögen der Gemeinde zu verwalten und nachzuweisen.

Werden öffentliche Unternehmen in privatrechtlicher Form geführt, so muss dies aus haushaltsrechtlichen Gründen (Haftungsbeschränkung) in Form einer **Kapitalgesellschaft** geschehen. Halten auch Private Anteile an solchen Gesellschaften (vor allem AG oder GmbH), spricht man von »**gemischten**« **Unternehmen** – einer speziellen Ausgestaltung von »public private partnership«.

Unterschiedliche Rechtsformen

Als **Formen** des öffentlichen Rechts für öffentliche Unternehmen sind vor allem **Anstalten** und **Zweckverbände** (Verbandskörperschaften) anzutreffen.

(Sächsisches) KrwG, § 1

(1) Sparkassen ... sind rechtsfähige Anstalten des öffentlichen Rechts.
(3) Mehrere Landkreise, Kreisfreie Städte und Zweckverbände können gemeinsam eine Sparkasse errichten (Zweckverbandssparkasse).

SächsSparkG, § 2

(1) Die Sparkassen sind selbstständige Wirtschaftsunternehmen mit der Aufgabe, in ihrem Geschäftsgebiet die Versorgung mit geld- und kreditwirtschaftlichen Leistungen sicherzustellen. ...
(3) Die Sparkassen führen ihre Geschäfte nach kaufmännischen Grundsätzen unter Wahrung ihres öffentlichen Auftrags.

Öffentliche Unternehmen werden häufig errichtet und betrieben, um **öffentliche Aufgaben** mit für flexibel erachteten Mitteln des Privatrechts zu erfüllen, also »wie« ein Privater und im Wettbewerb mit diesem zu handeln. In solchen Fällen bleibt jedoch das öffentliche Recht noch relevant. »**Verwaltungsprivatrechtliche**« **Bindungen** (formaler wie inhaltlicher Art) hindern den Staat, gänzlich privatautonom, d.h. »als« Privater tätig zu werden. Wenn und soweit privatwirtschaftliche Betätigung diesen Bezug zu öffentlichen Aufgaben nicht mehr aufweist, wird die Frage aufgeworfen, ob eine staatliche Mitwirkung an deren Vornahme überhaupt noch zulässig oder nicht vielmehr (aus verfassungs- oder EG-rechtlichen Gründen) eine materielle (»eigentumsmäßige«) **Privatisierung** geboten ist.

Öffentliche Unternehmen und öffentliche Aufgaben

4. Wiederholungsfragen

1. An welchen Stellen überschneiden sich nationales und internationales Wirtschaftsrecht? Lösung S. 3
2. Wodurch werden »öffentliche Unternehmen« gekennzeichnet? Lösung S. 12 f.
3. Können Minderjährige sich selbstständig wirtschaftlich betätigen? Lösung S. 11
4. Inwiefern können oder müssen EG-Verordnungen durch nationales Recht ergänzt werden? Lösung S. 7 f.

Wirtschaftsverfassungsrecht

1.	**Verfassungsrechtliche Grundlagen des öffentlichen Wirtschaftsrechts in Deutschland**	**16**
1.1.	Rechtsgrundlagen der Wirtschafts- und Währungspolitik	16
1.2.	Grundrechtsschutz wirtschaftlicher Betätigung	22
2.	**Europäische Wirtschafts- und Währungsverfassung**	**34**
2.1.	Grundlagen	34
2.2.	Grundfreiheiten	37
2.3.	Wirtschafts- und Währungsunion	42
3.	**Nationale, europäische, »Weltwirtschaftsordnung«**	**45**
3.1.	Rahmenbestimmungen für internationalen Wirtschaftsverkehr	45
3.2.	Welthandelsrecht	46
3.3.	Weltwährungs- und -finanzrecht	49
4.	**Wiederholungsfragen**	**51**

1. Verfassungsrechtliche Grundlagen des öffentlichen Wirtschaftsrechts in Deutschland

1.1. Rechtsgrundlagen der Wirtschafts- und Währungspolitik

»**Wirtschaftsverfassungsrecht**« umfasst die Gesamtheit der mit Verfassungsrang ausgestatteten Rechtsvorschriften, welche die Organisation und den Ablauf wirtschaftlicher Prozesse grundlegend prägen. Inwieweit die Verfassung selbst eine bestimmte **Wirtschaftsordnung** oder nur gewisse Eckpunkte für die Gestaltung der Wirtschaft festlegt, kann dabei nur konkret, anhand der Regelungen des GG beantwortet werden.

Zwei unterschiedliche Typen

Jedes **Wirtschaftssystem** wird durch die Methoden gesamtwirtschaftlicher Steuerung und Lenkung charakterisiert. Diametral entgegen gesetzte, idealtypische Gestaltungsformen sind dabei **Markt-** und **Plan-/Zentralverwaltungswirtschaft**: In jener wird die Entwicklung einer Volkswirtschaft maßgeblich durch dezentrale, im Wettbewerb agierende Unternehmen bestimmt. Demgegenüber entscheidet in der Planwirtschaft ein zentral von staatlicher Seite festgelegter ökonomischer Gesamtplan über Zeiten, Orte und Abläufe wirtschaftlicher Prozesse.

Verfassungsgemäße soziale Marktwirtschaft

In der »**sozialen**« **Marktwirtschaft** der Bundesrepublik Deutschland ist es Aufgabe des Staates, institutionelle Rahmenbedingungen und ökonomisch-soziale Garantien zu normieren, innerhalb derer sich ein auf Wettbewerb basierendes wirtschaftliches Handeln entfalten kann. Das GG schreibt keine bestimmte Wirtschaftsordnung vor, wie dies früher zuweilen angenommen wurde (»institutionelle Garantie der sozialen Marktwirtschaft«). Seine wirtschaftsrelevanten Bestimmungen stellen einen Kompromiss zwischen wirtschaftlicher Freiheit und sozialer Bindung dar. Die Grundentscheidung für (Handlungs-)Freiheit und Sozialstaatlichkeit schließt freilich sowohl eine planwirtschaftliche als auch eine allein von Marktkräften geprägte Wirtschaftsordnung aus.

In einem Urteil zum Investitionshilfegesetz hob das BVerfG bereits 1954 die **wirtschaftspolitische Neutralität** des GG hervor, betonte aber, dies sei nicht als »Inhalts- oder Entscheidungslosigkeit« in Bezug auf wirtschaftsrelevante Vorgaben anzusehen. Vielmehr habe der Verfassungsgeber bewusst auf die Festschreibung eines bestimmten Wirtschaftssystems verzichtet; die Legislative habe daher einen breiten Gestaltungsspielraum für sachgerechte, auch in internationale Entwicklungen eingepasste ökonomische Entscheidungen. Die soziale Marktwirtschaft sei zwar »eine nach dem Grundgesetz mögliche Ordnung, keineswegs aber die allein mögliche«. Im Mitbestimmungsurteil konkretisierte das Gericht 1979 den Prüfungsmaßstab: (Wirtschaftliche) Einzelgrundrechte stecken Rahmen und Grenzen der Gestaltungsfreiheit des Gesetzgebers ab. Im Unterschied zu Art. 151 ff. WRV enthalte das GG keine unmittelbare Festlegung und Gewährleistung einer bestimmten Wirtschaftsordnung. Vielmehr dürfe der (parlamentarische) Gesetzgeber jede ihm sachgemäß erscheinende Wirtschaftspolitik verfolgen, sofern er dabei die Verfassung und insbesondere die individuellen Freiheitsrechte beachte. Die **relative Offenheit** der Verfassung erlaubt es, geschichtlichem Wandel Rechnung zu tragen, wie er im besonderen Maße das wirtschaftliche Leben kennzeichnet, ohne dadurch die normative Kraft des GG zu schwächen. Auch die (Freiheits-) Grundrechte, insbesondere Art. 12 Abs. 1 S. 1, Art. 14, Art. 9 und Art. 2 Abs. 1 GG, gewährleisten zwar das Funktionieren einer dezentralen Wirtschaftsordnung, jedoch nicht das (existierende) System der sozialen Marktwirtschaft.

Keine explizite Festlegung im GG

Die Änderung des Art. 109 GG im Jahre 1967 führte weder eine stärkere Fixierung noch gar eine Neuausrichtung der Wirtschaftsverfassung des GG herbei. Seit diesem Zeitpunkt sind Bund und Länder aber ausdrücklich verpflichtet, ihre Haushalte auf das **gesamtwirtschaftliche Gleichgewicht** auszurichten.

Spätere Änderungen?

Art. 109 Abs. 2 GG
Bund und Länder haben bei ihrer Haushaltswirtschaft den Erfordernissen des gesamtwirtschaftlichen Gleichgewichts Rechnung zu tragen.

Die im »**Stabilitätsgesetz**« genannten vier wirtschaftspolitischen Teilziele (»**magisches Viereck**«) stehen gleichwertig nebeneinander; die Reihenfolge ihrer Aufzählung ist keine Rangordnung.

§ 1 StWG
Bund und Länder haben bei ihren wirtschafts- und finanzpolitischen Maßnahmen die Erfordernisse des gesamtwirtschaftlichen Gleichgewichts zu beachten. Die Maßnahmen sind so zu treffen, daß sie im Rahmen der marktwirtschaftlichen Ordnung gleichzeitig zur Stabilität des Preisniveaus, zu einem hohen Beschäftigungsstand und außenwirtschaftlichem Gleichgewicht bei stetigem und angemessenem Wirtschaftswachstum beitragen.

Obwohl direkte staatliche Eingriffe in die Wirtschaftstätigkeit in einer Marktwirtschaft grundsätzlich fragwürdig sind, normierte der (Verfassungs-)Gesetzgeber hier erstmals Elemente staatlicher Wirtschaftslenkung (Prinzip der **Globalsteuerung**). »Aktive« staatliche Konjunktur-

und Fiskalpolitik ist seit dieser Änderung legitim; sie wurde durch Einrichtung eines Sachverständigenrats zur Begutachtung der gesamtwirtschaftlichen Entwicklung (die »fünf Weisen«) organisatorisch abgerundet.

Eine Bezugnahme auf marktwirtschaftliche Grundsätze findet sich auch in § 1 Abs. 3 des Vertrages über die Wirtschafts-, Währungs- und Sozialunion zwischen Bundesrepublik und DDR 1990; dieser **Staatsvertrag** spiegelt freilich das praktizierte Wirtschaftsverfassungsrecht nur wider, modifiziert es aber nicht, legt insbesondere kein Staatsziel (soziale) Marktwirtschaft fest.

Grundrechte und Staatsziele als Eckpunkte der »Wirtschaftsverfassung«

Neben den stärker auf den Schutz des Einzelnen abzielenden Freiheitsgrundrechten prägen Sozial- und Rechtsstaatlichkeit das Wirtschaftsverfassungsrecht am stärksten; auch andere **Staatsziele** (Bundesstaat, Demokratie, Republik; ferner Umweltschutz, Art. 20a GG) enthalten jedoch ökonomische Bezüge und formulieren (verbindliche) Aufgaben für alle staatlichen Organe.

Wichtigste Inhalte des in Art. 20 Abs. 1, 28 Abs. 1 S. 1 GG niedergelegten **Sozialstaatsprinzips** bilden Schaffung sozialer Gerechtigkeit und sozialer (Grund-)Sicherung sowie die Gewährleistung der »**Daseinsvorsorge**«. Als Grundlage für individualrechtliche Leistungsansprüche kann das Prinzip nur in Ausnahmefällen dienen; regelmäßig ergeben sich diese erst aus einer einfachgesetzlichen Ausprägung, so z. B. im Falle des Existenzminimums.

§ 1 SGB XII

Aufgabe der Sozialhilfe ist es, den Leistungsberechtigten die Führung eines Lebens zu ermöglichen, das der Würde des Menschen entspricht. Die Leistung soll sie soweit wie möglich befähigen, unabhängig von ihr zu leben; darauf haben auch die Leistungsberechtigten nach ihren Kräften hinzuarbeiten. ...

§ 2 Abs. 1 SGB XII

Sozialhilfe erhält nicht, wer sich vor allem durch Einsatz seiner Arbeitskraft, seines Einkommens und seines Vermögens selbst helfen kann oder wer die erforderliche Leistung von anderen, insbesondere von Angehörigen oder von Trägern anderer Sozialleistungen, erhält.

§ 17 Abs. 1 SGB XII
Auf Sozialhilfe besteht ein Anspruch, soweit bestimmt wird, dass die Leistung zu erbringen ist. Der Anspruch kann nicht übertragen, verpfändet oder gepfändet werden.

Sozialstaatlichkeit bindet die **Staatsgewalten** in unterschiedlicher Form: Die Legislative muss ihre Postulate durch Gesetzgebung konkretisieren, sozialstaatlich motivierte Eingriffe gegenüber der Bedeutung des jeweils betroffenen Grundrechts abwägen (praktische Konkordanz). Exekutive und Judikative haben bei Rechtsanwendung und Rechtsprechung sozialstaatliche Grundsätze als Auslegungsregel heranzuziehen.
Sozialstaat und Wirtschaftsordnung

Das Prinzip findet sich auch in vielen Bereichen des öffentlichen Wirtschaftsrechts wieder, etwa bei Wirtschaftsaufsicht und Wirtschaftsförderung mit Zielsetzungen des Arbeitnehmer- und Verbraucher-, aber auch des Gesundheits- und Immissionsschutzes. In den letzten Jahren haben manche Bereiche besonders des Sozialrechts tief greifende Veränderungen erfahren (»Hartz-Reformen«). Führen demographische Entwicklungen und schwache Konjunktur zu geringeren Einkünften der öffentlichen Haushalte, kann soziale Sicherheit nicht mehr im bisherigen Umfang und primär durch finanzielle Transferleistungen des Staates garantiert werden. Bei einer Neuordnung muss der Gesetzgeber aber vor allem die Vorgaben des Eigentums- und des allgemeinen Gleichheitsgrundrechts (Art. 14 Abs. 1 bzw. 3 Abs. 1 GG) beachten.

Eine herausragende Rolle kommt ferner dem in Art. 20 Abs. 2 und Abs. 3 GG normierten **Rechtsstaatsprinzip** zu. Die Bindung aller staatlichen Organe an Recht und Gesetz ist Voraussetzung auch für einen funktionierenden marktwirtschaftlichen Wettbewerb. Recht nimmt hierbei ordnende und gestaltende Funktionen im Hinblick auf die vielfältigen Beziehungen der (privaten) Wirtschaftsteilnehmer zum Staat sowie zu anderen Akteuren wahr. Art. 20 GG nennt nur einzelne Elemente des Rechtsstaats, nämlich die (horizontale) Gewaltenteilung (zwischen Organen der Gesetzgebung, Verwaltung und Rechtsprechung) sowie den Grundsatz der Verfassungs- bzw. Gesetzmäßigkeit staatlichen Handelns. Zum Rechtsstaatsprinzip zählen aber auch Grund(- und Menschen)rechte, Rechtssicherheit, die Verhältnismäßigkeit (von Zweck und Mitteln) sowie (effektiver) Rechtsschutz.
Rechtsstaat und Wirtschaftsordnung

Horizontale Gewaltenteilung bezeichnet die Trennung staatlicher Macht in eine gesetzgebende (Legislative), verwaltende (Exekutive) und rechtsprechende »Gewalt« (Judikative). Ausübung staatlicher Macht durch »besondere« (separate) Organe und Institutionen verhindert Missbrauch durch Konzentration von Macht; gleichzeitig gewährleistet sie durch eine Verschränkung der Gewalten/Organe wechselsei-
Einzelne Elemente des Rechtsstaats

tige Kontrolle der Aufgabenerfüllung (»system of checks and balances«). Die aus Art. 23, 24 Abs. 1, 30 GG ableitbare **vertikale Gewaltenteilung** bezieht sich auf den Aufbau der Bundesrepublik in **Bund und Länder** (einschl. Kommunen), dieser wird überlagert durch Bindungen aus der Mitgliedschaft Deutschlands in der **Europäischen Union**.

Der Grundsatz der **Gesetzmäßigkeit** bindet die Legislative an die grundgesetzliche Ordnung, Exekutive und Judikative an Recht und Gesetz. Speziell für die Tätigkeit der (Wirtschafts-)Verwaltung ergeben sich aus Art. 20 Abs. 3 S. 2 GG zwei Teil-Aspekte: Nach dem **Vorrang des Gesetzes** darf Verwaltungshandeln nicht gegen geltende Rechtsvorschriften verstoßen (»Nie gegen ein Gesetz!«). Der **Vorbehalt des Gesetzes** verbietet der Exekutive, ohne gesetzliche Grundlage tätig zu werden (»Nie ohne Gesetz!«). Er gilt uneingeschränkt für jede Verwaltungstätigkeit, die in Rechte der einzelnen Person eingreift, also deren (wirtschaftliche) Handlungsfreiheit beschränkt. Solche **Eingriffe in »Freiheit und Eigentum«** müssen sich auf ein Parlamentsgesetz zurückführen lassen, sie müssen ein legitimes Ziel verfolgen und dürfen nur das geeignete, erforderliche und zumutbare (»angemessene«) Mittel zur Verwirklichung dieses Zwecks einsetzen. Für den wirtschaftsrechtlich nicht weniger relevanten Bereich der »**Leistungsverwaltung**«, insbesondere für die Gewährung staatlicher Zuschüsse und anderer **Subventionen**, stellt sich die Frage nach einem Gesetzesvorbehalt etwas anders. Hier muss aber der parlamentarische Gesetzgeber ebenfalls alle »**wesentlichen**« **Angelegenheiten** selbst regeln, auch wenn es sich nicht (etwa im Verhältnis zu Dritten) um Eingriffe handelt. Eine »wesentliche« Regelung ist bei erheblicher Bedeutung des jeweiligen Gegenstandes für die Grundrechtsausübung bzw. für das Gemeinwesen gegeben.

Für den Bereich des Wirtschaftsverwaltungsrechts als wesentlich erachtet hat das BVerfG etwa den Zugang zu Hochschulen, die Zulassung privater Rundfunkveranstalter, die Auswahl zwischen Bewerbern bei der Verteilung von (Güterfernverkehrs-)Genehmigungen.

Für die Tätigkeit aller Wirtschaftssubjekte sind Vorhersehbarkeit und rechtliche Stabilität staatlicher Entscheidungen höchst wichtig. **Rechtssicherheit** als weiteres Element des Rechtsstaatsprinzips umfasst die Grundsätze der Normenklarheit und -bestimmtheit sowie des Vertrauensschutzes, ferner das Rückwirkungsverbot. Der Gesetzgeber muss Rechtsvorschriften so genau und präzise formulieren, wie dies mit Rücksicht auf den jeweiligen Zweck der Norm möglich ist. Die konkrete sprachliche Ausgestaltung einzelner Gesetzestexte gehört freilich zu der von Gerichten zu respektierenden **Einschätzungsprärogative** des Gesetzgebers. Im Tatbestand einer Vorschrift sind neben den – meist – verwendeten (relativ) eindeutigen Rechtsbegriffen auch unbestimmte Termini zulässig, die erst in einer spezifischen Situation von der Behörde näher ausgefüllt werden sollen (z.B. Bewertung der »gesamtwirtschaftlichen Lage«; Planungs-, Prüfungs- und Beurteilungsentscheidungen; Maßnahmen pluralistisch besetzter Gremien). Bei den Rechtsfolgen kann der Gesetzgeber die Behörde bei der Entscheidung strikt binden, ihr aber auch Handlungsspielräume in Form von Entschließungs- bzw. Auswahlermessen (»Ob«, »Wie«) einräumen. Sowohl die Auslegung **unbestimmter Rechtsbegriffe** als auch **Ermessensentscheidungen** sind durch (Verwaltungs-)Gerichte nur eingeschränkt überprüfbar, deren Kontrolldichte ist auf grobe Fehler reduziert.

Rückwirkung befasst sich insbesondere mit legislativen Maßnahmen, die sich auf in der Vergangenheit liegende Sachverhalte beziehen. **Echte Rückwirkung** liegt vor, wenn der Gesetzgeber nachträglich Situationen regelt, die in der Vergangenheit begonnen haben und abgeschlossen wurden. Sie ist regelmäßig unzulässig, da der zeitliche Anwendungsbereich einer Norm nicht im Nachhinein »rückwärts« ausgedehnt werden kann und darf, denn dadurch kann menschliches Verhalten, ob fehlerhaft oder nicht, nicht mehr beeinflusst oder gar korrigiert (»ungeschehen gemacht«) werden.

Art. 103 Abs. 2 GG
Eine Tat kann nur bestraft werden, wenn die Strafbarkeit gesetzlich bestimmt war, bevor die Tat begangen wurde.

Nur in eng begrenzten **Ausnahmefällen**, in denen das Vertrauen in den Bestand einer Rechtsposition ausnahmsweise nicht schutzwürdig ist, kommt echte Rückwirkung von Gesetzen in Betracht, etwa wenn eine vorläufige durch eine endgültige Regelung ersetzt, eine unklare, verworrene oder verfassungswidrige Rechtslage bereinigt wird oder wenn überragend wichtige Gründe des Allgemeinwohls dies fordern. Einen weiteren Fall bilden den Betroffenen ausschließlich begünstigende Vorschriften.

Bei **unechter Rückwirkung** greift ein Gesetz nachträglich in noch nicht abgeschlossene Tatbestände ein; durch diese »Rückbewirkung« von Rechtsfolgen werden Rechtspositionen entwertet. Sie ist zulässig, wenn und soweit nicht schutzwürdiges Vertrauen der Einzelnen überwiegt.

Ausfluss des Rechtsstaatsprinzips ist auch der Grundsatz der **Verhältnismäßigkeit** allen staatlichen Handelns. Dieses »Übermaßverbot« fordert, die grundrechtlich gewährleistete Freiheitssphäre des Individuums so weit einzuschränken, wie dies im Interesse der Allgemeinheit

Verhältnismäßigkeit von Mittel und Zweck

unbedingt erforderlich ist. Maßstab der Verhältnismäßigkeit ist der (verfassungsrechtlich) **legitime Zweck** einer Maßnahme; die zu deren Umsetzung ergriffenen Mittel müssen drei wie Filter wirkenden Grundsätzen – Geeignetheit, Erforderlichkeit und Angemessenheit (Zumutbarkeit) – genügen. **Geeignet** ist eine Maßnahme immer dann, wenn sie den mit ihr verfolgten Zweck überhaupt erreichen kann (»größer als 0«). Das Gebot der **Erforderlichkeit** verpflichtet dazu, unter mehreren gleichermaßen geeigneten Maßnahmen diejenige auszuwählen, die den geringst möglichen Eingriff für den Einzelnen darstellt (»weniger als 100«). Im Hinblick auf die Angemessenheit der Maßnahme darf die mit ihr verbundene Belastung des Betroffenen, auch wenn sie das mildeste Mittel darstellt, nicht außer Verhältnis zum angestrebten Zweck stehen. Dabei sind die sich gegenüberstehenden Belange (des Einzelnen und der Allgemeinheit) gegeneinander abzuwägen und müssen die Schwere des Eingriffs, das Gewicht und die Dringlichkeit der ihn rechtfertigenden Gründe berücksichtigt werden. Das Verhältnismäßigkeitsprinzip entfaltet seine Wirkungen sowohl im Rahmen der Rechtfertigung von Grundrechtseingriffen als auch bei Ermessensentscheidungen der Verwaltung.

Rechtsschutzgarantie

Um rechtsstaatliche Prinzipien prozessual abzusichern, gewährleistet Art. 19 Abs. 4 GG **effektiven Rechtsschutz** durch persönlich und sachlich **unabhängige Richter** (Art. 97 Abs. 1 GG). Diese Garantie wird ergänzt durch den individualrechtlichen Anspruch auf **rechtliches Gehör** vor Gericht (Art. 103 Abs. 1 GG); sie umfasst aber nicht die Gewährleistung eines Instanzenzuges (»Rechtsschutz durch, nicht gegen den Richter«).

1.2. Grundrechtsschutz wirtschaftlicher Betätigung

(1) Allgemeines

Staatsziele und Grundrechte

Staatszielbestimmungen stecken gewissermaßen »positiv« Prinzipien und Grenzen hoheitlicher Tätigkeit ab, **Grundrechte** schützen dagegen »negativ« individuelle Freiheiten gegen staatliche Übergriffe. Fast jedes Grundrecht weist einen wirtschaftsrelevanten Bezug auf, selbst die primär persönliche Freiheitsräume verbürgenden Kommunikationsrechte (Art. 5 Abs. 1 GG) oder die Garantie von Ehe und Familie (Art. 6 GG). Für die wirtschaftliche Betätigung des Individuums am bedeutsamsten sind allerdings die **»wirtschaftlichen Grundrechte«** – Berufs-, Eigentums-, Vereinigungs- und Koalitionsfreiheit, allgemeine Handlungsfreiheit sowie der allgemeine Gleichheitssatz. Zu unterscheiden ist bei diesen Gewährleistungen jeweils zwischen Schutzbereich, Eingriff und verfassungsrechtlicher Rechtfertigung.

Auch wirtschaftsbezogene Grundrechte beinhalten mehrere **Funktionen**: Im wirtschaftlichen Umfeld sind Freiheitsgrundrechte wie anderweitig in erster Linie **Abwehrrechte** gegen staatliche Maßnahmen. Durch je konkrete Verbürgungen eines besonders geschützten Lebensbereichs sichern sie die selbst bestimmte Freiheit der Person vor Eingriffen. Grundrechte enthalten zugleich **Einrichtungsgarantien**, wenn sie bestimmte Rechtsinstitute, beispielsweise (privates) Eigentum und Erbrecht (Art. 14 Abs. 1 GG), anerkennen und absichern. Als **objektive Werteordnung** bilden Grundrechte einen allgemeinen Maßstab für die Ausgestaltung staatlicher Regelungen, Einrichtungen und Verfahren; sie enthalten Vorgaben für die (»verfassungskonforme«) Auslegung und Anwendung des einfachen Rechts, vor allem der hier verwendeten unbestimmten Rechtsbegriffe, durch Behörden und Gerichte. Zudem können Grundrechte als **Leistungs- und Teilhaberechte** sowie als **Verfahrens- und Organisationsgarantien** ausgestaltet werden oder wirken.

Grundrechtsfunktionen

(2) Berufsfreiheit

Die in Art. 12 Abs. 1 GG geregelte Berufsfreiheit ist von zentraler Bedeutung für das Wirtschaftsleben, denn der **Beruf** einschließlich der zu ihm führenden **Ausbildung** dient regelmäßig der Schaffung und Erhaltung der Lebensgrundlage jedes Einzelnen. Nach dem **persönlichen Schutzbereich** bezieht sich Art. 12 Abs. 1 GG nur auf alle »**Deutschen**« (Art. 116 Abs. 1 GG). In Deutschland lebende Ausländer können sich nur auf den Auffangtatbestand des Art. 2 Abs. 1 GG berufen. Handelt es sich allerdings um einen Staatsangehörigen eines anderen EG- oder EWR-Landes, so sind bei grenzüberschreitendem Bezug die Personen-**Grundfreiheiten** des Binnenmarktes zu berücksichtigen, also Arbeitnehmerfreizügigkeit (Art. 39), Niederlassungs- (Art. 43) bzw. Dienstleistungsverkehrsfreiheit (Art. 49 EGV). Inländische **juristische Personen** des Privatrechts können sich gem. Art. 19 Abs. 3 GG ebenfalls auf Berufsfreiheit berufen, weil dieses Grundrecht seinem »Wesen« nach nicht allein natürliche Personen (einzelne Menschen) adressiert.

Schutzbereich des Grundrechts

Art. 12 Abs. 1 S. 1 GG trennt zwar zwischen »Beruf«, »Arbeitsplatz« und »Ausbildungsstätte«. Der **sachliche Schutzbereich** des Grundrechts erstreckt sich aber auf Berufsfreiheit insgesamt, da Berufswahl und -ausübung sich nicht strikt voneinander trennen lassen. Geschützt ist jede auf Dauer angelegte wirtschaftliche Tätigkeit, die nicht generell verboten ist. Einbezogen werden dabei nicht nur herkömmliche Berufszweige (»Berufsbilder«), sondern auch neu entstandene, frei gewählte oder untypische, aber erlaubte Betätigungen. Diese flexible Definition gewährleistet, dass Berufsfreiheit wirtschaftliche Aktivitäten nicht einschränkt, sondern Innovation fördern kann. Die Tätigkeit muss allerdings **generell erlaubt** sein. Dies ist nicht der Fall, wenn sie mit dem Menschenbild des Grundgesetzes kollidiert bzw. mit zentralen verfassungsrechtlichen Wertvorstellungen unvereinbar ist (z.B. »Berufskiller«). Einen Schutz vor Konkurrenz durch andere (private) Personen bietet Art. 12 Abs. 1 GG hingegen nicht. Gewährleistet wird nur der (funktionsfähige) Wettbewerb als Einrichtung.

Arten und Inhalte von Einschränkungen der Berufsfreiheit

Ein **Eingriff** in den Schutzbereich der Berufsfreiheit liegt insbesondere dann vor, wenn infolge einer zielgerichteten (»finalen«), mit Befehl oder Zwang durchsetzbaren hoheitlichen Maßnahme die grundrechtlich geschützte Betätigung ver- oder jedenfalls behindert (eingeschränkt) ist. Ein **direkter Eingriff** in Berufswahl und –ausübung (Ver- oder Gebot oder Genehmigungsvorbehalt) ist meist klar erkennbar, auch **mittelbare Eingriffe** werden erfasst, jedoch nur, wenn diese zumindest eine **objektiv berufsregelnde Tendenz** aufweisen, d. h. die berufliche Tätigkeit »nennenswert behindern« (können). Je nach Intensität der hoheitlichen Beeinträchtigung unterscheidet das BVerfG im Rahmen der »**Drei-Stufen-Theorie**« mehrere Schwellen – und Zulässigkeitsvoraussetzungen – der Beeinträchtigung (zuerst im »Apotheken-Urteil« 1958): Die geringste Eingriffsintensität (1. Stufe) haben staatliche Maßnahmen, die vorgeben, wie eine bestimmte Tätigkeit auszuüben ist (**Berufsausübungsregeln**). Ein Eingriff auf 2. Stufe liegt vor, wenn »subjektive« Berufswahlregelungen (**Berufszugangs- oder -zulassungsbeschränkungen**) auf in der Person des Bewerbers liegende Kriterien abstellen. Beispiele hierfür sind notwendige Befähigungen oder Leistungsnachweise.

§ 33 Abs. 1 KWG

Die Erlaubnis ist zu versagen, wenn …
4. Tatsachen vorliegen, aus denen sich ergibt, daß der Inhaber oder eine der in § 1 Abs. 2 Satz 1 bezeichneten Personen nicht die zur Leitung des Instituts erforderliche fachliche Eignung hat …

§ 4 BRAO

Zur Rechtsanwaltschaft kann nur zugelassen werden, wer die Befähigung zum Richteramt nach dem Deutschen Richtergesetz erlangt hat …

Die schwerste Form des Eingriffs (3. Stufe) bilden Einschränkungen der **objektiven Berufswahl**, die die Zulassung eines Interessenten zu einer wirtschaftlichen Tätigkeit von allgemeinen (objektiven), nicht in seiner Person begründeten Umständen abhängig machen. Diese liegen etwa vor bei zahlenmäßigen Kontingentierungen und bei »**Bedürfnisklauseln**«.

§ 51 PostG
Bis zum 31. Dezember 2007 steht der Deutschen Post AG das ausschließliche Recht zu, Briefsendungen und adressierte Kataloge, deren Einzelgewicht bis 50 Gramm und deren Einzelpreis weniger als das Zweieinhalbfache des Preises für entsprechende Postsendungen der untersten Gewichtsklasse beträgt, gewerbsmäßig zu befördern (gesetzliche Exklusivlizenz). ...

Für die verfassungsrechtliche **Rechtfertigung** des Eingriffs normiert Art. 12 Abs. 1 GG zunächst einen allgemeinen Rechtssatzvorbehalt (»durch« oder »aufgrund eines Gesetzes«). Die den Eingriff in die Berufsfreiheit legitimierende Regelung muss ihrerseits formell und materiell verfassungsmäßig sein. Entsprechend der »Drei-Stufen-Theorie« gelten materiell je unterschiedliche Anforderungen an die Bedeutung des verfolgten Ziels und die Verhältnismäßigkeit des Eingriffs (sog. **Schranken-Schranke**): Eine Berufsausübungsregelung ist (geeignet, erforderlich und) angemessen (verhältnismäßig i. e. S.), wenn sie vernünftigen Erwägungen des Allgemeinwohls dient. Eine subjektive Berufswahlregelung hingegen kommt nur zum Schutz wichtiger Gemeinschaftsgüter in Betracht, etwa dem Interesse an der Erhaltung eines leistungsfähigen Handwerks/Mittelstandes oder des Verbraucherschutzes. Ein Eingriff auf 3. Stufe ist nur dann legitim, wenn er dem Schutz überragend wichtiger Gemeinschaftsgüter (wie z. B. Volksgesundheit, Sicherung der Ernährung der Bevölkerung oder auch Verkehrssicherheit) vor nachweisbaren oder höchstwahrscheinlichen schweren Gefahren dient.

Verfassungsmäßigkeit von Eingriffen

Durch die weiter voranschreitende Liberalisierung im (europäischen) **Binnenmarkt** geraten vor allem objektive, absolute Zulassungsbeschränkungen (wie staatliche Monopole) auch aus dieser Richtung unter immer stärkeren Rechtfertigungsdruck.

(3) Eigentumsfreiheit

Aus wirtschaftsverfassungsrechtlicher Sicht besitzt die in Art. 14 Abs. 1 GG normierte Eigentumsgarantie ähnlich elementare Bedeutung wie die Berufsfreiheit. Der Schutz des Privateigentums gehört zum Kern der freiheitlich-demokratischen Grundordnung des GG. Alle **vermögenswerten Rechtspositionen** sind durch Art. 14 Abs. 1 GG sowohl

Weiter Schutzbereich

durch eine objektivrechtliche Instituts- als auch eine (subjektive) Individualrechtsgarantie geschützt. **Träger** des Eigentumsgrundrechts sind alle natürlichen sowie (inländische) juristische Personen des Privatrechts (Art. 19 Abs. 3 GG). Juristische Personen des öffentlichen Rechts können zwar (Sach-)Eigentümer sein, sind jedoch nicht grundrechtsberechtigt.

»Eigentum« im verfassungsrechtlichen Sinne

Der **Schutzbereich** des Art. 14 Abs. 1 GG umfasst »Eigentum«, d. h. jedes vom Gesetzgeber konkretisierte vermögenswerte **private** Recht (Sacheigentum, Besitzrecht als Mieter, Geldforderungen, aber auch Urheberrechte oder Patente). **Öffentlich-rechtliche** Positionen werden von Art. 14 Abs. 1 GG geschützt, soweit sie ein »Äquivalent eigener Leistungen« darstellen (z. B. Rentenansprüche, auch schon Anwartschaften in der Sozialversicherung). Geschützt werden stets nur konkrete rechtliche Positionen, **nicht** das **Vermögen** als Gesamtheit. Hat eine staatliche (Abgaben-)Regelung »erdrosselnde Wirkung«, so sichert gegen eine solche übermäßige Belastung ebenfalls die Eigentumsgarantie. Nicht geschützt werden rechtswidrig, etwa durch Straftaten erlangte Werte. Da Art. 12 Abs. 1 GG das freie Spiel der Wettbewerbskräfte gewährleistet. aber nicht vor Wettbewerb schützt, folgt daraus für den Eigentumsschutz, dass bloße Gewinnchancen, Erwartungen und Hoffnungen auf wirtschaftliche Erträge von Art. 14 Abs. 1 GG nicht umfasst werden. Art. 12 und Art. 14 GG ergänzen sich als

Eigentum und Beruf

Grundlagen freier wirtschaftlicher Betätigung; die Berufsfreiheit schützt den »Erwerb«, die Eigentumsgarantie das »Erworbene«. Ob und wie weit auch ein »Recht am eingerichteten und ausgeübten Gewerbebetrieb« (Unternehmen) durch Art. 14 Abs. 1 GG geschützt wird, ist streitig. Dazu zählt alles, »was in seiner Gesamtheit den wirtschaftlichen Wert des konkreten Gewerbebetriebs ausmacht«, also die ein **Unternehmen** bildende Einheit von Sach- und Rechtseigentum, Tätigkeitskreis, Know-how und Kundenstamm.

Zwei Eingriffsmodalitäten

Zu unterscheiden sind zwei, sich gegenseitig ausschließende **Arten** des **Eingriffs** in »Eigentum«: Einerseits kann und muss der Gesetzgeber Inhalts- und Schrankenbestimmungen (Art. 14 Abs. 1 S. 2 GG) zur Konkretisierung des weit gefassten Eigentumsbegriffs einsetzen; andererseits kann er durch Enteignung (Art. 14 Abs. 3 GG) bestehende Eigentumspositionen entziehen. Bei einer **Inhalts- und Schrankenbestimmung** gestaltet die hoheitliche Maßnahme abstrakt-generell die allgemeine rechtliche Befugnis des Eigentümers aus, um oder neu. Im Gegensatz dazu bildet eine konkret-individuelle Regelung eine (Administrativ-)**Enteignung**, wenn sie unmittelbar und zielgerichtet (zur Erfüllung öffentlicher Aufgaben) »Eigentum« entzieht. Während eine Inhalts- und Schrankenbestimmung als bloße **Sozialbindung** grundsätzlich entschädigungslos hinzunehmen ist (Ausnahme: ausgleichspflichtige, weil übermäßige »Sonderopfer« Einzelner), ist die Enteignung nur rechtmäßig, wenn sie gegen angemessene Entschädigung erfolgt; ansonsten läge eine rechtswidrige »Konfiskation« vor.

ENTEIGNUNG

Art. 14 Abs. 3 GG

Eine Enteignung ist nur zum Wohle der Allgemeinheit zulässig. Sie darf nur durch Gesetz oder aufgrund eines Gesetzes erfolgen, das Art und Ausmaß der Entschädigung regelt. Die Entschädigung ist unter Abwägung der Interessen der Allgemeinheit und der Beteiligten zu bestimmen. Wegen der Höhe der Entschädigung steht im Streitfalle der Rechtsweg vor den ordentlichen Gerichten offen.

Die Rechtsprechung ging früher davon aus, dass sich beide Formen des Eingriffs nur durch ihre Intensität unterscheiden (»Sonderopfer«- bzw. »Schweretheorie«). Das BVerfG stellt jedoch allein auf die Art (Qualität) der Maßnahme ab (»Nassauskiesungsbeschluss«). Eine Inhalts- und Schrankenbestimmung schlägt also nicht bei einer bestimmten Schwere in eine Enteignung um. Entspricht eine Maßnahme nicht den Kriterien des Art. 14 Abs. 1 S. 2 (und Abs. 2) GG, wird sie daher nicht zu einer rechtmäßigen und lediglich entschädigungspflichtigen Enteignung (nach dem Motto: »dulde und liquidiere«), sondern bleibt eine rechtswidrige und damit unzulässige Inhalts- und Schrankenbestimmung, die der Betroffene über einen Rechtsbehelf zu Fall bringen kann. Wegweisend ist hier die »Pflichtexemplar«-Entscheidung des BVerfG: Dass ein Verleger von jedem im Lande hergestellten Druckwerk ein Stück unentgeltlich an öffentliche Bibliotheken abzuliefern hat, ist nur dann eine rechtmäßige Inhalts- und Schrankenbestimmung, wenn dafür in Fällen übermäßiger finanzieller Belastung ein Ausgleich vorgesehen ist. Diese gerichtliche Erkenntnis setzen neuere Rechtsvorschriften um.

§ 11 SächsPresseG

(1) Von jedem Druckwerk, das im Geltungsbereich dieses Gesetzes verlegt wird, hat der Verleger binnen eines Monats nach dem Erscheinen ein Stück unentgeltlich und frei von Versendungskosten an die Sächsische Landesbibliothek in Dresden abzuliefern (Pflichtexemplar).
...
(2) Auf Antrag erstattet die Sächsische Landesbibliothek dem Ablieferungspflichtigen bis zur Hälfte des Ladenpreises, wenn für ihn die unentgeltliche Abgabe insbesondere wegen der hohen Herstellungskosten und der geringen Auflage im Einzelfall unzumutbar ist. ...

Kriterien für zulässigen Eingriff in »Eigentum«

Die Trennung zwischen Inhalts- und Schrankenbestimmung einer-, Enteignung andererseits ist auch bei der **verfassungsrechtlichen Rechtfertigung** des Eingriffs relevant. Art. 14 Abs. 1 S. 2 GG berechtigt dazu, Inhalt und Schranken des Eigentums durch (förmliche) Gesetze zu bestimmen. Der hierdurch eröffnete, auf den ersten Blick sehr breite Gestaltungsspielraum muss sich an der Sozialbindung des Eigentums (Art. 14 Abs. 2) ausrichten und ein angemessenes Verhältnis zwischen dem jeweils verfolgten Zweck und der Eigentumsgarantie des Art. 14 Abs. 1 S. 1 GG wahren. Kriterien für eine interessengerechte Regelung sind vor allem

- ∞ die Existenz von Übergangs- und Härteklauseln,
- ∞ die Eigenart der jeweils betroffenen vermögenswerten Rechte und ihr unterschiedlich intensiver Sozialbezug,
- ∞ die Normierung einer finanziellen Ausgleichspflicht bei besonderer Intensität des Eingriffs (»Sonderopfer«).

Bei einer **Enteignung** unterscheidet Art. 14 Abs. 3 S. 1 GG je nach Rechtsqualität des Eingriffsakts zwischen **Legal-** (»durch Gesetz«) und **Administrativenteignung** (»aufgrund eines Gesetzes«). Beide sind gemäß Art. 14 Abs. 3 S. 1, 2 GG nur zulässig, wenn sie

- ∞ dem Wohle der Allgemeinheit dienen,
- ∞ verhältnismäßig sind und
- ∞ Art und Ausmaß der **Entschädigung** regeln (»Junktim«-Klausel).

Gemein- und privatnützige Enteignungen

Enteignungen bezwecken primär einen Eigentumsübergang auf staatliche Stellen; auch zugunsten Privater sind sie aber nicht absolut ausgeschlossen; hier sind allerdings besondere strenge Rechtfertigungsanforderungen, vor allem im Hinblick auf die dauernde Sicherung des Allgemeinwohls durch das begünstigte Unternehmen, zu beachten (»Boxberg«-Fall). Das enteignende Gesetz selbst muss Art und Höhe der Entschädigung klar festlegen, dabei sind die Interessen der Allgemeinheit und des Betroffenen gegeneinander abzuwägen, in der Regel ist der Verkehrswert maßgeblich. Die Enteignung ist ultima ratio staatlichen Handelns, vor ihrer Anordnung muss also zunächst ein freiwilliger Erwerb angestrebt werden. Streitigkeiten über die Höhe (nicht: die Rechtmäßigkeit) der Entschädigung sind traditioneller Weise den ordentlichen Gerichten zugewiesen (Art. 14 Abs. 3 S. 4 GG).

Neben Enteignung und dafür zu leistender Entschädigung kommen, gestützt auf den allgemeinen **Aufopferungsgedanken** (§§ 74, 75 Einleitung zum Allgemeinen Preußischen Landrecht), gewohnheitsrechtlich anerkannte Entschädigungsansprüche aus **enteignendem** bzw. aus **enteignungsgleichem Eingriff** (bei rechtswidrigem Verwaltungshandeln) in Betracht. Beispiel für einen enteignenden Eingriff ist die (unvermeidbare, gravierende) Beeinträchtigung einer Grundstücksnutzung durch Straßen- oder Fluglärm; ein enteignungsgleicher Eingriff wurde etwa bei erheblichen Belastungen infolge unangekündigt, schlecht oder mit Verzögerung und daher rechtswidrig durchgeführter Straßenbaumaßnahmen für anliegende Unternehmen bejaht.

Enteignung und »Aufopferung«

(4) Vereinigungs- und Koalitionsfreiheit

Die in Art. 9 Abs. 1 GG gewährleistete Freiheit, Vereine und »Gesellschaften« zu bilden, bezieht ihre Relevanz für das Wirtschaftsrecht daraus, dass sie die Wahl eröffnet, statt als Einzelner auch gemeinsam mit anderen wirtschaftlich tätig zu werden.

Schutz gemeinschaftlicher Tätigkeit

Der **persönliche Schutzbereich** des Art. 9 Abs. 1 GG umfasst neben der **individuellen Vereinigungsfreiheit** des einzelnen »Deutschen« auch die **kollektive Vereinigungsfreiheit** des Verbandes selbst (z.B. Verein, GmbH, AG). In **sachlicher Hinsicht** schützt die individuelle Freiheit sowohl die **positive** Betätigung (Beitritt, aktive Tätigkeit, Verbleib) als auch das »**negative**« Recht, bestehenden Vereinigungen fern zu bleiben bzw. die Möglichkeit des Austritts zu haben. Auch negative Vereinigungsfreiheit betrifft jedoch nicht die Pflicht-Mitgliedschaft in öffentlich-rechtlichen Verbänden, etwa Ärzte-, Rechtsanwalts- oder Handwerkskammern.

Mehrere Dimensionen des Schutzes

Art. 9 Abs. 1 GG gilt lediglich für **freiwillige Zusammenschlüsse** auf privatrechtlicher Grundlage, die **Zwangsmitgliedschaft in öffentlich-rechtlichen Körperschaften** bemisst sich nur nach Art. 2 Abs. 1 GG. Werden von einem solchen Verband »legitime öffentliche Aufgaben« wahrgenommen, erfolgt dies grundsätzlich innerhalb der Schranke der »verfassungsmäßigen Ordnung«. Ob eine (Pflicht-)Vereinigung die Grenzen einhält, die ihr durch gesetzlich zugewiesene Aufgaben gezogen sind, unterliegt auf Rüge eines Mitglieds hin einer strikten (verwaltungs-)gerichtlichen Kontrolle.

Art. 9 Abs. 1 GG wirkt praktisch wie ein vorbehaltlos gewährtes Grundrecht, da nach Abs. 2 »verbotene« Vereinigungen bereits aus dem Schutzbereich der Vereinigungsfreiheit herausfallen. Auf der Ebene der **Rechtfertigung** von Eingriffen sind daher nur allgemeine **verfassungsimmanente Schranken** (Verhältnismäßigkeit, Grundrechte Dritter) zu beachten.

Einen **Sonderfall** der Vereinigungsfreiheit bildet die in **Art. 9 Abs. 3 GG** normierte **Koalitionsfreiheit**, die sich auf Vereinigungen mit einem spezifischen Zweck bezieht und ihre Bedeutung vor allem im Arbeitsleben und bei Arbeitskämpfen hat. Anders als bei Art. 9 Abs. 1 GG umfasst ihr personeller **Schutzbereich** auch Ausländer und Staatenlose. Art. 9 Abs. 3 GG hat ebenfalls eine **Doppelfunktion**; er schützt neben der **individuellen** Koalitionsfreiheit auch das Recht der Vereinigung selbst, durch spezifisch koalitionsmäßige Betätigung ihre speziellen Zwecke zu verfolgen (**kollektive** Koalitionsfreiheit). »Koalitionen« sind alle juristische Personen oder Personenvereinigungen (des Privatrechts), die sich zum Zweck der Wahrung und Förderung von Arbeits- und Wirtschaftsbedingungen zusammengeschlossen haben (Arbeitgeberverbände, Gewerkschaften). Um dem speziellen Koalitionszweck entsprechen zu können, müssen sie unabhängig, gegnerfrei und überbetrieblich organisiert sein.

Begriff der »Koalition«

§ 2 Abs. 2 TVG
Zusammenschlüsse von Gewerkschaften und von Vereinigungen von Arbeitgebern (Spitzenorganisationen) können im Namen der ihnen angeschlossenen Verbände Tarifverträge abschließen, wenn sie eine entsprechende Vollmacht haben.

Art. 9 Abs. 3 GG verpflichtet alle staatlichen Gewalten, die Betätigung der Grundrechtsträger nicht nur nicht zu behindern, sondern sie auch zu **schützen**. Insoweit richtet sich S. 2 im Gegensatz zu anderen Grundrechten ausdrücklich auch an Private und sieht eine **unmittelbare Drittwirkung** vor: Jede Maßnahme oder (vertragliche) Abrede, die die Koalitionsfreiheit einschränkt, ist verfassungsrechtlich untersagt.

Wirkung auch gegenüber anderen Privaten

Art. 9 Abs. 3 GG schützt **positive** (Beitritt) und **negative Koalitionsfreiheit** (Austritt, Fernbleiben). Zum **Recht auf koalitionsmäßige Betätigung** zählen vor allem die kollektive Selbstdarstellung nach außen (Plakate, Informationsstände), das Recht zur Aushandlung von Tarifverträgen sowie (grundsätzlich) zum Arbeitskampf (Streik, Aussperrung). Allerdings ist es Sache des Gesetzgebers bzw. (bei dessen Untätigbleiben) der Rechtsprechung (»Richterrecht«), einzelne Kampfmittel näher auszugestalten oder zu beschränken.

Auf der Ebene der **verfassungsrechtlichen Rechtfertigung** sind, da Art. 9 Abs. 2 GG aus systematischen Gründen nicht auf Abs. 3 anwendbar ist, nur verfassungsimmanente Schranken zu beachten. Jede Einschränkung der Koalitionsfreiheit muss sich daher am Verhältnismäßigkeitsgrundsatz orientieren und gegen andere Rechtsgüter mit Verfassungsrang abgewogen werden. So sind Arbeitskämpfe in Krankenhäusern, bei Feuerwehren oder Rettungsdiensten nur dann zulässig, wenn und soweit sie die Funktionsfähigkeit dieser **lebensnotwendigen Einrichtungen** nicht beeinträchtigen. Enge Schranken gelten aufgrund des besonderen Treueverhältnisses zum Staat auch für das Streikrecht von **Beamten** (Art. 33 Abs. 4, 5 GG) und anderen staatlichen Bediensteten.

Kein ausdrücklicher Eingriffsvorbehalt

(5) Allgemeine Handlungsfreiheit

Die in **Art. 2 Abs. 1 GG** normierte allgemeine Handlungsfreiheit eröffnet größtmögliche Freiheit auch zu wirtschaftlicher Betätigung. Der weite Freiheitsbegriff erfasst praktisch **jede Form wirtschaftlicher Aktivität**; da er aber auf diese Weise auch jede speziellere Grundrechtsgarantie mit erfasst, dient Art. 2 Abs. 1 GG insoweit nur als **Auffanggrundrecht**: Sind besondere wirtschaftliche Freiheitsrechte (z.B. Art. 12, 14, aber auch Art. 11 GG) relevant, tritt die allgemeine Handlungsfreiheit (als subsidiär) hinter diesen zurück.

Art. 2 Abs. 1 GG gilt als »**Jedermann**«-Grundrecht für Deutsche und Ausländer gleichermaßen. Neben juristischen Personen des Privatrechts können sich auch gemischtwirtschaftliche Unternehmen, an denen neben Privaten auch staatliche Stellen Anteile halten, auf (wirtschaftliche) Handlungsfreiheit berufen, soweit und solange die öffentliche Hand keinen maßgeblichen Einfluss auf die Leitung der Geschäfte ausübt.

Abrundender Charakter für wirtschaftliche Entfaltung

Der **sachliche Schutzbereich** des Art. 2 Abs. 1 GG umfasst alle nicht speziell gewährleisteten Freiheiten im Zuge wirtschaftlicher Betätigung, z. B. die Freiheit »informationeller Selbstbestimmung« des Unternehmers hinsichtlich der Preisgabe personenbezogener Daten, die Werbefreiheit, die Freiheit zur Mitwirkung an Einrichtungen der Selbstverwaltung der Wirtschaft (wie etwa Kammern). Weitere Fälle hierdurch geschützter Betätigung sind:

- ∞ die **Vertragsfreiheit**, die den Abschluss von Verträgen, deren inhaltliche Ausgestaltung und (äußere) Form in das Belieben der beteiligten Parteien stellt,
- ∞ die **Unternehmer- bzw. Unternehmensfreiheit**, d. h. die Entscheidung, unternehmerisch tätig zu werden, Unternehmen zu gründen, umzugestalten und zu aufzulösen,

∞ die **Wettbewerbsfreiheit**, die privaten Unternehme(r)n ein Marktumfeld gewährleisten soll, in dem sich die Kräfte des Wettbewerbs frei entfalten können und nicht durch staatliche Einflüsse behindert oder verzerrt werden.

Da sich wirtschaftliche Tätigkeit meist nicht einem Bereich allein zuordnen lässt, werden im Falle von Grundrechtseingriffen mehrere Aspekte der Freiheitsverbürgungen relevant. Wegen der weiten Abgrenzung der Handlungsfreiheit ist insoweit jeder staatliche Akt, der die wirtschaftliche Entschließungsfreiheit nicht nur unerheblich beeinträchtigt, als **Eingriff** anzusehen.

Großer gesetzgeberischer Spielraum

Das Grundrecht auf freie wirtschaftliche Entfaltung steht unter einem dreifachen Vorbehalt (»**Schranken-Trias**«); sein Gebrauch darf Rechte anderer nicht verletzen und nicht gegen die verfassungsmäßige Ordnung bzw. gegen das »Sittengesetz« verstoßen. Der Schranke der »verfassungsmäßigen Ordnung« – der Gesamtheit aller formell und materiell verfassungsmäßigen Rechtsnormen – kommt dabei die größte Bedeutung zu. Dabei sind regelmäßig in Gesetze gegossene sozialstaatliche (z.B. Verbraucherschutz), gesamtwirtschaftliche oder ökologische Motive im Rahmen einer Verhältnismäßigkeitsprüfung gegen wirtschaftliche Betätigungsfreiheit abzuwägen.

(6) Gleichheitsrechte

Aus Art. 3 Abs. 2 oder 3 GG folgende **besondere Diskriminierungs- oder Privilegierungsverbote** verbieten, auf spezielle Merkmale wie vor allem Geschlecht oder Behinderung abzustellen, wenn eine hierauf gestützte Unterscheidung nicht untrennbar mit einer bestimmten Tätigkeit verbunden ist. Kein solches »verpöntes« Kriterium ist die (ausländische) Staatsangehörigkeit. Auf der Grundlage des Art. 13 EGV sind allerdings mehrere »Antidiskriminierungs«-Richtlinien ergangen, die dazu verpflichten, im Hinblick auf die dort aufgeführten Merkmale »Unionsbürger« und Deutsche gleich zu behandeln; diese EG-Rechtsakte wurden im Sommer 2006 auch in Deutschland umgesetzt.

Art. 13 Abs. 1 EGV

Unbeschadet der sonstigen Bestimmungen dieses Vertrags kann der Rat ... einstimmig geeignete Vorkehrungen treffen, um Diskriminierungen aus Gründen des Geschlechts, der Rasse, der ethnischen Herkunft, der Religion oder der Weltanschauung, einer Behinderung, des Alters oder der sexuellen Ausrichtung zu bekämpfen. ...

Der **allgemeine Gleichheitssatz** des **Art. 3 Abs. 1 GG** bezweckt, dass »wesentlich Gleiches grundsätzlich gleich« und »Ungleiches seiner jeweiligen Eigenart nach ungleich« behandelt wird. Daraus folgt zunächst das an den Gesetzgeber gerichtete Gebot der **Rechtsetzungsgleichheit** (z.B. Steuergerechtigkeit). Aus Sicht der Wirtschaftsteilnehmer ebenso wichtig ist die Pflicht der Exekutive zur Gleichbehandlung »vor dem Gesetz«, d.h. bei der **Rechtsanwendung**, beispielsweise bei der Vergabe öffentlicher Mittel (als Subventionen). Allerdings fordert das allgemeine Privilegierungs- und Diskriminierungsverbot nicht »gleiches Recht für alle« (Nivellierung), sondern lediglich gleiche Behandlung in gleicher oder doch ähnlicher Lage. Seine Verletzung setzt daher die Ungleichbehandlung einer Vergleichsgruppe **ohne (hinreichenden) sachlichen Grund** voraus. Diese ist gekennzeichnet durch gemeinsame Merkmale bei den von einer Maßnahme betroffenen Personen(mehrheiten) oder Sachverhalten. Indes beinhaltet die Ungleichbehandlung nur dann einen Verstoß gegen Art. 3 Abs. 1 GG, wenn für die Differenzierung kein (hinreichender) sachlicher Grund vorliegt. Dazu ist auf Differenzierungsziel und -kriterium abzustellen, d. h. zunächst zu fragen, welchen verfassungsrechtlich legitimen Zweck der Gesetzgeber mit der Ungleichbehandlung verfolgt.

So ist etwa mit dem (Staats-)Ziel Umweltschutz (Art. 20a GG) eine steuerlich unterschiedliche Behandlung von Windkraftanlagen und stark rußenden Industrieanlagen zu rechtfertigen.

Der Grundsatz der Steuergerechtigkeit verpflichtet nicht dazu, allen gleiche Steuern aufzuerlegen, vielmehr müssen sich Steuergesetze an der wirtschaftlichen Leistungsfähigkeit der Abgabepflichtigen ausrichten. Dabei hat die Legislative große Gestaltungsfreiheit und darf zugleich Verhaltenssteuerung in Bezug auf Wirtschaft und Gesellschaft betreiben. Bezogen auf das Differenzierungskriterium erfolgt eine Verhältnismäßigkeitsprüfung; es muss also zur Erreichung des Differenzierungsziels geeignet, erforderlich und angemessen sein.

Eine weitere Funktion des Art. 3 Abs. 1 GG im Wirtschaftsverwaltungsrecht zeigt sich bei der »**Selbstbindung der Verwaltung**«. Die Exekutive darf bei Ermessensentscheidungen nicht ohne sachlichen Grund von bestehenden Verwaltungsvorschriften oder ihrer bisherigen ständigen Verwaltungspraxis abweichen. Diese »Verpflichtung zur Konsequenz« gegenüber neuen Antragstellern/Beteiligten gilt jedoch nur, wenn und solange wie die Exekutive rechtmäßig handelt; einen Anspruch auf »Gleichheit im Unrecht« gibt es im Rechtsstaat nicht.

2. Europäische Wirtschafts- und Währungsverfassung

2.1. Grundlagen

Wirtschaftspolitisches Handeln im Inland ansässiger oder tätiger Personen und Unternehmen wird immer stärker durch Vorgaben des Rechts der **Europäischen Gemeinschaft** (EG) beeinflusst. Durch die Einheitliche Europäische Akte (1986) und den Vertrag von Maastricht (1992) wurden die Konzepte eines einheitlichen EG-**Binnenmarktes** sowie einer **Wirtschafts- und Währungsunion** in den Zielkatalog des Vertrags zur Gründung der Europäischen Wirtschafts-Gemeinschaft aufgenommen. Die EG strebt seither gem. Art. 2 EGV eine »harmonische, ausgewogene und nachhaltige Entwicklung des Wirtschaftslebens, ein hohes Beschäftigungsniveau und ein hohes Maß an sozialem Schutz« sowie »ein beständiges nichtinflationäres Wirtschaftswachstum, einen hohen Grad an Wettbewerbsfähigkeit und Konvergenz der Wirtschaftsleistungen« an. Eine zentrale Rahmenbedingung ergibt sich auch aus

Art. 4 Abs. 1 EGV

Die Tätigkeit der Mitgliedstaaten und der Gemeinschaft im Sinne des Artikels 2 umfasst nach Maßgabe dieses Vertrags und der darin enthaltenen Zeitfolge die Einführung einer Wirtschaftspolitik, die auf einer engen Koordinierung der Wirtschaftspolitik der Mitgliedstaaten, dem Binnenmarkt und der Festlegung gemeinsamer Ziele beruht und dem Grundsatz der offenen Marktwirtschaft mit freiem Wettbewerb verpflichtet ist.

Marktwirtschaftliche Orientierung

Mit der Festschreibung der **offenen Marktwirtschaft mit freiem Wettbewerb** bezieht der EG-Vertrag wesentlich deutlicher als das GG Stellung zur wirtschaftspolitischen Ausrichtung (»Wirtschaftsverfassung«) von EG bzw. der Europäischen Union (EU). In erster Linie zielt diese Vorgabe auf die Verwirklichung der **Grundfreiheiten** im Binnenmarkt, belässt jedoch auch Steuerungs- und Interventionsmöglichkeiten für Gemeinschaft und Mitgliedstaaten gleichermaßen (etwa im Agrarsektor, Art. 32 ff. EGV). Der nationale Gesetzgeber muss sich jedoch im Rahmen seiner (wirtschafts)politischen Gestaltungsfreiheit nicht mehr nur oder primär am nationalen Verfassungsrecht, sondern auch und vorrangig an den Vorgaben der **EG-»Wirtschaftsverfassung«** orientieren. Dies bedeutet aber keine völlige Aufgabe der wirtschaftspolitischen Neutralität des GG, wie vor allem Art. 295 EGV klarstellt.

Kern der EG-Wirtschaftsverfassung ist seit Errichtung der E(W)G 1958 das Konzept des **Gemeinsamen Marktes** (Art. 2 S. 1 EGV), konkretisiert und vertieft durch das 1986 postulierte Ziel des **Binnenmarkt** (Art. 3 Abs. 1 lit. c] EGV). Eine **Legaldefinition** enthält

Art. 14 Abs. 2 EGV
Der Binnenmarkt umfasst einen Raum ohne Binnengrenzen, in dem der freie Verkehr von Waren, Personen, Dienstleistungen und Kapital gemäß den Bestimmungen dieses Vertrages gewährleistet ist.

Aus makroökonomischer Sicht geht es um optimale Ressourcenallokation: Die Funktionsfähigkeit des (Binnen-)Marktes kann und soll durch **vollständigen und unverfälschten Wettbewerb** realisiert und effektiv gesichert werden.

Ziele Gemeinsamer Markt / Binnenmarkt

Art. 14 Abs. 2 EGV nennt als Hauptelemente des Binnenmarktes **vier Grundfreiheiten**:

∞ Warenverkehrsfreiheit (Art. 23, 28 ff. EGV),
∞ Personenverkehrsfreiheit (Art. 39 ff., 43 ff. EGV),
∞ Dienstleistungsverkehrsfreiheit (Art. 49 ff. EGV) sowie
∞ Kapitalverkehrsfreiheit (Art. 56 ff. EG-Vertrag).

Art. 56 ff. EGV verbürgen zudem die für jede (regelmäßig entgeltliche) wirtschaftliche Transaktion wichtige Freiheit des Zahlungsverkehrs.

Der Binnenmarkt wird weiterhin durch unterschiedlich stark harmonisierte bzw. vergemeinschaftete **Politikbereiche** gekennzeichnet, vor allem Rechtsangleichung (Art. 94 ff. EGV), Wirtschafts- (Art. 98 ff.) und Währungspolitik (Art. 105 ff.), Wettbewerbspolitik einschließlich Beihilfenaufsicht (Art. 81 ff.) sowie Gemeinsame Handelspolitik gegenüber Drittstaaten (Art. 131 ff.).

Um die Funktionsfähigkeit des Binnenmarktes zu erhalten, müssen Gemeinschaft und Mitgliedstaaten gleichermaßen bestehende Handelshemmnisse abbauen und dürfen keine neuen Beschränkungen errichten. Die **Diskriminierungs-** und **Beschränkungsverbote** der Grundfreiheiten richten sich dabei in erster Linie an die Mitgliedstaaten der EG. Allerdings entfalten die Grundfreiheiten im Gegensatz zu vielen anderen Vorschriften der Gründungsverträge (»primäres Gemeinschaftsrecht«) zugleich unmittelbare Wirkung für (und gegen) den einzelnen Unionsbürger, für ihre Geltung ist kein zusätzlicher (mitglied-)staatlicher Hoheitsakt erforderlich (oder überhaupt zulässig). Grundfreiheiten gewähren über diese »**Durchgriffswirkung**« dem Einzelnen subjektive Rechte, die den Grundrechtsgewährleistungen des GG ähneln. Privatpersonen und Unternehmen können sich daher vor nationalen Gerichten und Behörden in grenzüberschreitenden Sachverhalten

Gewährleistung möglichst ungehinderter wirtschaftlicher Betätigung im gesamten EG-Gebiet

auf ihre durch Grundfreiheiten verbürgten Rechte berufen; staatliche Judikative, Exekutive und auch Legislative sind bei ihren Entscheidungen an sie gebunden. Bei einer Kollision zwischen einer Vorschrift des nationalen Rechts und Grundfreiheiten in Bezug auf denselben Anwendungsbereich genießt EG-Recht – die jeweilige Grundfreiheit – **Anwendungsvorrang** gegenüber jeglichem nationalen Recht. Die nationale Vorschrift wird dabei nicht nichtig, sondern bleibt für alle anderen (rein nationalen) Fälle weiterhin gültig. Dieser Vorrang ist zwar im EG-Vertrag nicht ausdrücklich normiert, ergibt sich aber aus dem Zweck des Gemeinschaftsrechts, größtmögliche praktische Wirkung (»effet utile«) zu erreichen. Zudem sind die Mitgliedstaaten – wie umgekehrt auch die EG – zu gemeinschaftstreuem Verhalten (Art. 10 EGV) verpflichtet.

Allen Grundfreiheiten gemeinsam ist ein **Diskriminierungsverbot**, das jegliche Ungleichbehandlung aufgrund der (Mitglied-)Staatsangehörigkeit einer Person untersagt.

Art. 39 Abs. 2 EGV
[Die Freizügigkeit der Arbeitnehmer] ... umfasst die Abschaffung jeder auf der Staatsangehörigkeit beruhenden unterschiedlichen Behandlung der Arbeitnehmer der Mitgliedstaaten in Bezug auf Beschäftigung, Entlohnung oder sonstige Arbeitsbedingungen.

Voraussetzung für ihre Anwendung ist zudem immer ein **grenzüberschreitender Sachverhalt**; Grundfreiheiten entfalten keine Geltung, wenn sich ein Fall allein innerhalb der Grenzen eines Mitgliedstaats ereignet. Daraus kann sich unter Umständen sogar eine Schlechterstellung von Inländern gegenüber Staatsangehörigen anderer EG-Mitgliedstaaten ergeben, eine solche **Inländerdiskriminierung** kann allerdings (und nur) gegen nationales Verfassungsrecht (Art. 3 Abs. 1 GG) verstoßen.

So gilt beispielsweise das deutsche Reinheitsgebot von 1416 – Bier darf nur aus Hopfen, Gerste und Malz bestehen – zwar für deutsche Brauereien, ist als Maßnahme gleicher Wirkung wie eine mengenmäßige Beschränkung aufgrund der Warenverkehrsfreiheit (Art. 28 EGV) aber nicht gegenüber Bierproduzenten aus dem EG-Ausland anwendbar.

Grundrechte und Grundfreiheiten

Alle Grundfreiheiten folgen einem ähnlichen Aufbau, der der **Struktur** eines (Freiheits-)Grundrechts ähnelt. Auf einer ersten Ebene ist der **Anwendungsbereich** der Grundfreiheit zu klären, auf der zweiten ist nach der Maßnahme eines Mitgliedstaats zu fragen, die in die Grundfreiheit **eingreift**, auf der dritten geht es um eine **Rechtfertigung** des Eingriffs. Mit dem Ziel größtmöglicher Wirkung des Binnenmarktkonzepts ist der Anwendungsbereich aller Grundfreiheiten weit auszulegen. Auf der Ebene der Rechtfertigung gilt hingegen ein restriktiver Maßstab, um protektionistische »nationale Alleingänge« möglichst zu erschweren.

2.2. Grundfreiheiten

(1) Freier Warenverkehr

Warenverkehrsfreiheit bezieht sich in ihrem **Anwendungsbereich** auf **Gemeinschaftswaren** (Art. 23 Abs. 2 EGV), d.h. alle Gegenstände mit einem Geldwert, die Objekte von Handelsgeschäften sein können und aus einem Mitgliedstaat stammen oder sich dort im freien Verkehr befinden (Art. 24 EGV).

»Waren«-Begriff

Eingriff ist jede **mitgliedstaatliche Maßnahme** in Form von **Zöllen** und **Abgaben gleicher Wirkung** oder von **mengenmäßigen Ein- und Ausfuhrbeschränkungen**. Die EG ist seit 1969 eine **Zollunion**; zwischen den Mitgliedstaaten sind daher Zölle und Abgaben gleicher Wirkung ausgeschlossen; nach außen gilt ein Gemeinsamer Zolltarif (Art. 26, 27 EGV). Darüber hinaus sind auch **Maßnahmen**, die **gleiche** oder ähnliche handelsbeschränkende **Wirkung** wie Verbote oder andere mengenmäßige Beschränkungen haben, Eingriffe in die Warenverkehrsfreiheit. Jede mitgliedstaatliche Regelung, die geeignet ist, den innergemeinschaftlichen Handel unmittelbar oder mittelbar, tatsächlich oder potentiell, faktisch oder rechtlich zu behindern, ist daher mit Art. 28 EGV unvereinbar (»Dassonville-Formel« des EuGH).

Weiter Eingriffsbereich

»Maßnahmen gleicher Wirkung« sind z. B. gesundheitspolizeiliche Untersuchungen, Echtheitszertifikate und Festlegungen der Produktbeschaffenheit.

Warenverkehrsfreiheit bezieht sich sowohl auf die unterschiedliche als auch die unterschiedslose Behandlung von Gütern, enthält nicht nur ein Diskriminierungs-, sondern auch ein **allgemeines Beschränkungsverbot**. Im Falle einer gezielt oder auch nur tatsächlich unterschiedlichen Behandlung in- und ausländischer Waren liegt immer ein Verstoß gegen Art. 28 EGV vor, bei unterschiedslos geltenden Maßnahmen hingegen nur bei Regelungen zur **Produktbeschaffenheit** (z.B. Verpackungs- und Etikettierungsvorschriften, Abmessungsregeln, Bezeichnungen der Waren). Bei bloßen **Absatz- und Verkaufsmodalitäten** (z.B. Ladenöffnungszeiten, Werbeverbote für bestimmte Berufe oder Produkte) fehlt es bereits am Eingriff in den freien Warenverkehr (»Keck-Formel« des EuGH).

Diskriminierungs- und Beschränkungsverbot

Ausdrückliche und immanente Schranken

Ein **Eingriff** kann freilich gerechtfertigt (**zulässig**) sein. Neben den in Art. 30 S. 1 EGV ausdrücklich genannten **Schranken** entwickelte der EuGH immanente Begrenzungen der Grundfreiheit (»**Cassis**«-**Rechtsprechung**), gestützt auf **zwingende Erfordernisse des Allgemeinwohls**. Dazu zählen wirksame steuerliche Kontrolle, Schutz der öffentlichen Gesundheit, Lauterkeit des Handelsverkehrs sowie Umwelt- und Verbraucherschutz. Die hierauf abzielende mitgliedstaatliche Regelung muss zudem verhältnismäßig sein (Art. 30 S. 2 EGV). Auf Grund des **Herkunftslandprinzips** sind alle die in einem Mitgliedstaat rechtmäßig in den Verkehr gebrachten Waren auch in jedem anderen EG-Land zum freien Verkehr zuzulassen.

(2) Freier Personenverkehr

Freiheit des Personenverkehrs soll gewährleisten, dass sich »**Unionsbürger**« (Art. 17 EGV) und Unternehmen mit Sitz in der EG innerhalb des Gemeinschaftsgebiets frei bewegen können. Die Personenverkehrsfreiheit hat **zwei Aspekte**: Arbeitnehmerfreizügigkeit (Art. 39 – 42) und Niederlassungsfreiheit (Art. 43 – 48 EGV).

Arbeitnehmerfreizügigkeit

Begriff des Arbeitnehmers

Arbeitnehmerfreizügigkeit bezieht sich allein auf **Wanderarbeitnehmer**, die Staatsangehörige eines EG-Mitgliedstaats sind. Arbeitnehmer sind alle **natürlichen Personen**, die für eine gewisse Dauer eine **unselbstständige Tätigkeit** ausüben, wenn diese Teil des Wirtschaftslebens ist und gegen **Entgelt** erfolgt.

Das Sekundärrecht dehnt den Schutzbereich dieser Grundfreiheit auch auf Familienangehörige des Wanderarbeitnehmers aus; ferner fallen Studenten unter ihrem Schutz. Hingegen sind Beschäftigte des **öffentlichen Dienstes**, insbesondere Beamte vom Anwendungsbereich weithin ausgenommen (Art. 39 Abs. 4 EGV).

Schutz vor, während und nach Aufenthalt in anderem EG-Land

Art. 39 Abs. 3 lits. b) – d) EGV steckt den **Schutzumfang** der Freizügigkeitsgarantie ab: das Recht zur freien Einreise, zum Aufenthalt und zum Verbleib im Beschäftigungsstaat auch nach Ende der Tätigkeit. Als speziellere Regelung geht Art. 39 Abs. 3 dem allgemeinen **Aufenthaltsrecht** für Unionsbürger aus Art. 18 EGV vor.

Das in Art. 39 Abs. 2 EGV enthaltene Gebot der Inländergleichbehandlung stellt eine spezielle Ausprägung des allgemeinen **Diskriminierungsverbots** (Art. 12) dar. Das Gebot wird vom EuGH weit ausgelegt; jede Art von Diskriminierung ungeachtet ihrer Schwere oder/und Zielgerichtetheit wird erfasst. Verstöße sind **per se rechtswidrig** und auch nicht zu rechtfertigen.

Verboten sind daneben alle **unterschiedslos wirkenden Beschränkungen**, die sich als »Berufszugangshindernis« darstellen (»Bosman-Urteil« des EuGH). Auch sie können den Zugang zu einer beruflichen Tätigkeit und somit die Freizügigkeit für Angehörige anderer EG-Staaten faktisch erheblich beeinträchtigen.

Beispiele: sprachliche Qualifikationen, (Nachweise über) Befähigungen.

Gerechtfertigt werden kann ein Eingriff im Rahmen der immanenten Schranken durch **zwingende Allgemeinwohlbelange**; die »Cassis«-Rechtsprechung gilt auch hier. Darüber hinaus sind Beschränkungen des Aufenthaltsrechts (Art. 39 Abs. 3 lits. b] und c] EGV) in Bezug auf Maßnahmen zum Schutz der öffentlichen Ordnung, Sicherheit oder Gesundheit zulässig (**ordre-public**-Vorbehalt).

<small>Verbleibender Regelungsspielraum der Mitgliedstaaten</small>

Niederlassungsfreiheit

Arbeitnehmerfreizügigkeit betrifft unselbständige Tätigkeiten, Niederlassungsfreiheit hingegen umfasst das Recht jedes **Unternehmers** (bzw. **Unternehmens**, Art. 48 EGV), in einem anderen Mitgliedstaat nach dessen Rechtsvorschriften einer **selbstständigen Erwerbstätigkeit** nachzugehen sowie weitere (Tochter-)Unternehmen oder Zweigniederlassungen zu gründen (Art. 43 Abs. 1 EGV).

<small>Persönlicher und sachlicher Schutzbereich</small>

Freie Niederlassung beinhaltet die tatsächliche Ausübung einer selbstständigen wirtschaftlichen Tätigkeit mittels **fester Einrichtung** in einem anderen Mitgliedstaat auf **unbestimmte Dauer**. Auf Niederlassungsfreiheit berufen können sich wieder nur Personen, die Angehörige eines (anderen) EG-Mitgliedstaats sind.

Die Grundfreiheit schützt sowohl die Aufnahme als auch die Ausübung der selbstständigen Tätigkeit (Art. 43 Abs. 2 EGV). Sie erfasst zunächst ein Einreise-, Aufenthalts- sowie Wegzugsrecht. Zudem enthält sie ein umfassendes **Diskriminierungsverbot** (bzw. Gebot der Inländergleichbehandlung) für jede Phase der Niederlassung. Ein Beschränkungsverbot ist dagegen bisher nur für unterschiedslos wirkende mitgliedstaatliche Maßnahmen anerkannt, die bereits den »Zugang« zur Niederlassung ausschließen, so z. B. Regelungen, wonach bestimmte **freie Berufe** (Rechtsanwälte, Ärzte) keine Zweigstellen eröffnen dürfen.

Ein Eingriff im Sinne einer die freie Niederlassung beschränkenden »Berufszugangsregelung« kann im Rahmen der immanenten Schranken wiederum (nur) durch zwingende Allgemeinwohlgründe **gerechtfertigt** werden. Ungleichbehandlungen können sich wie bei der Arbeitnehmerfreizügigkeit nur auf Art. 46 EGV stützen.

<small>Zulässige Beschränkungen durch mitgliedstaatliche Regelungen</small>

(3) Dienstleistungsfreiheit

Abgrenzung zur Niederlassung

Während freie Niederlassung eine dauerhafte Ansiedlung schützt, beinhaltet Dienstleistungsfreiheit das Recht, **selbstständige Tätigkeiten** in einem anderen Mitgliedstaat oder in Bezug auf diesen auch nur **vorübergehend** auszuüben (Art. 49, 50 EGV). Berechtigt sind ebenfalls allein **Staatsangehörige** eines (anderen) Mitgliedstaats im Hinblick auf grenzüberschreitende Tätigkeiten. Gem. Art. 55 i. V. m. Art. 48 EGV erstreckt sich die Freiheit des Dienstleistungsverkehrs auch auf Gesellschaften/Unternehmen.

Art. 50 EGV

(1) Dienstleistungen im Sinne dieses Vertrags [als] Leistungen, die in der Regel gegen Entgelt erbracht werden, soweit sie nicht den Vorschriften über den freien Waren- und Kapitalverkehr und über die Freizügigkeit der Personen unterliegen.

(2) Als Dienstleistungen gelten insbesondere:
 a) gewerbliche Tätigkeiten,
 b) kaufmännische Tätigkeiten,
 c) handwerkliche Tätigkeiten,
 d) freiberufliche Tätigkeiten.

Drei Arten

Dienstleistungsfreiheit berechtigt sowohl Dienstleistungs**erbringer** als auch **Empfänger** solcher Leistungen. Im Hinblick auf das bei allen Grundfreiheiten notwendige grenzüberschreitende Element lassen sich verschiedene Arten von Dienstleistungen unterscheiden: Bei **aktiver** Dienstleistungsfreiheit begibt sich der Erbringer zum Dienstleistungsempfänger in einen anderen Mitgliedstaat.

Ein polnischer Handwerker repariert den Wasserhahn eines deutschen Auftraggebers.

Umgekehrt liegt ein Fall der **passiven** Dienstleistungsfreiheit vor, wenn sich der Empfänger in einen anderen Mitgliedstaat zum Erbringer der Dienstleistung begibt.

Dänische Touristen nehmen Leistungen spanischer Hoteliers in Anspruch.

Bei **Korrespondenzdienstleistungen** überschreitet nur die Dienstleistung die Grenze, Empfänger und Erbringer bleiben an Ort und Stelle im jeweiligen Mitgliedstaat.

Ein britisches Versicherungsunternehmen vertreibt seine »Produkte« per Telefon oder über Internet bei slowenischen Kunden.

Als Fall des Personenverkehrs gewährleistet Dienstleistungsfreiheit das Recht auf Einreise und Aufenthalt im jeweiligen Mitgliedstaat zu Erbringung oder Inanspruchnahme der Dienstleistung.

Ein **Eingriff** liegt bei jeglicher **Diskriminierung** von Dienstleistungserbringer und -empfänger aus Gründen der Staatsangehörigkeit vor (Art. 50 Abs. 3 EGV). Nach Auffassung des EuGH enthält diese Vorschrift auch ein **allgemeines Beschränkungsverbot**, das sich auf unterschiedslos anwendbare mitgliedstaatliche Regelungen erstreckt. Darin enthaltene Beschränkungen können durch wichtige Allgemeinwohlbelange gerechtfertigt sein (Erweiterung der auf Waren bezogenen »Cassis-Rechtsprechung« auf andere »Produkte«). Ungleichbehandlungen sind nur im Rahmen des ordre-public-Vorbehalts (Art. 55 i. V. m. Art. 45, 46 EGV) zulässig.

Umfang des Schutzes

(4) Freier Kapital- und Zahlungsverkehr

Ein Raum ohne Binnengrenzen ist nicht komplett ohne einen ungehinderten Kapital- und Zahlungsverkehr:

Inhalt und Umfang des Schutzes

Freier **Kapitalverkehr** (Art. 56 Abs. 1 EGV) bezieht sich auf die Bewegung sowohl von Real-/Sachkapital (Immobilien, Unternehmensbeteiligungen) als von Finanz-/Geldkapital (Wertpapiere, Kredite). Untersagt sind alle Diskriminierungen und Beschränkungen von mitgliedstaatlicher Seite. Allerdings ist den Staaten das Recht geblieben, steuerrechtlich zwischen Personen mit unterschiedlichem Wohn- und Anlageort zu differenzieren (Art. 58 Abs. 1 lit. a EGV). Sie sind daher weiterhin befugt, System und Höhe ihrer (direkten) **Steuern** näher zu gestalten. Dabei müssen sie aber übermäßige unmittelbare wie indirekte Restriktionen für den grenzüberschreitenden Kapitalverkehr vermeiden.

Der freie **Zahlungsverkehr** (Art. 56 Abs. 2 EGV) sichert einen ungehinderten internationalen Fluss von Zahlungen, unabhängig davon, ob sie eigenständig oder als Gegenleistung für Warenlieferung, Erbringen von Dienstleistungen oder auch als Gewährung von Kapitalnutzung (Zins, Dividende) erfolgen.

2.3. Wirtschafts- und Währungsunion

Neben dem Binnenmarkt übt die Wirtschafts- und Währungsunion großen Einfluss auf das nationale öffentliche Wirtschaftsrecht vor allem der an ihr teilnehmenden EG-Mitgliedstaaten aus. Vor dem Hintergrund zunehmender Europäisierung wirtschaftlicher Beziehungen wurde 1992 das **Endziel** einer Wirtschafts- und Währungsunion für die **Europäische Gemeinschaft** festgeschrieben (Art. 2, 4, 99 ff. EGV). Der Begriff einer »Union« lässt ein gleiches Integrationsniveau in beiden Bereichen vermuten. Genaueres Hinsehen zeigt aber: Während die Mitgliedstaaten im Bereich der **Wirtschaftspolitik** weiterhin eine primäre Regelungszuständigkeit haben und nur an »**richtungweisende Grundsätze**« (Art. 4 Abs. 3 EGV) gebunden sind, wurde in der **Währungspolitik** durch Einführung einer **einheitlichen Währung** (EURO, €) und Gründung eines **Europäischen Systems der Zentralbanken** (ESZB) ein recht hoher Stand der Vergemeinschaftung (seit 2007 zwischen 13 der 25 EG-Staaten) erreicht. Aus der engen inhaltlichen Verknüpfung von Wirtschafts- und Währungspolitik folgt eine Bindung aller Mitgliedstaaten an das Gebot »dauerhafter Konvergenz der Wirtschaftsleistungen« (Art. 99 Abs. 3 EGV) sowie an den (primärrechtliche Regelungen konkretisierenden) »**Stabilitäts- und Wachstumspakt**«.

Nur Währungs-, nicht auch Wirtschaftsunion

Im Bereich der Wirtschaftspolitik unterliegen alle Mitgliedstaaten nur allgemeinen (Ziel-)Verpflichtungen, die in Form rechtlich unverbindlicher **Empfehlungen** (Art. 249 Abs. 5 EGV) vom Rat der EG-Wirtschafts- und Finanzminister (ECOFIN-Rat) erlassen werden (Art. 99 Abs. 2). Eine striktere Kontrolle herrscht in Bezug der Haushaltspolitik: Um die Währungsstabilität zu sichern, überwacht die Kommission die Haushaltsdisziplin der öffentlichen Hände im Rahmen einer Defizitkontrolle (Art. 104 Abs. 1, 2 EGV). Die Mitgliedstaaten sind verpflichtet, zweimal pro Jahr Haushaltsdaten zu übermitteln, die anhand der beiden Kriterien »öffentliches Defizit« ($\leq$ 3 % des BIP) und »Nettoneuverschuldung« ($\leq$ 60 % des BIP) überprüft werden. Verstößt ein Mitgliedstaat gegen die Vorgaben, kann die Kommission in einem gestuften Verfahren Sanktionen gegen den »Sünder« verhängen (Art. 104 Abs. 3 – 11 EGV). Um nach Beginn der Endstufe der Währungsunion (1.1.1999) die Wirtschafts- nicht gänzlich von der EG-Währungspolitik abzukoppeln, wurde zudem anlässlich der Vertragsrevision von Amsterdam (1997) der »**Stabilitäts- und Wachstumspakt**« geschlossen. Ziel dieses auf zwei EG-Verordnungen beruhenden Paktes ist es, sowohl Mitgliedstaaten als auch die EG-Organe Rat und Kommission auf ein gemeinsames Stabilitätsziel zu verpflichten. Die häufige Missachtung des Paktes, auch durch dessen »Stifter« Deutschland, führte 2005 zu einer Nachbesserung, deren Erfolg noch offen erscheint.

Koordinierte Wirtschaftspolitik

Im Gegensatz zur Wirtschaftspolitik existiert bei der **Währungspolitik** ein für andere Politikbereiche beispielgebendes Integrationsniveau. In Umsetzung eines »**Drei-Stufen-Plans**« wurde schrittweise ein einheitlicher europäischer Währungsraum errichtet (1. Stufe: 1990 – 1994, 2. Stufe: 1994 – 1998; 3. Stufe: ab 1999). Kennzeichnend für den »Euroraum« ist die Geltung einer einzigen Währung, des Euro, als gesetzliches Zahlungsmittel in den (anfangs 11, seit 2001 12, seit 2007 13) Teilnehmerstaaten. Für Großbritannien, Dänemark und Schweden bestehen Ausnahmeregelungen. Als erstes Land der 10 Beitrittsstaaten (von 2004) hat sich Slowenien qualifiziert.

Einheitliche Währungspolitik im Euroraum

Mit Beginn der Endstufe der Währungsunion 1999 übertrugen alle EG-Mitgliedstaaten, die sich durch Erfüllung der Konvergenzkriterien (Art. 121 EGV) für die Beteiligung qualifiziert hatten, ihre Geld- und Währungspolitik auf das neu errichtete **Europäische System der Zentralbanken**. Auf staatlicher Ebene bestehend aus 13 **nationalen Zentralbanken** (einschließlich der Deutschen Bundesbank), wird das ESZB (oder »Eurosystem«) auf Gemeinschaftsebene von der **Europäischen Zentralbank** komplettiert und von deren Beschlussorganen (EZB-Rat und Direktorium) geleitet. Waren die nationalen Zentralbanken bis dahin allein für die Geldpolitik ihres Staates verantwortlich, so haben sie seither nur noch über das Stimmrecht ihres Präsidenten im EZB-Rat ein Mitsprache- und -gestaltungsrecht.

ESZB

Art. 105 EGV

(1) Das vorrangige Ziel des ESZB ist es, die Preisstabilität zu gewährleisten. Soweit dies ohne Beeinträchtigung des Zieles der Preisstabilität möglich ist, unterstützt das ESZB die allgemeine Wirtschaftspolitik in der Gemeinschaft, um zur Verwirklichung der in Artikel 2 festgelegten Ziele der Gemeinschaft beizutragen. Das ESZB handelt im Einklang mit dem Grundsatz einer offenen Marktwirtschaft mit freiem Wettbewerb, wodurch ein effizienter Einsatz der Ressourcen gefördert wird, und hält sich dabei an die in Artikel 4 genannten Grundsätze.

(2) Die grundlegenden Aufgaben des ESZB bestehen darin,

- die Geldpolitik der Gemeinschaft festzulegen und auszuführen,
- Devisengeschäfte im Einklang mit Artikel 111 durchzuführen,
- die offiziellen Währungsreserven der Mitgliedstaaten zu halten und zu verwalten,
- das reibungslose Funktionieren der Zahlungssysteme zu fördern.

Die EZB formuliert die auf **Preisstabilität** ausgerichtete, einheitliche geldpolitische Strategie des Eurosystems. Die Umsetzung der EZB-Vorgaben ist im wesentlichen Sache der nationalen Zentralbanken. Die wichtigste Aufgabe des ESZB, die Gestaltung der **Geldpolitik**, erfolgt

Zielsetzung des ESZB

mit den Instrumenten der Offenmarkt-, Kredit- und Mindestreservepolitik; Parallelen zur Geldpolitik der **Bundesbank** sind dabei nicht zufällig. Diese verlor durch die Teilnahme am ESZB freilich ihre frühere Rolle als faktische »Leitzentralbank« in Europa und damit eigene geldpolitische Gestaltungskompetenz. Daraus resultierte auch eine Änderung ihrer Organisationsstruktur im Sinne einer »Verschlankung« (7. BBankÄndG 2002).

3. Nationale, europäische, »Weltwirtschaftsordnung«

3.1. Rahmenbestimmungen für internationalen Wirtschaftsverkehr

Die zunehmende Internationalisierung wirtschaftlicher Beziehungen zwischen zahlreichen multi- bzw. transnational agierenden Unternehmen (»global players«) erfolgt auf der Grundlage einer »Weltwirtschaftsordnung«, die Welthandels-, aber auch Weltwährungs- bzw. -finanzrecht umfasst. Wirtschaftspolitische Probleme können kaum mehr allein auf nationaler oder supranationaler (EG-)Ebene, sondern nur noch durch globale internationale Zusammenarbeit gelöst werden. Sowohl die **Entnationalisierung** von im öffentlichen Interesse erforderlicher Lenkung und Beeinflussung wirtschaftlicher Abläufe als auch die wachsende grenzüberschreitende **Mobilität** von **Personen, Waren und Dienstleistungen** benötigen einen einheitlichen, verlässlichen Rahmen, eine Globalisierung auch des (Wirtschafts-)Rechts. Ein System von Regeln als Grundlage einer »Weltwirtschaftsordnung« muss dabei der Rechtsvereinheitlichung, Liberalisierung und Regulierung gleichermaßen Rechnung tragen.

Rechtsquellen eines Weltwirtschaftsrechts sind die auch im allgemeinen Völkerrecht anerkannten: (völkerrechtliche) Verträge, Völkergewohnheitsrecht und allgemeine Rechtsgrundsätze (Art. 38 Abs. 1 lits. a] – c] IGH-Statut). Bis heute steht es jedem souveränen Staat frei, Wirtschaftsbeziehungen zu anderen Staaten zu unterhalten (bzw. von seinem Gebiet aus/durch seine Staatsangehörigen zuzulassen): er darf dadurch lediglich nicht die (innere) Souveränität eines anderen Staates beeinträchtigen (Interventionsverbot, Art. 2 Nr. 7 UN-Charta). Andererseits zählen Handelsverträge über Rohstoffe und andere Waren zu den ältesten völkerrechtlichen Regelungen, und mehr denn je entsteht international verbindliches Wirtschaftsrecht durch **Verträge** zwischen Staaten und/oder Internationalen Organisationen.

Wirtschaftsvölkerrecht

Völkervertragsrecht bindet zunächst allein die jeweiligen (staatlichen) Vertragspartner. **Durchgriffswirkungen** auf Wirtschaftssubjekte des nationalen Rechts (Unternehmen) finden – außer im Europäischen Gemeinschaftsrecht – nicht statt. Staaten müssen vielmehr ihren Verpflichtungen aus internationalen (Wirtschafts-)Verträgen erst mittels nationaler »Vertrags«-Gesetze innerstaatliche Geltung und Verbindlichkeit verschaffen (in Deutschland nach Art. 59 Abs. 2 GG), um so Einklang zwischen nationalen und internationalen Vorschriften herzustellen.

Art. XVI Abs. 4 WTO-Übereinkommen
Jedes Mitglied stellt sicher, daß seine Gesetze, sonstigen Vorschriften und Verwaltungsverfahren mit seinen Verpflichtungen aufgrund der als Anlage beigefügten Übereinkommen im Einklang stehen.

Privates Weltwirtschaftsrecht

Vom Wirtschaftsvölkerrecht zu unterscheiden sind die für den internationalen Handel ebenfalls wichtigen Regeln der **lex mercatoria**, einer Rechtsordnung von und zwischen privaten Rechtssubjekten; sie umfasst internationale Handelsbräuche, Vertragspraktiken/-modelle und allgemeine Rechtsgrundsätze und wird vorrangig von multinationalen Unternehmen bei grenzüberschreitenden Transaktionen eingesetzt.

3.2. Welthandelsrecht

WTO: Organisation und Mitglieder

Im Zentrum eines **Welthandelsrecht**s steht heute die Welthandelsorganisation (WTO – World Trade Organisation). Bereits 1947 war eine International Trade Organisation geplant, sie scheiterte jedoch am Veto der USA. Teil-Regelungen (»GATT 1947«) wurden aber in Kraft gesetzt. Erst in der »Uruguay-Runde« (1986 – 1993) einigten sich die teilnehmenden Staaten auf einen neuen institutionellen Überbau für internationale Handelsbeziehungen, die WTO. Diese Organisation hat Rechtspersönlichkeit und verfolgt einen universellen Ansatz, sie will ein Verhandlungs- und Streitschlichtungsforum für ein weltweites Handelssystem bieten. Die WTO ist keine Sonderorganisation der Vereinten Nationen, arbeitet jedoch mit diesen (etwa ILO, IWF, Weltbank) und der UNO selbst eng zusammen. Die WTO hatte Ende 2006 150 Mitglieder, zu ihnen gehört als (bisher) einzige Internationale Organisation auch die EG (Art. XI WTO-Übereinkommen). Aus Sicht des EG-Rechts verfügt die Gemeinschaft im Verhältnis zu ihren Mitgliedstaaten über die ausschließliche Kompetenz im Bereich des Außenhandels mit Waren (Art. 133, 300 EGV); in einem Gutachten anlässlich des Beitritts zur WTO stellte der EuGH jedoch klar, diese Zuständigkeit erfasse nicht alle Aufgabenbereiche der WTO.

Kern des WTO-Rechts

Das Anfang 1995 in Kraft getretene neue Welthandelsrecht besteht aus inhaltlichen sowie Organisations- und Verfahrensregeln. Inhaltlich modifizierte das »**GATT** 1994« (GATT = General Agreement on Tariffs and Trade) das bisherige Abkommen über Warenhandel (GATT 1947). Darüber hinaus wurden »multilaterale« Verträge über den Handel mit Dienstleistungen (**GATS** = General Agreement on Trade in Services) und über handelsbezogene Aspekte des geistigen Eigentums (**TRIPS** = Trade-Related Intellectual Property Rights) vereinbart. Organisatorisch betrachtet wurde mit der Welthandelsorganisation der institutionelle Rahmen verfestigt (WTO-Übereinkommen), vor allem durch Verbesserung des Streitbeilegungsverfahrens (**DSU** – Dispute Settlement Understanding) sowie des Mechanismus zur Überwachung der Handelspolitik (**TPRM** – Trade Policy Review Mechanism).

Zentrales Prinzip des multilateralen Systems der WTO ist der Grundsatz der **Meistbegünstigung** (»most-favoured nation treatment«), wie er z. B. niedergelegt ist in

Materielle Prinzipien des WTO-Rechts

Art. I Abs. 1 GATT
Bei Zöllen und Belastungen aller Art, die anlässlich oder im Zusammenhang mit der Einfuhr oder Ausfuhr oder bei der internationalen Überweisung von Zahlungen für Einfuhren oder Ausfuhren auferlegt werden, bei dem Erhebungsverfahren für solche Zölle und Belastungen, bei allen Vorschriften und Förmlichkeiten im Zusammenhang mit der Einfuhr oder Ausfuhr und bei allen in Art. III Abs. 2 und 4 behandelten Angelegenheiten werden alle Vorteile, Vergünstigungen, Vorrechte oder Befreiungen, die eine Vertragspartei für eine Ware gewährt, welche aus einem anderen Land stammt oder für dieses bestimmt ist, unverzüglich und bedingungslos für alle gleichartigen Waren gewährt, die aus den Gebieten der anderen Vertragsparteien stammen oder für diese bestimmt sind.

Eine Folge der Meistbegünstigung ist die allgemeine Senkung von (Einfuhr-)**Zöllen**, eines der Hauptziele des GATT.

Der ebenfalls in der Präambel des GATT aufgeführte Grundsatz der **Reziprozität** zielt auf Gegenseitigkeit der gewährten Handelsvergünstigungen ab, gilt allerdings nur bedingt im Verhältnis zu **Entwicklungsländern** (Art. XXXVI GATT). Eine bereits im »alten« GATT (seit 1979) anerkannte »enabling clause« besagt, ein Mitgliedstaat, der einem schwächeren Mitglied eine günstigere Behandlung gewährt, sei nicht verpflichtet, diese auch allen anderen Mitgliedern zu gewähren. Hierdurch erhalten besonders Entwicklungs- und Schwellenländer bessere Chancen für einen Zutritt zu internationalen Märkten.

Ein zweites Grundprinzip ist die **Nichtdiskriminierung** (»national treatment«) von in- und ausländischen Anbietern in Bezug auf »gleichartige« Waren oder Dienstleistungen und/oder Personen (Art. III GATT, Art. XVII GATS). Bei Meistbegünstigung wie bei Inländerbehandlung stellt die Feststellung einer »Gleichartigkeit« von Waren, Dienstleistungen, etc. das größte Problem dar. Als Kriterien sollen in erster Linie objektive Merkmale wie Natur, Qualität und Nutzung der Waren, Dienstleistungen, etc. gelten. Unterschieden wird ferner – ähnlich wie in der Rechtsprechung des EuGH zum Warenverkehr – zwischen produkt- und produktionsbezogenen Regelungen; letztere sind nur relevant, wenn sie in die Ware selbst Eingang gefunden haben.

»Nur Zölle«!

Als Instrument der Beeinflussung des Warenverkehrs erlaubt das GATT nur **Zölle** (Art. II); daneben gilt ein **Verbot mengenmäßiger Einfuhrbeschränkungen** (Art. XI GATT). Diese »tariffs only«-Maxime untersagt jeder Vertragspartei, außer Zöllen, Abgaben und sonstigen Belastungen bei Einfuhr einer Ware aus dem Gebiet einer anderen Partei oder bei Ausfuhr einer Ware oder ihrem Verkauf zwecks Ausfuhr in das Gebiet einer anderen Partei Verbote oder sonstige Beschränkungen zu erlassen oder beizubehalten.

Grenzen der Bindungen der WTO-Mitglieder

Wie im EG-Binnenmarkt bedürfen auch im Rahmen von WTO/GATT **Eingriffe** und Beschränkungen des freien Handels durch (mitglied)staatliche Maßnahmen einer besonderen **Rechtfertigung**. Das GATT kennt (ähnlich wie andere WTO-Abkommen) insoweit eine Vielzahl unterschiedlicher Tatbestände: Eine **Schutzklausel** (Art. XIX) rechtfertigt in wirtschaftlichen Notlagen die »Flucht« in staatliche Handelsbeschränkungen; ergänzend gilt ein spezielles »safeguard agreement«. Ähnlich wie im EG-Recht soll ferner ein Katalog von »allgemeinen Ausnahmen« (Art. XX) elementare Bestandteile der Rechtsordnung der Mitgliedstaaten, deren (nicht-wirtschaftlichen) **ordre public** schützen. Jedoch dürfen solche Ausnahmen nicht zu einer »verschleierten« oder »willkürlichen« Beschränkung« des internationalen Handels führen und müssen ihrerseits verhältnismäßig sein. Als speziellen Rechtfertigungsgrund kennt das GATT den **Schutz wesentlicher Sicherheitsinteressen** (Art. XXI). Darüber hinaus kann die WTO im Rahmen einer Ausnahme (**waiver**) einen anderen Mitgliedstaat von bestimmten Verpflichtungen befreien (Art. IX WTO-Übereinkommen, Art. XXV GATT).

Wichtigste Vorgaben des GATT im Hinblick auf **Wettbewerbsverzerrungen** stellen die Voraussetzungen und Mittel zur Abwehr von **Dumping** (Art. VI) oder von **Subventionen** (Art. XVI) dar; diese Vorschriften werden jeweils durch ebenfalls »multilaterale« Durchführungsabkommen konkretisiert.

Einbeziehung von »Dienstleistungen«

Während das GATT den freien Warenhandel betrifft, regelt das **GATS Dienstleistungen**; hierunter sind alle **Wertschöpfungen** zu verstehen, die **nicht körperlich**er Natur sind (»invisibles«). Auch hier gelten Meistbegünstigung (Art. II) und – jedoch nur bei entsprechender zusätzlicher Vereinbarung – Inländergleichbehandlung (Art. XVII). Vielfach überschneiden sich GATT und GATS, da der Handel von Waren eng mit dem Erbringen von Dienstleistungen verbunden ist. Dann sind beide Regeln entweder nebeneinander anwendbar oder muss auf die wirtschaftliche Hauptsache abgestellt werden.

... und von handelsbezogenen Aspekten »geistigen Eigentums«

Ein dritter wesentlicher Bestandteil des WTO-Rechts ist das **TRIPS-Abkommen**. Wie GATT/GATS enthält es die Prinzipien der Meistbegünstigung (Art. 4) und der Nichtdiskriminierung (Art. 3). »Geistiges

Eigentum« sind nach Art. 1 Abs. 2 vor allem Urheberrechte, Marken (»Coca Cola«), geographische Angaben (»Meißner Porzellan«), gewerbliche Muster, Patente. Der Schutz des geistigen Eigentums durch das TRIPS wird ergänzt durch die Tätigkeit der **WIPO** (World Intellectual Property Organisation), einer UN-Sonderorganisation, der die Aufsicht über (andere) völkerrechtliche Verträge zu Fragen des Immaterialgüterrechts obliegt.

Aus Sicht der privaten Unternehmen stellt sich in Bezug auf das Welthandelsrecht die Frage nach der **innerstaatlichen Anwendbarkeit** seiner Vorschriften. Auf nationaler Ebene direkt anwendungsfähig sind alle Rechtsnormen, die nach Ausgestaltung und Inhalt keiner weiteren Umsetzung durch innerstaatliche Hoheitsträger bedürfen. Weder das alte GATT 1947 noch die Neuregelungen im Rahmen der WTO werden aber vom EuGH als »self-executing« (unmittelbar anwendbar) angesehen, so dass sich private Wirtschaftsakteure vor (nationalen und europäischen) Gerichten im Regelfall **nicht direkt** auf deren Einhaltung berufen können.

Relevanz im internen Recht

3.3. Weltwährungs- und -finanzrecht

Ebenso wie auf regionaler (europäischer) Ebene muss ein Weltwirtschaftsrecht auch Regelungen zu **internationalen Finanz- und Währungsproblemen** treffen. Hauptakteure sind insoweit der Internationale Währungsfonds (IWF) sowie die Weltbankgruppe.

Noch vor Ende des Zweiten Weltkriegs wurde 1944 der **IWF** (bzw. IMF – International Monetary Fund) errichtet. Ziel der Gründungskonferenz von Bretton Woods war eine Neuordnung der internationalen Finanz- und Wirtschaftsbeziehungen. Der IWF wurde als Vereinigung von Staaten errichtet; deshalb können ohne Änderung des IWF-Übereinkommens keine internationalen Währungseinrichtungen, insbesondere auch nicht EG oder EZB, Mitglied werden. Der Stimmanteil jedes Mitgliedstaats richtet sich primär nach dem eingezahlten Kapital (Quote). Inhaltlich wurden die Regelungen des ursprünglichen Übereinkommens mehrfach geändert. Das System von Bretton Woods war auf eine Goldbindung der beteiligten Währungen angelegt; nach seinem faktischen Zusammenbruch im Jahre 1971 wurde das IWF-Abkommen durch die (2.) Novelle von 1978 grundlegend modifiziert.

IWF: Organisation und Aufgaben

Der IWF, eine UN-Sonderorganisation, verfolgt in erster Linie das Ziel, die Stabilität und internationale Zusammenarbeit auf dem Gebiet der **Währungspolitik** zu fördern. Zu diesem Zweck überwacht der IWF ständig die finanz- und wirtschaftspolitische Situation der Mitglieder und erörtert diese gemeinsam mit diesen. Bei Bedarf gewährt der IWF seinen Mitgliedern mit wirtschaftspolitischen Auflagen verknüpfte kurz- bis mittelfristige Kredite zum Abbau von Zahlungsbilanzdefiziten. Im Hinblick auf Entwicklungs- und Schwellenländer arbeitet der IWF eng mit der Weltbank zusammen.

Aufgabenverteilung innerhalb der Weltbankgruppe

Die **Weltbankgruppe** besteht neben der Weltbank, d.h. der Internationalen Bank für Wiederaufbau und Entwicklung (**IBRD** – International Bank for Reconstruction and Development), aus weiteren Finanzorganisationen (Internationale Entwicklungsassoziation – **IDA**; Internationale Finanzkooperation – **IFC**), der Multilateralen Investitions-Garantieagentur (**MIGA** – Multilateral Investment Guarantee Agency) und dem International Centre for the Settlement of Investment Disputes (**ICSID**) als rechtlich selbstständigen Internationalen Organisationen. Alle Einrichtungen haben als Ziel, Wirtschaftswachstum und soziale Entwicklung in weniger entwickelten Mitgliedstaaten zu fördern. Unterschiedlich sind hingegen die Aufgaben der Organisationen der Weltbankgruppe. Die Weltbank selbst und die IDA vergeben langfristige Kredite. Die IFC ist für Unternehmensbeteiligungen zuständig, die MIGA sichert Investitionen in Entwicklungsländern ab, das ICSID ermöglicht privaten Unternehmen, direkt ein internationales Schiedsgericht zur Klärung von Investitionsstreitigkeiten mit dem jeweiligen Gastland anzurufen.

4. Wiederholungsfragen

1. Inwiefern ist das GG wirtschaftspolitisch neutral? Lösung S. 16 ff.
2. Welche Bedeutung hat das Rechtsstaatsprinzip für das Öffentliche Wirtschaftsrecht? Lösung S. 19
3. Wie sind Berufs- und Eigentumsgrundrecht voneinander abzugrenzen? Lösung S. 23 ff.
4. Welche Besonderheit kennzeichnet die Koalitionsfreiheit? Lösung S. 29 f.
5. Welche Bedeutung hat die allgemeine Handlungsfreiheit für wirtschaftliche Betätigungen? Lösung S. 31 f.
6. Wie sind Vorrang des Gesetzes und Selbstbindung der Verwaltung voneinander zu unterscheiden? Lösung S. 20, 33
7. Wie wird Binnenmarkt definiert? Lösung S. 35
8. Welche Merkmale sind allen Grundfreiheiten gemeinsam? Lösung S. 36
9. Welche Arten grenzüberschreitender Dienstleistungen gibt es, und worin unterscheiden sich diese von einer Niederlassung? Lösung S. 40
10. Wie ist das ESZB organisiert? Lösung S. 43
11. Was bedeutet Vergemeinschaftung der Währungspolitik? Lösung S. 42
12. Welche drei zentralen Abkommen bilden den Kern des WTO-Rechts? Lösung S. 46 f.
13. Welche Rechtsquellen kennzeichnen das Weltwirtschaftsrecht? Lösung S. 45 f.
14. Was bedeutet die »tariffs only«-Maxime? Lösung S. 48
15. Ist die EG Mitglied von WTO und IWF bzw. könnte sie es werden? Lösung S. 46 ff., 49 ff.

Organisation der Wirtschaftsverwaltung

1.	**Staatliche Wirtschaftsverwaltung**	**54**
1.1.	Überblick	54
1.2.	Verwaltungsorganisation auf Bundes- und Länderebene	57
1.3.	Mitwirkung Privater bei der Wirtschaftsverwaltung	59
2.	**Selbstverwaltung der Wirtschaft**	**61**
2.1.	Grundlagen	61
2.2.	Kammern	62
3.	**Wiederholungsfragen**	**68**

1. Staatliche Wirtschaftsverwaltung

Bereich der Exekutive

Staatliche Wirtschaftsverwaltung umfasst alle Felder des Vollzugs des öffentlichen Wirtschaftsrechts, d.h. die Wahrnehmung aller öffentlichen Aufgaben, die den Wirtschaftssektor tangieren, durch staatliche Stellen außerhalb von Legislative und Judikative. Wirtschaftsverwaltung kann dabei von Bund, Ländern, Kommunen oder sonstigen Hoheitsträgern ausgeübt werden. Verfassungsrechtliche Grundlagen der Verwaltungsorganisation bilden Art. 30 GG und 83 ff. sowie Art. 28 Abs. 2 GG (Garantie der kommunalen Selbstverwaltung).

1.1. Überblick

Formen des Vollzugs von Bundesrecht

Die staatliche Wirtschaftsverwaltung folgt den **allgemeinen Kompetenzvorgaben** im Bundesstaat. Das Grundgesetz bestimmt in Art. 83 ff. die Kompetenzverteilung hinsichtlich der exekutiven Aufgaben, legt also fest, wer jeweils der im Einzelfall zuständige Verwaltungsträger ist.

Grundsätzlich sind nach Art. 30, 83 GG die Länder für den Vollzug der eigenen, aber auch der Bundesgesetze verantwortlich.

Das Grundgesetz unterscheidet dabei zwischen

- Ausführung der Bundesgesetze durch die Länder (d.h. Landesbehörden) als eigene Angelegenheiten, Art. 83, 84 GG

Ausführung durch Länder

- Ausführung der Bundesgesetze durch die Länder im Auftrag des Bundes, Art. 85 GG
- Ausführung der Bundesgesetze durch bundeseigene Verwaltung, Art. 86 ff. GG.

Die Ausführung der Bundesgesetze als **eigene Angelegenheiten** stellt die Grundform dar und ist auch in der Praxis der Regelfall. Die **Er- und Einrichtung von Behörden** sowie die Regelung des **Verwaltungsverfahrens** ist Sache der einzelnen Länder. Der Bund übt lediglich Rechtsaufsicht über deren Tätigkeit aus (Art. 84 Abs. 3 S. 1 GG), d.h. er überprüft nur die Rechtmäßigkeit des Gesetzesvollzugs, ein Weisungsrecht in Bezug auf die Gesetzesausführung kommt ihm nur ausnahmsweise zu (Art. 84 Abs. 5). Daneben werden dem Bund aber einzelne Sonderrechte eingeräumt, z.B. zum Erlass von Verwaltungsvorschriften (Art. 84 Abs. 2 GG) oder im Hinblick auf Korrektur von Mängeln (Art. 84 Abs. 4).

Bei der Ausführung der Bundesgesetze durch die Länder **im Auftrag des Bundes** (Art. 85 GG) handelt es sich um eine Sonderform, die nur zulässig ist, wenn das GG sie obligatorisch oder fakultativ vorsieht. Für das Wirtschaftsverwaltungsrecht sind hier insbesondere die Bereiche der Nutzung der Kernenergie, der Luftverkehrsverwaltung, der Verwaltung der Bundesfernstraßen, der überwiegend vom Bund finanzierten Subventionen, der Steuern, deren Aufkommen ganz oder teilweise dem Bund zufließt sowie der Lastenausgleichsverwaltung relevant.

Art. 87c GG

Gesetze, die auf Grund des Artikels 74 Abs. 1 Nr. 14 ergehen, können mit Zustimmung des Bundesrates bestimmen, daß sie von den Ländern im Auftrage des Bundes ausgeführt werden.

Art. 87d Abs. 2 GG

Durch Bundesgesetz, das der Zustimmung des Bundesrates bedarf, können Aufgaben der Luftverkehrsverwaltung den Ländern als Auftragsverwaltung übertragen werden.

Art. 90 Abs. 2 GG

Die Länder oder die nach Landesrecht zuständigen Selbstverwaltungskörperschaften verwalten die Bundesautobahnen und sonstigen Bundesstraßen des Fernverkehrs im Auftrage des Bundes.

Art. 104a Abs. 3 GG

Bundesgesetze, die Geldleistungen gewähren und von den Ländern ausgeführt werden, können bestimmen, daß die Geldleistungen ganz oder zum Teil vom Bund getragen werden. Bestimmt das Gesetz, daß der Bund die Hälfte der Ausgaben oder mehr trägt, wird es im Auftrage des Bundes durchgeführt.

Art. 108 Abs. 3 GG

Verwalten die Landesfinanzbehörden Steuern, die ganz oder zum Teil dem Bund zufließen, so werden sie im Auftrage des Bundes tätig. Artikel 85 Abs. 3 und 4 gilt mit der Maßgabe, daß an die Stelle der Bundesregierung der Bundesminister der Finanzen tritt.

Die Verwaltung bleibt auch hier Landesverwaltung, die Länder regeln Behördenorganisation und Verfahren. Dem Bund steht aber nicht nur eine Rechts-, sondern auch eine **Fachaufsicht** zu (Art. 85 Abs. 3 S. 1 GG), d.h. er hat ein Weisungsrecht gegenüber den Ländern, und diese müssen Weisungen unabhängig von deren Rechtmäßigkeit vollziehen. Als Rechtsbehelf ist ihnen der Weg zum Bundesverfassungsgericht eröffnet (Bund-Länder-Streitigkeit gem. 93 Abs. 1 Nr. 3 GG).

Der **Bund selbst** kann nur als Verwaltungsträger agieren, soweit ihm das GG diese Kompetenz ausdrücklich zubilligt. Wirtschaftsverwal-

Ausführung durch Bund selbst

tung durch den Bund umfasst vor allem die Bundesfinanzverwaltung sowie die Verwaltung der Bundeswasserstraßen, der Schifffahrt und des Luftverkehrs.

Art. 87 Abs. 1 GG

In bundeseigener Verwaltung mit eigenem Verwaltungsunterbau werden geführt der Auswärtige Dienst, die Bundesfinanzverwaltung und nach Maßgabe des Art. 89 die Verwaltung der Bundeswasserstraßen und der Schifffahrt. ...

Art. 87d Abs. 1 GG

Die Luftverkehrsverwaltung wird in bundeseigener Verwaltung geführt. Über die öffentlich-rechtliche oder privat-rechtliche Organisationsform wird durch Bundesgesetz entschieden.

Art. 108 Abs. 1 GG

Zölle, Finanzmonopole, die bundesgesetzlich geregelten Verbrauchsteuern einschließlich der Einfuhrumsatzsteuer und die Abgaben im Rahmen der Europäischen Gemeinschaften werden durch Bundesfinanzbehörden verwaltet. ...

Außerdem kann sich eine Zuständigkeit des Bundes als **Annex** oder kraft **Sachzusammenhangs** ergeben, falls die Wahrnehmung bestimmter Aufgaben durch den Zentralstaat zwingend erforderlich ist, diese »ungeschriebene« Kompetenz ist aber seltene Ausnahme.

Der **Vollzug der Landesgesetze** fällt ausschließlich in deren Zuständigkeit, Art. 30 GG. Diese führen von ihnen selbst erlassene Vorschriften als eigene Angelegenheiten, d.h. ohne Einflussnahmemöglichkeiten seitens des Bundes aus.

Unter bestimmten Voraussetzungen arbeiten Bund und Länder bei der Erfüllung von eigentlich den Gliedstaaten obliegenden Aufgaben zusammen, wenn nämlich diese »**Gemeinschaftsaufgaben**« für den Gesamtstaat bedeutsam sind und die Mitwirkung des Bundes zur Verbesserung der Lebensverhältnisse erforderlich ist, z.B. in Bezug auf regionale Wirtschafts- oder Agrarstrukturen (Art. 91a GG). Außerdem ist eine (vertragliche) Zusammenarbeit auf dem Gebiet der (wissenschaftlichen) Forschung von überregionaler Bedeutung zulässig (Art. 91b GG).

1.2. Verwaltungsorganisation auf Bundes- und Länderebene

Der je zuständige Verwaltungsträger (Bund, Land oder auch Kommune) setzt für die Erfüllung seiner öffentlichen Aufgaben **Behörden** (im Sinne des § 1 Abs. 4 VwVfG) ein. Werden Verwaltungsaufgaben durch eigene Behörden wahrgenommen, liegt **unmittelbare** (Bundes- oder Landes-)**Verwaltung** vor.

Auf **Bundesebene** stehen an der Spitze des Behördenapparates **oberste Bundesbehörden** (Bundesministerien), z.B. das Bundesministerium für Wirtschaft und Technologie (BMWi), das neben der Wahrnehmung von Regierungsaufgaben im Bereich der Wirtschaftspolitik (Gubernative) auch verwaltend tätig wird (Exekutive, Verwaltung i. e. S.). Den obersten Bundesbehörden ist eine Anzahl von **Bundesoberbehörden** zu-/nachgeordnet, z.B. dem BMWi das Bundeskartellamt, die Bundesnetzagentur, das Bundesamt für Wirtschaft und Ausfuhrkontrolle, die Bundesagentur für Außenwirtschaft, dem Finanzministerium (BMF) das Bundesamt für Finanzen. Die ebenfalls beim BMF angesiedelte Bundesanstalt für Finanzdienstleistungsaufsicht hingegen ist anders als ihre Vorgängereinrichtungen rechtlich selbstständig.

Behördenaufbau

... im Bund

§ 1 Abs. 1 FinDAG
Im Geschäftsbereich des Bundesministeriums der Finanzen wird durch Zusammenlegung des Bundesaufsichtsamtes für das Kreditwesen, des Bundesaufsichtsamtes für das Versicherungswesen und des Bundesaufsichtsamtes für den Wertpapierhandel eine bundesunmittelbare, rechtsfähige Anstalt des öffentlichen Rechts zum 1. Mai 2002 errichtet. ...

Bundesoberbehörden sind für das gesamte Bundesgebiet zuständig; sie tragen die Hauptlast der wirtschaftsverwaltenden Tätigkeit des Bundes. Ihnen sind keine weiteren Verwaltungseinheiten, also mittlere oder untere Behörden mit regional begrenzter Kompetenz, zugeordnet, zum Teil bestehen aber Außenstellen (wie bei der Bundesnetzagentur).

Oberste Bundesbehörden haben zuweilen einen eigenen Verwaltungsunterbau. Gem. Art. 87 Abs. 1 GG ist dies der Fall bei der Bundesfinanzverwaltung sowie der Verwaltung der Bundeswasserstraßen und der Schifffahrt. Dem BMF ist z.B. die Oberfinanzdirektion Chemnitz als Mittelbehörde untergeordnet, dieser wieder als untere Bundesbehörden die Hauptzollämter Dresden und Erfurt (§§ 7 ff. FVG).

Auf **Länderebene** gibt es ebenfalls die Unterscheidung oberste Landesbehörde (jeweiliges Fach-Ministerium) und Landesoberbehörde (z.B. Landesgewerbe-, Landesumwelt-, Oberbergamt). Hier besteht

... in den Ländern

aber ein breiter Unterbau aus mittleren (»höheren«) und unteren Landesbehörden, die meist noch in allgemeine und besondere Behörden getrennt sind (z.B. §§ 6, 7 ff. SächsVwOrgG).

§ 9 Abs. 1 SächsVwOrgG

Im Geschäftsbereich des Staatsministeriums der Finanzen sind nachgeordnet

1. dem Staatsministerium der Finanzen unmittelbar
   a) das Landesamt für Finanzen,
   b) die Oberfinanzdirektion,
2. der Oberfinanzdirektion die Finanzämter.

Unmittelbare und mittelbare Staatsverwaltung

Verwaltungsträger auf Bundes- und Länderebene nehmen Aufgaben teilweise auch durch **rechtlich selbstständige** Einheiten – Körperschaften, Anstalten oder Stiftungen – wahr (sog. **mittelbare Verwaltung**). Über diese üben sie in der Regel nur eine Rechtsaufsicht aus.

Drei Typen mittelbarer Staatsverwaltung

Körperschaften des öffentlichen Rechts sind mitgliedschaftlich organisierte Vereinigungen mit eigener Rechtspersönlichkeit, denen die Erfüllung bestimmter öffentlicher Aufgaben übertragen ist. Die Mitglieder üben in und durch eine/r Vollversammlung wesentlichen Einfluss auf die Willensbindung solcher Verbände aus.

Beispiele: Deutscher Sparkassen- und Giroverband, Erdölbevorratungsverband, Allgemeine Ortskrankenkasse [AOK] Sachsen, Bundesagentur für Arbeit.

Anstalten des öffentlichen Rechts sind meist, aber nicht notwendig als eigene Rechtspersönlichkeit errichtete **Verbindungen von persönlichen und sachlichen Mitteln**, die für die Erledigung bestimmter Verwaltungsaufgaben Benutzern zur Verfügung stehen, die aber keine Mitglieder der Einrichtung sind

Beispiele: Bundesanstalt für Finanzdienstleistungsaufsicht, Kreditanstalt für Wiederaufbau, Deutsche Bundesbank; Deutscher Weinfonds.

Stiftungen des öffentlichen Rechts sind rechtsfähige Vermögensmassen, die nach dem Willen ihres (staatlichen) Stifters der Erfüllung öffentlicher Aufgaben bestimmten Begünstigten (Destinatären) gegenüber dienen (z.B. Stiftung Preußischer Kulturbesitz).

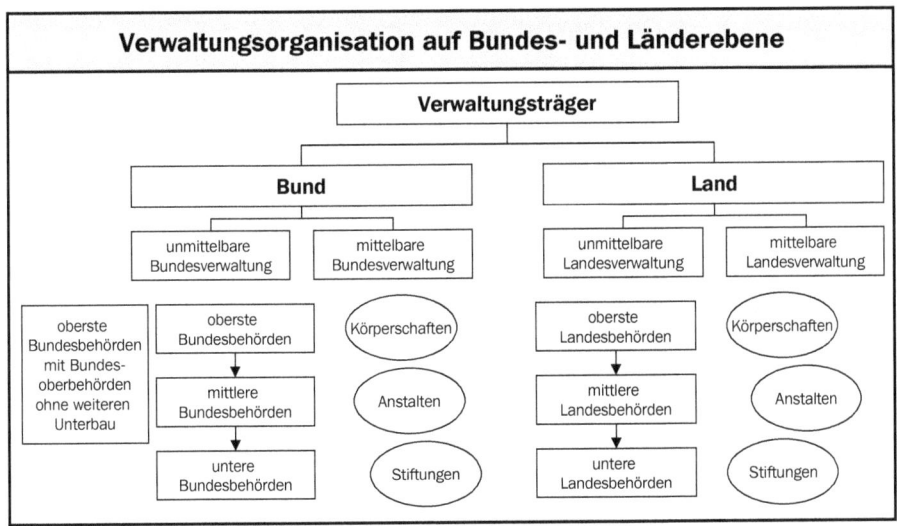

1.3. Mitwirkung Privater bei der Wirtschaftsverwaltung

Um eine effektive und effiziente Erfüllung öffentlicher Aufgaben zu gewährleisten, können Verwaltungsträger **private Dritte**, also natürliche oder juristische Personen des Privatrechts, in ihre Tätigkeit einbeziehen. Hierbei stehen ihnen verschiedene Möglichkeiten zu Gebote Diese unterscheiden sich grundsätzlich danach, welche Aufgaben der mitwirkende Dritte wahrnimmt und ob bzw. inwieweit er die übertragenen Aufgaben selbstständig oder weisungsgebunden ausführt.

Vielfältige Ausgestaltung

(1) Beleihung

Bei der Beleihung werden dem Dritten **hoheitliche Befugnisse** eingeräumt. Diese Kompetenzübertragung und -verlagerung bedarf einer normativen Grundlage und kann direkt durch oder aufgrund eines Gesetzes erfolgen. Der Beliehene erfüllt selbstständig im eigenen Namen die ihm zugewiesene öffentliche Aufgabe. Er ist als Teil **mittelbarer Verwaltung** Verwaltungsträger mit allen Rechten und Pflichten.

Selbstständige Aufgabenwahrnehmung

Beispiele: Lebensmittelsachverständige, Schiffskapitäne, TÜV-Experten, mit der Abfallentsorgung betraute Personen gem. § 16 Abs. 2 KrW-/AbfG.

BELIEHENE

(2) Verwaltungshilfe

Hilfstätigkeit

Verwaltungshelfer werden nicht mit hoheitlichen Befugnissen ausgestattet, sondern lediglich zur **Unterstützung** einer Behörde bei der Erfüllung öffentlicher Aufgaben tätig, gewissermaßen im Auftrag der Verwaltung. Dabei unterliegen sie den Weisungen des jeweiligen Verwaltungsträgers, dieser behält seine Zuständigkeit und Verantwortung. Zu Verwaltungshelfern zählen etwa »beauftragte« Dritte nach § 16 Abs. 1 KrW-/AbfG oder auch Abschleppunternehmen, die für die Polizei rechtswidrig abgestellte Fahrzeuge an einen anderen Ort befördern.

(3) Indienstnahme

Durch Indienst- oder Inpflichtnahme werden Privaten per Gesetz oder aufgrund eines Gesetzes bestimmte Aufgaben zugewiesen, die dem Verwaltungsträger bei der Erfüllung seiner Aufgaben dienlich sind, deren Erledigung aber ebenso gut durch Private erfolgen kann (z.B. Pflicht zur Lieferung statistischer Angaben, Einrichtung eines Werkschutzes, Produktverantwortung und Rücknahmepflichten nach §§ 22 ff. KrW-/AbfG).

§ 38 Abs. 3 EStG

Der Arbeitgeber hat die Lohnsteuer für Rechnung des Arbeitnehmers bei jeder Lohnzahlung vom Arbeitslohn einzubehalten.

§ 41a Abs. 1 EStG

Der Arbeitgeber hat spätestens am zehnten Tag nach Ablauf eines jeden Lohnsteuer-Anmeldungszeitraums ... die insgesamt einbehaltene und übernommene Lohnsteuer an das Betriebsstättenfinanzamt abzuführen.

2. Selbstverwaltung der Wirtschaft

2.1. Grundlagen

Eine weitere Facette der Wirtschaftsverwaltung in Deutschland ist die »Selbstverwaltung« der Wirtschaft. Diese steht der Staatsverwaltung nicht durchweg als Alternative gegenüber, sondern ist teilweise nur eine besondere Ausprägung, in Form der mittelbaren Staatsverwaltung.

Staats- und Selbstverwaltung

In diesem Fall bezieht sich **Selbst-»Verwaltung«** der Wirtschaft auf öffentlich-rechtliche Organisationseinheiten, die Verwaltungsaufgaben in Bezug auf bestimmte private Wirtschaftsbereiche erledigen, deren Interessen bündeln und nach außen vertreten. Dabei werden originäre Verwaltungsaufgaben aus der unmittelbaren staatlichen Verwaltung ausgegliedert und auf Selbstverwaltungskörperschaften übertragen, zur Entlastung staatlicher Behörden. Sie fördern eine Selbstkontrolle von Wirtschaftssektoren und ermöglichen zudem eine dezentrale Erledigung von Verwaltungsaufgaben nahe am wirtschaftlichen Geschehen.

Selbstverwaltung als mittelbare Staatsverwaltung

Zur Selbstverwaltung der Wirtschaft in diesem **engeren Sinne** gehören vor allem **Kammern** wie Industrie- und Handelskammern (Organisation der gewerblichen Wirtschaft), Handwerkskammern (Organisation des Handwerks) oder Landwirtschaftskammern.

Berufsständische Kammern, etwa für Steuerberater, Wirtschaftsprüfer, Rechtsanwälte, Ärzte, Apotheker oder Architekten, unterscheiden sich von jenen dadurch, dass ihre (Pflicht-)Mitglieder **freie Berufe** ausüben, also kein Gewerbe, sondern Dienstleistungen höherer Art, und die jeweilige Kammer immer nur einen dieser freien Berufe organisiert. Berufsständische und andere Kammern weisen aber parallele Strukturen auf, nehmen jeweils ihnen übertragene Verwaltungsaufgaben wahr und verfolgen ähnliche Ziele.

Wirtschaftsverbände – z.B. Unternehmensverbände wie der Verband der Chemischen Industrie e.V. oder der Verband der Sächsischen Metall- und Elektroindustrie e.V. – sind nicht Teil der Selbst-»Verwaltung« der Wirtschaft, sondern privatrechtlich organisierte freiwillige Zusammenschlüsse, die allein die Interessen einzelner Wirtschaftszweige und deren Mitglieder vertreten. Ihr Zweck ist weniger die Wahrung der Interessen der gewerblichen Wirtschaft im Allgemeinen. Nichtsdestotrotz üben sie einen großen Einfluss auf Politik und Verwaltung aus und arbeiten mit diesen in vielen Bereichen eng zusammen. Einzelne Fachverbände haben sich auf Bundesebene zu Spitzenverbänden zusammengeschlossen (z.B. Bundesverband der Deutschen Industrie – BDI; Zentralverband des deutschen Handwerks – ZDH). Sie werden beratend tätig, wirken bei dem Erlass wirtschaftsrelevanter

»Selbst«-Verwaltung

Entscheidungen von Legislative und Exekutive mit und unterstützen auch sonst staatliche Stellen im Rahmen gemeinsamer Ziele bei der Durchsetzung von deren Maßnahmen.

Das GG befasst sich nicht explizit mit der Selbstverwaltung der Wirtschaft. Lediglich einige Landesverfassungen treffen diesbezügliche Aussagen.

Art. 154 Bayerische Verfassung

Die auf demokratischer Grundlage aus den Kreisen der Berufsverbände gewählten Selbstverwaltungsorgane der Wirtschaft nehmen an den wirtschaftlichen Gestaltungsaufgaben teil. Das Nähere bestimmt ein Gesetz.

Gesetzesvorbehalt

Die **Übertragung** einzelner Verwaltungsaufgaben von der unmittelbaren Staatsverwaltung auf Selbstverwaltungskörperschaften (mittelbare Staatsverwaltung) bedarf stets eines **Gesetzes**; die Exekutive ist nicht befugt, von sich aus die institutionelle Zuordnung staatlicher Befugnisse zu verändern.

2.2. Kammern

(1) Allgemein

Selbstverwaltungskörperschaften

Grundlage und Grenze legitimer Betätigung von Kammern ist das **Gesetz**. Ein über den Einsatz für spezifische Interessen hinausgehendes Recht auf allgemeinpolitische Betätigung kommt ihnen nicht zu. Regelmäßig sind sie als Körperschaften des öffentlichen Rechts organisiert und stehen unter **Rechtsaufsicht** der obersten Landesbehörden (nicht unter Fachaufsicht): ihnen bleiben somit autonome **Handlungsspielräume**.

§ 73 StBerG

(1) Die Steuerberater und Steuerbevollmächtigten, die in einem Oberfinanzbezirk ihre berufliche Niederlassung haben, bilden eine Berufskammer. Diese führt die Bezeichnung »Steuerberaterkammer«.

(2) Die Steuerberaterkammer ... ist eine Körperschaft des öffentlichen Rechts. ...

Für alle Kammern besteht eine **Pflichtmitgliedschaft**. Die je betroffenen Personengruppen werden per Gesetz der Zugehörigkeit zur Kammer unterworfen; sie sind verpflichtet, durch Beiträge die Deckung der Kosten der Kammertätigkeit sicherzustellen.

§ 2 Abs. 1 IHKG

Zur Industrie- und Handelskammer gehören, sofern sie zur Gewerbesteuer veranlagt sind, natürliche Personen, Handelsgesellschaften, andere nicht rechtsfähige Personenmehrheiten und juristische Personen des privaten und des öffentlichen Rechts, welche im Bezirk der Industrie- und Handelskammer entweder eine gewerbliche Niederlassung oder eine Betriebsstätte oder eine Verkaufsstelle unterhalten (Kammerzugehörige).

§ 3 Abs. 2 IHKG

Die Kosten der Errichtung und Tätigkeit der Industrie- und Handelskammer werden, soweit sie nicht anderweitig gedeckt sind, nach Maßgabe des Haushaltsplans durch Beiträge der Kammerzugehörigen gemäß einer Beitragsordnung aufgebracht. ...

Die **Rechtmäßigkeit** dieser »Zwangsmitgliedschaft« wurde immer wieder in Frage gestellt. Das Bundesverfassungsgericht bejaht ihre Vereinbarkeit mit dem Grundgesetz: Zum einen werde der Schutzbereich des Art. 9 GG nicht tangiert; öffentlich-rechtliche Vereinigungen werden hiervon nicht erfasst. Auch Art. 12 GG werde nicht verletzt, da keine berufsregelnde Tendenz gegeben, der Bezug zu beruflicher Tätigkeit nur indirekt sei. Daher ist allein Art. 2 Abs. 1 GG (allgemeine Handlungsfreiheit) relevant; öffentlich-rechtliche Zwangsverbände sind danach nur, aber auch immer dann zulässig, wenn sie legitimen öffentlichen Aufgaben dienen und ihre Errichtung bzw. Beibehaltung hieran gemessen verhältnismäßig ist. »Legitim« in diesem Sinne sind alle Angelegenheiten, an deren Erledigung ein gesteigertes Interesse der Gemeinschaft besteht und die weder im Weg privater Initiative wirksam wahrgenommen werden können noch zu den im engeren Sinn staatlichen Aufgaben zählen, die der Staat selbst durch eigene Stellen ausführen muss.

<small>Mitgliedschaft und Vereinigungsfreiheit</small>

Industrie- und Handelskammern werden z. B. nach § 1 IHKG bei der Wirtschaftsförderung tätig, agieren als Vertreter der gewerblichen Wirtschaft und führen bestimmte Verwaltungsaufgaben auf wirtschaftlichem Gebiet aus. Die Organisation wirtschaftlicher Akteure in einer Selbstverwaltungskörperschaft soll Sachverstand und Interessen bündeln, dazu beitragen, diese strukturiert und ausgewogen in den wirtschaftlichen Willensbildungsprozess einzubringen und gleichzeitig staatliche Stellen der Wirtschaftsverwaltung entlasten; gerade diese Zwecke kennzeichnen das Vorliegen von **öffentlichen Aufgaben**. Es geht nicht nur um bloße Interessenvertretung wie bei Wirtschaftsverbänden, sondern um die effektive und sachgerechte **Vertretung des Gesamtinteresses** der gewerblichen Wirtschaft gegenüber Staatsorganen.

(2) Aufgaben und Organisationsstrukturen der Kammern am Beispiel von IHK und Handwerkskammer

IHK

Industrie- und Handelskammern sind Organisationen der gewerblichen Wirtschaft. Bundesweit gibt es 81 IHK-Bezirke. Die einzelnen Kammern sind überregional zum Deutschen Industrie- und Handelskammertag verbunden. Als Dachorganisation übernimmt diese privatrechtliche Vereinigung im Auftrag und in Abstimmung mit den einzelnen IHK'en die Interessenvertretung der deutschen Wirtschaft gegenüber politischen Institutionen des Bundes und der EG.

Die verschiedenen **Aufgaben** sind aufgelistet in

§ 1 IHKG

(1) Die Industrie- und Handelskammern haben ... die Aufgabe, das Gesamtinteresse der ihnen zugehörigen Gewerbetreibenden ihres Bezirkes wahrzunehmen, für die Förderung der gewerblichen Wirtschaft zu wirken und dabei die wirtschaftlichen Interessen einzelner Gewerbezweige oder Betriebe abwägend und ausgleichend zu berücksichtigen; dabei obliegt es ihnen insbesondere, durch Vorschläge, Gutachten und Berichte die Behörden zu unterstützen und zu beraten sowie für Wahrung von Anstand und Sitte des ehrbaren Kaufmanns zu wirken.

(2) Die Industrie- und Handelskammern können Anlagen und Einrichtungen, die der Förderung der gewerblichen Wirtschaft oder einzelner Gewerbezweige dienen, begründen, unterhalten und unterstützen sowie Maßnahmen zur Förderung und Durchführung der kaufmännischen und gewerblichen Berufsbildung unter Beachtung der geltenden Rechtsvorschriften, insbesondere des Berufsbildungsgesetzes, treffen.

(3) Den Industrie- und Handelskammern obliegt die Ausstellung von Ursprungszeugnissen und anderen dem Wirtschaftsverkehr dienenden Bescheinigungen, soweit nicht Rechtsvorschriften diese Aufgaben anderen Stellen zuweisen. ...

(5) Nicht zu den Aufgaben der Industrie- und Handelskammern gehört die Wahrnehmung sozialpolitischer und arbeitsrechtlicher Interessen.

Die **Kammerzugehörigkeit** ergibt sich aus § 2 IHKG. Außer den natürlichen und juristischen Personen, die zur Gewerbesteuer veranlagt sind (Abs. 1), werden Personen erfasst, die einen freien Beruf ausüben, soweit sie in das Handelsregister eingetragen sind (Abs. 2), und Handwerker hinsichtlich ihres nicht handwerklichen oder nicht handwerksähnlichen Betriebsteils (Abs. 3); beitreten können auch Gemeinden und Gemeindeverbände im Hinblick auf ihre Eigenbetriebe (Abs. 5). Ausgenommen sind hingegen landwirtschaftliche Genossenschaften (§ 2 Abs. 4).

Organe der IHK sind die von den Mitgliedern gewählte Vollversammlung (§ 4 IHKG), das Präsidium (Präsident und weitere Mitglieder, § 6), der Hauptgeschäftsführer (§ 7) und Ausschüsse (insbesondere Berufsausbildungsausschuss, § 8).

Zur Überwachung durch Landesbehörden (**Rechtsaufsicht**) besagt

§ 11 Abs. 1 IHKG

Die Industrie- und Handelskammern unterliegen der Aufsicht des Landes darüber, daß sie sich bei Ausübung ihrer Tätigkeit im Rahmen der für sie geltenden Rechtsvorschriften (einschließlich der Satzung, der Wahl-, Beitrags-, Sonderbeitrags- und Gebührenordnung) halten.

Handwerkskammern stellen Organisationen des Handwerks in seiner Gesamtheit dar und vertreten dessen spezifische Interessen (§ 90 Abs. 1 HwO). Sie werden von den obersten Landesbehörden errichtet, welche deren Bezirke bestimmen (§ 90 Abs. 1) HwO. In Deutschland gibt es über 50 Handwerkskammern, die zusammen den Deutschen Handwerkskammertag (DHKT) bilden.

Handwerk

Neben Handwerkskammern bestehen **Handwerksinnungen**, ebenfalls als Körperschaften des öffentlichen Rechts. In diesen sind nur Vertreter eines bestimmten Handwerks zur Förderung ihrer gemeinsamen gewerblichen Interessen freiwillig versammelt (§ 52 HwO). Handwerkskammer- und Innungsbezirke müssen nicht identisch sein, da Innungsbezirke gem. § 52 Abs. 2, 3 nach Maßstäben der örtlichen Wirtschaftsstruktur und unter Berücksichtigung der regionalen Gliederung gebildet werden. Handwerkskammern üben über Handwerksinnungen Rechtsaufsicht aus (§ 75 HwO). Handwerksinnungen eines Stadt- oder Landkreises bilden die **Kreishandwerkerschaft** (§ 86 HwO). Außerdem können sie sich zu Landesinnungsverbänden (§ 79) und diese wiederum zum Bundesinnungsverband (§ 85 HwO) zusammenschließen; beides sind privatrechtliche Vereinigungen.

Die **Aufgaben** einer Handwerkskammer sind vielseitig; (nicht abschließend) werden sie aufgeführt in

§ 91 Abs. 1 HwO

1. die Interessen des Handwerks zu fördern und für einen gerechten Ausgleich der Interessen der einzelnen Handwerke und ihrer Organisationen zu sorgen,
2. die Behörden in der Förderung des Handwerks durch Anregungen, Vorschläge und durch Erstattung von Gutachten zu unterstützen

und regelmäßig Berichte über die Verhältnisse des Handwerks zu erstatten,
3. die Handwerksrolle (§ 6) zu führen,
4. die Berufsausbildung zu regeln (§ 41), Vorschriften hierfür zu erlassen, ihre Durchführung zu überwachen (§ 41a) sowie eine Lehrlingsrolle (§ 28 Satz 1) zu führen,
4a. Vorschriften für Prüfungen im Rahmen einer beruflichen Fortbildung oder Umschulung zu erlassen und Prüfungsausschüsse hierfür zu errichten,
5. Gesellenprüfungsordnungen für die einzelnen Handwerke zu erlassen (§ 38), Prüfungsausschüsse für die Abnahme der Gesellenprüfungen zu errichten oder Handwerksinnungen zu der Errichtung von Gesellenprüfungsausschüssen zu ermächtigen (§ 37) und die ordnungsmäßige Durchführung der Gesellenprüfungen zu überwachen,
6. Meisterprüfungsordnungen für die einzelnen Handwerke zu erlassen (§ 50) und die Geschäfte des Meisterprüfungsausschusses (§ 47 Abs. 2) zu führen,
7. die technische und betriebswirtschaftliche Fortbildung der Meister und Gesellen zur Erhaltung und Steigerung der Leistungsfähigkeit des Handwerks in Zusammenarbeit mit den Innungsverbänden zu fördern, die erforderlichen Einrichtungen hierfür zu schaffen oder zu unterstützen und zu diesem Zweck eine Gewerbeförderungsstelle zu unterhalten
8. Sachverständige zur Erstattung von Gutachten über Waren, Leistungen und Preise von Handwerkern zu bestellen und zu vereidigen,
9. die wirtschaftlichen Interessen des Handwerks und die ihnen dienenden Einrichtungen, insbesondere das Genossenschaftswesen zu fördern ...

Zur Kammer gehören nach § 90 Abs. 2 HwO nicht nur **Inhaber** eines Betriebs eines Handwerks und eines handwerksähnlichen Gewerbes des jeweiligen Kammerbezirks (§§ 1 Abs. 2, 18 Abs. 2 HwO), sondern auch **Gesellen**, andere Arbeitnehmer mit einer abgeschlossenen Berufsausbildung und Lehrlinge (**Auszubildende**) der Gewerbetreibenden. **Organe** der Handwerkskammer sind nach § 92 HwO die Mitgliederversammlung (Vollversammlung, §§ 93 f., 106), Vorstand (§§ 108 f.) und Ausschüsse (§ 110).

Auch Handwerkskammern unterstehen der **Rechtsaufsicht.**

§ 115 Abs. 1 HwO
Die oberste Landesbehörde führt die Staatsaufsicht über die Handwerkskammer. Die Staatsaufsicht beschränkt sich darauf, ... daß Gesetz und Satzung beachtet, insbesondere die den Handwerkskammern übertragenen Aufgaben erfüllt werden.

3. Wiederholungsfragen

1. Welche staatliche Ebene ist vorrangig für den Gesetzesvollzug zuständig? Lösung S. 54
2. In welchen wirtschaftsrelevanten Fällen ist Bundesauftragsverwaltung vorgesehen? Lösung S. 54 f.
3. Welche Stellung haben Bundesoberbehörden? Lösung S. 57
4. Wie unterscheiden sich Beleihung und Verwaltungshilfe? Lösung S. 59 f.
5. Unterscheiden Sie Selbstverwaltung im engeren und im weiteren Sinne? Lösung S. 61 f.
6. Welche Arten von Kammern gibt es? Lösung S. 62 ff.
7. Ist Pflichtmitgliedschaft in Kammern verfassungsgemäß? Lösung S. 62 f.

Wirtschaftliche Betätigung staatlicher Einheiten / der »öffentlichen Hand«

1.	**Zulässigkeit staatlicher wirtschaftlicher Betätigung**	**70**
1.1.	Grundlagen	70
1.2.	EG-rechtlicher Rahmen	71
1.3.	Wirtschaftliche Betätigung der Kommunen	73
2.	**Öffentliche Unternehmen**	**78**
2.1.	Grundlagen	78
2.2.	Organisationsformen	83
2.3.	Handlungsformen	87
2.4.	Wettbewerb bei wirtschaftlicher Betätigung des Staates	88
2.5.	Europarechtliche Aspekte	89
3.	**Entwicklungen und Tendenzen staatlicher Wirtschaftstätigkeit**	**92**
3.1.	Privatrechtlich organisierte Wirtschaftsverwaltung und Privatisierungen	92
3.2.	Neues Steuerungsmodell	93
3.3.	Public Private Partnerships	94
4.	**Wiederholungsfragen**	**95**

1. Zulässigkeit staatlicher wirtschaftlicher Betätigung

1.1. Grundlagen

Die **Teilnahme der öffentlichen Hand** am Wirtschaftsleben lässt sich vereinfacht wie folgt systematisieren:

Arten staatlicher Teilnahme am Wirtschaftsleben

- ∞ Im Rahmen der **Wirtschaftsverwaltung** plant, fördert und lenkt sie (private) wirtschaftliche Betätigungen.
- ∞ Im Kontext der **Daseinsvorsorge** schafft sie die wirtschaftliche Infrastruktur und stellt selbst Verkehrs-, Versorgungs- und sonstige Einrichtungen (als öffentliche Unternehmen) bereit.
- ∞ Schließlich verhält sich die öffentliche Hand als **Verbraucher (Nachfrager)**, wenn/indem sie ihren Bedarf an Sachmitteln deckt, und als produzierender oder dienstleistender **Unternehmer**, soweit sie am Markt mit der Absicht der Gewinnerzielung tätig wird.

Staatliche Aktivität auf wirtschaftlichen Gebieten ist verfassungsrechtlich unproblematisch, soweit es um die Erfüllung öffentlicher Aufgaben im Rahmen der **Wirtschaftsverwaltung**, der **Daseinsvorsorge** oder um die **Bedarfsbeschaffung** geht. Zwar ist die Abgrenzung zwischen diesen Feldern nicht immer einfach. Die Aktivitäten bedürfen aber keiner besonderen verfassungsrechtlichen Legitimation, denn sie dienen dem **Gemeinwohl** bzw. sind Voraussetzungen für die Entfaltung und Sicherung privatwirtschaftlicher Tätigkeit.

Insoweit ist auch eine wirtschaftliche Betätigung in Form der **Randnutzung** zulässig, um vorhandenes, aber brachliegendes Wirtschaftspotential gewinnbringend zu nutzen.

Beispiele: Vertrag zwischen Gemeinde und Unternehmen zur werbemäßigen Nutzung von Flächen in Einrichtungen, an Straßen; Vermarktung selbst entwickelter Software durch Hochschule.

Eine **Grenze** wird erst dann erreicht oder überschritten, wenn die öffentliche Hand gezielt neue Einrichtungen auf- oder aber Leistungen abbaut und die dadurch freiwerdenden Ressourcen Privaten gegen Entgelt zur Verfügung stellt. **Sponsoring** (Unterstützung bestimmter Ereignisse/Projekte/Tätigkeiten, etwa der Hochschulen) ist zulässig, soweit damit öffentliche Zwecke erledigt werden.

Staat als »Unternehmer«?

Rechtliche Fragen wirft hingegen eine rein **gewerbliche Betätigung** als Produzent und Händler, als Anbieter von Waren und Leistungen oder als Kapitalgeber allein zum Zwecke der Gewinnerzielung auf.

Beispiele: Betrieb von Brauereien, Weingütern und Ziegeleien; Verkauf von Bestattungsartikeln; Kapitalbeteiligungen an privaten Unternehmen (Kaufhäuser, Reiseveranstalter, Brauereien); Erbringung privater Dienstleistungsangebote durch kommunale Betriebe oder Ämter (Ingenieur- und Architekturleistungen, Grünflächenpflege).

Weder das GG noch die einzelnen Landesverfassungen enthalten insoweit klare Aussagen; auch existiert kein ausdrückliches Verbot. Das GG kennt weder eine spezifische »Wirtschaftsverfassung« noch Subsidiarität von staatlichem im Verhältnis zu privatem Handeln. Vielmehr deutet die mehrfache Erwähnung von Unternehmen und Betrieben des Bundes und der Länder in Verfassungstexten auf eine grundsätzliche Billigung staatlicher Unternehmen hin.

Aus Art. 25 EV ergibt sich zwar ein klares Bekenntnis zur Privatisierung des volkseigenen Vermögens der früheren DDR; daraus folgt aber nur eine sachlich und zeitlich beschränkte Absage an eine gewinnorientierte Fortführung staatlicher Betriebe. Nichts Anderes sieht Art. 87 f Abs. 1, 2 GG für den Post- und Telekommunikationssektor vor; dort wird zwar eine völlige Aufgabenprivatisierung in diesem Marktsegment normiert, jedoch (nach Art. 143b Abs. 2) auch zumindest vorübergehend eine Beibehaltung staatlicher Unternehmensanteile gestattet. Auch Art. 28 Abs. 2 GG gewährleistet Gemeinden und anderen Kommunen die Erfüllung von Verwaltungsaufgaben, damit freilich keine sachlich oder räumlich grenzenlose wirtschaftliche Betätigung.

Schließlich ergibt sich auch aus (wirtschaftlichen) Grundrechten kein eindeutiges Argument gegen die Zulässigkeit der gewerblichen Betätigung der öffentlichen Hand: Nur bei einer auch Staat und Kommunen verfassungsrechtlich verbürgten wirtschaftlichen Tätigkeit bestünde die Gefahr, dass die öffentliche Hand durch allmähliches Vordringen in die für Private geschaffenen Freiheitsräume deren Grundrechte aushöhlt, indem dadurch Konflikte mit deren Funktion als Abwehrrechte gegenüber dem Staat entstehen oder doch verstärkt werden.

1.2. EG-rechtlicher Rahmen

Art. 295 EG legt den Grundsatz der Neutralität der EG gegenüber den Eigentumsordnungen der Mitgliedsstaaten fest und enthält damit einen »**Kompetenzausübungsvorbehalt**« zu deren Gunsten. Aus der Stellung dieser Vorschrift im Sechsten Teil des EG-Vertrags (»Allgemeine und Schlussbestimmungen«) folgt, dass die Regelung für alle vorhergehenden Teile des Vertrages Geltung beansprucht, im Gegensatz zu anderen Vorbehalten (z.B. Art. 30, 39 Abs. 3, 46 EGV), die immer nur

EG-Vertrag und Eigentumsordnungen der Mitgliedstaaten

in einzelnen Teilbereichen Gestaltungsspielräume für mitgliedstaatliche Politiken eröffnen.

Mit dem Recht zur Ausgestaltung der Eigentumsordnung verbleibt den EG-Mitgliedsländern auf den ersten Blick ein zentrales **wirtschaftspolitisches Lenkungsmittel**, zugleich scheint die Zulässigkeit von Interventionen der Gemeinschaftsorgane erheblich beschränkt zu sein. Andererseits bedingt das Ziel **Binnenmarkt** in zahlreichen Wirtschaftssektoren intensive Eingriffe (über Primär- und Sekundärrecht der EG) in die Gestaltung und Ausübung von Eigentumsrechten. Notwendig ist daher eine Auslegung des Art. 295 EGV im Einklang mit anderen Primärrechtsnormen des EG-Vertrages, insbesondere Grundfreiheiten und Wettbewerbsbestimmungen. Dies beschränkt den **Anwendungsbereich** der Vorschrift, zeigt aber auch, dass die Auswirkungen des Art. 295 EGV auf die Gleichbehandlung privaten und öffentlichen Eigentums einer- und die generelle Problematik der Organisations-, Rechtsform- und Aufgaben-**Privatisierung** andererseits differenziert zu betrachten sind.

Zentrales Motiv für die Schaffung des Art. 295 EGV waren Befürchtungen, Gemeinschaftsorgane könnten durch Eingriffe in die Eigentumsverhältnisse an Unternehmen übermäßig Einfluss auf die Wirtschaftsordnung in einzelnen Mitgliedstaaten nehmen (ähnlich auch Art. 83 des 2002 außer Kraft getretenen EGKSV). Art. 295 EGV soll daher die Zuständigkeit der Mitgliedsstaaten für **Privatisierungen** wie für **Sozialisierungen** gewährleisten.

Die Rechtsprechung des EuGH hat bislang kaum eine begrenzende Wirkung der Bestimmung für EG-Rechtsakte erkennen lassen. Zwar stehe den Mitgliedsstaaten die Befugnis zu, ein System von Enteignungsregeln zu schaffen, hierfür gelte jedoch der »Grundsatz der **Nichtdiskriminierung**« (gemäß der Niederlassungsfreiheit). Umgekehrt haben EuGH und EuG diskriminierende mitgliedstaatliche Regelungen insbesondere mit dem Hinweis auf die gebotene Kompatibilität mit dem EG-Primärrecht als nicht durch Art. 295 EGV gedeckt angesehen. Zudem darf die EG auch selbst Regelungen im Bereich des Eigentumsrechts treffen: So ist für das Gebiet des Immaterialgüterrechts seit einem Urteil von 1995 klar, dass die EG aufgrund der Binnenmarktharmonisierungs-Kompetenz nach Art. 95 EGV selbst den Kernbereich dieser Rechte gestalten und auch weitere Maßnahmen auf der Grundlage von Art. 308 EGV erlassen darf.

Darüber hinaus haben die Rechtsprechung des EuGH zur »essential facilities«-Doktrin (zur Verhinderung von Marktmacht-Missbrauch, Art. 82 EGV) und die EG-Sekundärrechtsetzung zur aufeinander abgestimmten Ausübung von Eigentumsrechten Zugangsrechte von Nutzungsinteressenten begründet, namentlich in den Netzwirtschaften Telekommunikation, Energie und Verkehr/Transport.

Art. 295 EGV enthält also lediglich in **kompetenzieller** Hinsicht eine Anerkennung der Befugnis der Mitgliedsstaaten zur Festlegung der Eigentums(zu)ordnung, solche Regelungen bleiben aber materiell umfassend dem Gemeinschaftsrecht unterworfen. Unabhängig davon, welche Organisationsform für wirtschaftliches Handeln gewählt wird, finden insbesondere wettbewerbs- und binnenmarktrechtliche Vorschriften des Vertrages auf das Verhalten von Unternehmen wie der Mitgliedsstaaten Anwendung.

1.3. Wirtschaftliche Betätigung der Kommunen

(1) Kommunale Wirtschaft als Selbstverwaltungsaufgabe

Wirtschaftliche Aktivitäten finden ganz allgemein in Deutschland in der Realität vornehmlich auf dem Gebiet der Gemeinden statt bzw. wirkt sich auf diese aus; auch die wirtschaftliche Eigen-Betätigung der **öffentlichen Hand** erfolgt weniger durch Bundes- oder Ländereinrichtungen als auf kommunaler Ebene, durch kommunale (öffentliche) Unternehmen.

Eigenverantwortliche kommunale Wirtschaft(stätigkeit) ist verfassungsrechtlich legitim: Die bundes- wie landesverfassungsrechtlich gewährleistete **Selbstverwaltung** der Kommunen, vor allem der Gemeinden (Art. 28 Abs. 2 GG) garantiert in ihrem Kern Distanz vom Staat bei gleichzeitiger Sicherung der Lebens- und Funktionsfähigkeit. Verbürgt wird in erster Linie wirtschaftliche Unabhängigkeit und Selbstständigkeit, die nur auf Basis einer eigenverantwortlichen Gestaltung auch der örtlichen Wirtschaft und Umwelt möglich ist. Kommunale Selbstverwaltung ermöglicht ferner Wettbewerb zwischen einzelnen Gemeinden, was wiederum Wettbewerbsfähigkeit und damit ein Recht auf eigenständige örtliche Wirtschaftsgestaltung (einschließlich Kommunalmarketing) voraussetzt. Nicht zuletzt enthält kommunale Selbstverwaltung die Idee einer Ver- und Entsorgungsgemeinschaft. Im Rahmen ihrer Kooperationshoheit können Kommunen zudem zur gemeinsamen Erledigung wirtschaftsverwaltungsrechtlicher Aufgaben überörtlich oder regional in unterschiedlichen Formen miteinander zusammenarbeiten.

Kommunale Wirtschaft als Teil der Selbstverwaltung

Art. 44 Abs. 1 SächsKomZG

Gemeinden, Verwaltungsverbände, Landkreise und Zweckverbände können sich zu einem Zweckverband zusammenschließen, um bestimmte Aufgaben, zu deren Durchführung sie berechtigt oder verpflichtet sind, für alle oder einzelne gemeinsam zu erfüllen. ...

Einfluss des EG-Rechts

Da auch wirtschaftliche Betätigung Selbst-»Verwaltung« ist, ist diese Ausübung von Hoheitsrechten nur in räumlichen und sachlichen Grenzen zulässig. Einigkeit besteht insoweit darüber, dass das Selbstverwaltungsrecht **nicht** »**EG-fest**« ist, die EG also sowohl kommunale Subventionen als auch öffentliche Auftragsvergabe auf lokaler Ebene regeln und kontrollieren darf. Demgegenüber sind Rechte der Kommunen auf Gemeinschaftsebene eher schwach ausgebildet bzw. institutionell abgesichert.

Art. 263 Abs. 1 EGV

Es wird ein beratender Ausschuss, nachstehend »Ausschuss der Regionen« genannt, errichtet, der sich aus Vertretern der regionalen und lokalen Gebietskörperschaften zusammensetzt, die entweder ein auf Wahlen beruhendes Mandat in einer regionalen oder lokalen Gebietskörperschaft innehaben oder gegenüber einer gewählten Versammlung politisch verantwortlich sind.

Art. 265 Abs. 1 EGV

Der Ausschuss der Regionen wird vom Rat oder von der Kommission in den in diesem Vertrag vorgesehenen Fällen und in allen anderen Fällen gehört, in denen eines dieser beiden Organe dies für zweckmäßig erachtet, insbesondere in Fällen, welche die grenzüberschreitende Zusammenarbeit betreffen.

Kommunen dürfen als Gebietskörperschaften regelmäßig nicht außerhalb ihres (territorialen) Wirkungskreises tätig werden und müssen bei ihren Tätigkeiten die Kompetenzordnung des Bundes (und ihres Landes) respektieren.

Unzulässig sind z. B. ein interkommunaler Vertrag zur Durchsetzung eines örtlichen Werbeverbotes für Tabakerzeugnisse oder eine kommunale Verpackungssteuer wegen Verstoßes gegen das bundesrechtliche Kooperationsprinzip.

(2) Subsidiaritätsprinzip

Auch Wirtschaftsverwaltungsrecht wird geprägt durch die allgemeinen Strukturprinzipien und Staatsziele der Art. 20, 20a, 23 und 28 GG. Das

Subsidiaritätsprinzip allerdings findet sich explizit nur im Zusammenhang mit dem »Europaartikel« (Art. 23 GG).

Generell wird Subsidiarität verstanden als Vorrang (der Autonomie) der jeweils kleineren Einheit, soweit und solange diese ihre (auch ökonomischen) Aufgaben angemessen erfüllt. Im Verhältnis von Staat zu Privatwirtschaft bedeutet dies, dass wirtschaftliche Eigenverantwortung und Kooperation der Akteure staatlicher Intervention vorgeht, d.h. privatwirtschaftliche unternehmerische Entfaltung Vorrang vor staatlicher »Eigenwirtschaft« hat. Subsidiarität wäre damit zugleich Grundlage (und Grenze) für eine Privatisierung bisher staatlich wahrgenommener Aufgaben. Staatliche Steuerung oder Eigenvornahme wirtschaftlicher Tätigkeit käme als Ultima Ratio oder als Reservefunktion im Rahmen einer Gewährleistungsverantwortung nur dann in Betracht, wenn die Privatwirtschaft nicht in der Lage wäre, bestimmte (öffentliche) Aufgaben ordnungsgemäß und effizient zu erfüllen (**Marktversagen**). Ein derartiges Prinzip ist allerdings in der deutschen Rechtsordnung nicht explizit niedergelegt, sondern eher **ordnungspolitischer** Art.

Unterschiedliche Ausprägungen des Prinzips

Im Gegensatz zum nationalen deutschen Wirtschaftsrecht ist der Grundsatz der Subsidiarität aber heute ein zentrales Element des **Binnenmarktes** (Art. 14 EGV); mit der Erwähnung in Art. 2 EUV sowie in Art. 5 EGV wurde er auch primärrechtlich an prominenter Stelle verankert. Subsidiaritätsprinzip bedeutet im Verhältnis von EG zu Mitgliedstaaten, dass diese weiterhin »Herren« der (Europäischen) Verträge sind und über deren Fortbestand und –entwicklung bestimmen. Innerhalb der Gemeinschaft(en) folgen hieraus das Prinzip der begrenzten Einzelermächtigung (Art. 7 Abs. 1 EGV) sowie die Begrenzung der Ausübung anderweitig eröffneter Befugnisse im Interesse der in Art. 6 Abs. 3 EUV festgeschriebenen Wahrung der nationalen Identität der Mitgliedstaaten und ihrer Kompetenzen. Besteht keine vertraglich normierte Handlungsbefugnis der Gemeinschaft (bzw. ihrer Organe), dann bleiben/sind die Mitgliedstaaten zuständig. Insoweit wirkt das Subsidiaritätsprinzip als (Verbands-) Kompetenzzuweisungs- bzw. -verteilungsregel. Soweit keine ausschließliche primärrechtliche Kompetenz der EG besteht, regelt das Subsidiaritätsprinzip (als Ausübungsschranke) sodann, wann und wie die Gemeinschaft tätig werden darf.

Aus der Gesamtstruktur von EUV und EGV ergibt sich, dass sich Subsidiarität nicht auf das Verhältnis der Mitgliedstaaten untereinander erstreckt, mit den gegenläufigen Prinzipien Solidarität und Kohärenz auszugleichen ist und (bislang noch) nicht die Selbstverantwortung der privaten Wirtschaftssubjekte bzw. Vorrang der Selbst- vor staatlicher Regulierung beinhaltet.

(3) Formen kommunaler Wirtschaftstätigkeit

Eigenverantwortliche wirtschafts- und organisationsrechtliche Maßnahmen auf kommunaler Ebene sind zulässig, wenn und soweit sie zur Erledigung der örtlichen Infrastruktur-, Planungs- und Wirtschaftsförderungsaufgaben erforderlich sind (sog. **eigener Wirkungskreis**). Die **Organisationsformen** kommunaler Wirtschaftsverwaltung entsprechen weithin denen auf der Ebene der (unmittelbaren) staatlichen (Wirtschafts-)Verwaltung.

Öffentlich-rechtliche und privatrechtliche Formen

Aufgaben der kommunalen Wirtschaftsverwaltung werden zunächst durch **Gemeinden** bzw. deren **Ämter** erledigt (z.B. Amt für Wirtschaftsförderung). Sodann agieren ähnlich wie auf Bundes- und Landesebene **Regie-** und **Eigenbetriebe**, als unselbstständige öffentliche Unternehmen im kommunalen Bereich. Gemeinden und Gemeindeverbände dürfen zudem **Sparkassen** als rechtsfähige **Anstalten** des öffentlichen Rechts betreiben. Diese dienen der kreditwirtschaftlichen Versorgung der Bevölkerung, insbesondere des Geschäftsgebiets (sog. Regionalprinzip). Ihr »öffentlicher Auftrag« umfasst vor allem die (Kredit-)Finanzierung des Mittelstandes sowie das Angebot von Bankdienstleistungen für wirtschaftlich schwächere Bevölkerungskreise.

Die Gründung von und die Beteiligung an **Gesellschaften des Privatrechts** spielen eine herausragende Rolle in der kommunalen Wirtschaft. Hierzu zählen insbesondere Ver- und Entsorgungs- sowie Verkehrsunternehmen, teilweise in einem Konzern oder zu einer Holding zusammengefasst und in der Regel als GmbH ausgestaltet. Hinzu kommen Wirtschaftsförderungsgesellschaften, Technologieparks, Messe- und Ausstellungsgesellschaften. Hier ist (landesrechtlich) nicht einheitlich geregelt, ob und inwieweit sich Kommunen neben Privaten wirtschaftlich betätigen und ob sie sich auch außerhalb des eigenen (Gemeinde-)Gebietes (oder gar im Ausland) engagieren dürfen. Neuerdings wird etwa teilweise die Betätigung auf dem **Telekommunikationssektor** ausdrücklich zugelassen.

§ 121 Hessische Gemeindeordnung (HGO)

(1) Die Gemeinde darf sich wirtschaftlich betätigen, wenn

1. der öffentliche Zweck die Betätigung rechtfertigt,
2. die Betätigung nach Art und Umfang in einem angemessenen Verhältnis zur Leistungsfähigkeit der Gemeinde und zum voraussichtlichen Bedarf steht und
3. der Zweck nicht ebenso gut und wirtschaftlich durch einen privaten Dritten erfüllt wird oder erfüllt werden kann. ...

(4) Ist eine Betätigung zulässig, sind verbundene Tätigkeiten, die üblicherweise im Wettbewerb zusammen mit der Haupttätigkeit erbracht werden, ebenfalls zulässig; mit der Ausführung dieser Tätigkeiten sollen private Dritte beauftragt werden, soweit das nicht unwirtschaftlich ist.

(5) Die Betätigung außerhalb des Gemeindegebietes ist zulässig, wenn

1. bei wirtschaftlicher Betätigung die Voraussetzungen des Abs. 1 vorliegen und
2. die berechtigten Interessen der betroffenen kommunalen Gebietskörperschaften gewahrt sind. Bei gesetzlich liberalisierten Tätigkeiten gelten nur die Interessen als berechtigt, die nach den maßgeblichen Vorschriften eine Einschränkung des Wettbewerbs zulassen.

(6) Vor der Entscheidung über die Errichtung, Übernahme oder wesentliche Erweiterung von wirtschaftlichen Unternehmen sowie über eine unmittelbare oder mittelbare Beteiligung ist die Gemeindevertretung auf der Grundlage einer Markterkundung umfassend über die Chancen und Risiken der beabsichtigten unternehmerischen Betätigung sowie über deren zu erwartende Auswirkungen auf das Handwerk und die mittelständische Wirtschaft zu unterrichten. Vor der Befassung in der Gemeindevertretung ist den örtlichen Handwerkskammern, Industrie- und Handelskammern sowie Verbänden Gelegenheit zur Stellungnahme zu geben, soweit ihr Geschäftsbereich betroffen ist. Die Stellungnahmen sind der Gemeindevertretung zur Kenntnis zu geben.

(7) Die Gemeinden haben mindestens einmal in jeder Wahlzeit zu prüfen, inwieweit ihre wirtschaftliche Betätigung noch die Voraussetzungen des Abs. 1 erfüllt und inwieweit die Tätigkeiten privaten Dritten übertragen werden können.

(8) Wirtschaftliche Unternehmen der Gemeinde sind so zu führen, dass sie einen Überschuss für den Haushalt der Gemeinde abwerfen, soweit dies mit der Erfüllung des öffentlichen Zwecks in Einklang zu bringen ist. ...

2. Öffentliche Unternehmen

2.1. Grundlagen

(1) Begriff des »Unternehmens«

Der Rechtsbegriff des (kaufmännischen) Unternehmens ist vage. Klar ist nur, dass sich ein Unternehmen aus Sachen (z.B. Betriebsanlagen, Warenlager), Rechten (z.B. Geldforderungen, Patente) und sonstigen Werten/Beziehungen (good will, know-how) zusammensetzt. Träger aller Rechte und Pflichten ist ein **Rechtssubjekt**, der (Einzel-)Kaufmann oder eine Handelsgesellschaft als Träger des Unternehmens; davon umfasst werden alle Niederlassungen oder Filialen. Die konkrete **Rechtsform** des Unternehmens ist dafür maßgeblich, nach welchen Rechtsvorschriften Erwerb und Veräußerung stattfinden. Spezielle Abgrenzungen gelten im (EG-)Wettbewerbsrecht, aber auch im Rahmen des UWG.

Unternehmerische = wirtschaftliche Betätigung

Der EuGH versteht Unternehmen als »jede eine wirtschaftliche Tätigkeit ausübende Einheit unabhängig von ihrer Rechtsform und der Art der Finanzierung«, also jede Gesamtheit von Personen und Vermögenswerten materieller oder ideeller Art. Abgrenzungsprobleme bestehen hinsichtlich der »**wirtschaftlichen Tätigkeit**«. Sie wird bisher nur negativ bestimmt; es kommt nicht auf Rechtsform, Eigentumsverhältnisse, Zuordnung zum privaten oder öffentlichen Recht oder Träger an.

Staatliche Renten- und Krankenversicherungen und andere Systeme der sozialen Sicherung erbringen keine wirtschaftlichen, sondern soziale Tätigkeiten. Sie sind deshalb keine »Unternehmen«, sondern Solidargemeinschaften, die Beitragseinnahmen von Pflichtmitgliedern umverteilen und keine Gewinne ausschütten. Damit fehlt (auch) eine erwerbswirtschaftliche Betätigung.

(2) Private und öffentliche Unternehmen

Träger des nationalen wie des grenzüberschreitenden Waren-, Dienstleistungs-, Kapital- und Zahlungsverkehrs sind in erster Linie **private Unternehmen**. In der Regel unterliegen diese Unternehmen dem Zugriff der nationalen Regelungsgewalt ihres Heimatstaats oder eines fremden Staates, auf dessen Gebiet sie sich betätigen. Gegenüber Eingriffen von »Gast«-Staaten (etwa bei Enteignung von Unternehmensvermögen) sind sie auf **diplomatischen Schutz** ihres Heimatstaates angewiesen. Dabei richtet sich ihre Heimat-»Staatsangehörigkeit«

entweder nach ihrem Verwaltungssitz oder nach der Rechtsordnung der Unternehmensgründung.

Öffentliche Unternehmen sind ein wichtiger Teil der Eigenwirtschaft der öffentlichen Hand. Staatliche Unternehmertätigkeit hat jahrhundertealte Tradition. Zunächst bestand ihr Zweck vor allem in der Erwirtschaftung von Gewinnen (Merkantilismus). Heute ist das Gewinnstreben bei öffentlichen Unternehmen rechtlich nachrangig; maßgeblich ist vielmehr das konkrete öffentliche Interesse an Qualität und Kontinuität einer bestimmten Tätigkeit. Dies zeigt sich deutlich beim Blick auf ihre unterschiedlichen Aktivitätsbereiche. So existieren **überregionale** öffentliche Unternehmen – Bahn, Post oder (teils) Energie-, vor allem Stromversorgung –, aber auch **regionale** und **kommunale** Unternehmen (Wasserversorgung, Abwasserbeseitigung, Gasversorgung, öffentlicher Personennahverkehr, Abfallwirtschaft, Straßenreinigung, Krankenhäuser). Diese agieren meist auf verschiedenen Feldern der **Daseinsvorsorge**, aber nach wie vor existieren auch öffentliche Industrie- und Dienstleistungsunternehmen (z. B. Wohnungsbaugesellschaften, Kreditinstitute).

<small>Funktionen öffentlicher Unternehmen im Wandel</small>

Der Begriff des öffentlichen bzw. »Staatsunternehmens« ist kaum exakt zu bestimmen. Einen Ansatz bildet die EG-Transparenzrichtlinie (80/723/EWG); sie bezieht sich auf Unternehmen, auf welche die öffentliche Hand (der Staat selbst oder eine in ihn eingegliederte Gebietskörperschaft) aufgrund Eigentums, finanzieller Beteiligung, Satzung oder sonstiger Bestimmungen, die die Tätigkeit des Unternehmens regeln, unmittelbar oder mittelbar einen beherrschenden Einfluss (Kontrolle) ausüben kann. Staatsunternehmen können, müssen aber nicht mit eigener Rechtspersönlichkeit ausgestattet sein. Ihre Rechtsformen variieren nicht nur von Staat zu Staat, sondern können auch innerhalb eines einzigen staatlichen Rechtssystems verschiedene Ausgestaltungen erfahren. Entscheidende Kriterien für ein »öffentliches« Unternehmen sind damit **Eigentum** und **Kontrolle**. Ist der Staat nicht zu 100 % Eigentümer, wird von »gemischten Unternehmen« (mixed enterprise bzw. joint venture) gesprochen. Kontrolle meint nicht nur (Möglichkeiten der) »Überwachung«, sondern darüber hinaus (potentielle) Einflussnahme auf wesentliche Unternehmensentscheidungen. Beide Merkmale liegen in der Regel nebeneinander vor.

<small>Staatlicher Einfluss</small>

Ebenso wie die Rechtsform ist auch die Bezeichnung uneinheitlich. Im Deutschen werden Ausdrücke wie »Staatsbetrieb«, »Verstaatlichte Industrien«, »Öffentliche Unternehmen«, »Öffentliche Anstalten« usw. nebeneinander verwendet. International üblich sind Termini wie »agency of a State«, »state agent«, »public corporation«.

Die öffentliche Hand handelt unternehmerisch, wenn sie Waren oder Dienstleistungen im Wirtschaftsverkehr selbst anbietet oder als An-

<small>Kein »Unternehmer Staat«</small>

teilseigner einer Handelsgesellschaft durch diese anbieten lässt. Sie tritt teils neben, teils (allein) anstelle privater Unternehmen am Markt auf; die Übertragung bzw. Beibehaltung von Ausschließlichkeits-/Monopol- oder von Sonderrechten bedarf aber nach Verfassungs- wie nach EG-Recht einer besonderen Rechtfertigung. Staatliche Einrichtungen können zwar »wie«, aber niemals »als« Private handeln.

Öffentliche Unternehmen müssen in Deutschland öffentliche Aufgaben erfüllen, für ihre Errichtung und Aktivitäten sind daher die Kompetenzregeln der Art. 30, 83 GG zu beachten. Bund und Länder können aber sowohl konkurrierende als auch gemeinsame Unternehmen unterhalten, soweit eine wirtschaftliche Betätigung beiden gleichermaßen gestattet ist. Wirtschaftliche Aktivitäten der Kommunen sind hingegen auf den Bereich der »örtlichen Gemeinschaft« beschränkt: Seit 1935 bestimmt das Kommunalrecht, dass die Gründung oder wesentliche Erweiterung eines kommunalen Unternehmens nur zulässig ist, soweit der »öffentliche Zweck« dies rechtfertigt.

(3) Nichtwirtschaftliche Unternehmen

»Nichtwirtschaftliche Unternehmen« werden nicht erwerbswirtschaftlich geführt, bei ihnen wird ein Gewinn grundsätzlich nicht erwartet. Regelmäßig sind solche Tätigkeiten deshalb auch für Private nicht interessant.

Die Abgrenzung der nichtwirtschaftlichen Unternehmen im Gemeinderecht (z.B. in § 97 Abs. 2 SächsGemO) ist sehr weit; sie geht weiter über Einrichtungen, zu deren Errichtung und Unterhaltung die Kommune gesetzlich verpflichtet ist, und Hilfsbetriebe zur Deckung des Eigenbedarfs hinaus.

§ 19 HGO

(1) Die Gemeinde hat die Aufgabe, in den Grenzen ihrer Leistungsfähigkeit die für ihre Einwohner erforderlichen wirtschaftlichen, sozialen, sportlichen und kulturellen öffentlichen Einrichtungen bereitzustellen.

(2) Sie kann bei öffentlichem Bedürfnis durch Satzung für die Grundstücke ihres Gebiets den Anschluss an Wasserleitung, Kanalisation, Straßenreinigung, Fernheizung und ähnliche der Volksgesundheit dienende Einrichtungen (Anschlusszwang) und die Benutzung dieser Einrichtungen und der Schlachthöfe (Benutzungszwang) vorschreiben. Die Satzung kann Ausnahmen vom Anschluss- und Benutzungszwang zulassen. Sie kann den Zwang auf bestimmte Teile des Gemeindege-

biets und auf bestimmte Gruppen von Grundstücken oder Personen beschränken.

§ 121 Abs. 2 HGO
Als wirtschaftliche Betätigung gelten nicht Tätigkeiten
1. zu denen die Gemeinde gesetzlich verpflichtet ist,
2. auf den Gebieten des Bildungs-, Gesundheits- und Sozialwesens, der Kultur, des Sports, der Erholung, der Abfall- und Abwasserbeseitigung sowie
3. zur Deckung des Eigenbedarfs.

Auch diese Unternehmen und Einrichtungen sind, soweit es mit ihrem öffentlichen Zweck vereinbar ist, nach wirtschaftlichen Gesichtspunkten zu verwalten. ...

Privatwirtschaftliche **Konkurrenz** ist dort, wo Anschluss- und/oder Benutzungszwang vorgeschrieben ist, rechtlich ausgeschlossen. Zulässig bleibt aber auch hier, dass ein privates Unternehmen für Gemeinde oder Landkreis tätig wird, z.B. tatsächlich die Abwasserreinigung durchführt. Der Private ist dann aber (aufgrund Vertrags) insoweit **Erfüllungsgehilfe** der Kommune, nur diese begründet ihrerseits mit dem jeweiligen Nutzer (Einwohner) das Benutzungsverhältnis.

<small>Zusammenwirken der öffentlichen Hand mit Privaten</small>

Vor allem im Bereich der Gesundheits- und Wohlfahrtspflege sind Staat, Kommunen und Private nebeneinander tätig. Öffentliche Einrichtungen und Dienste sind hier unentbehrlich, eine Vollversorgung durch die öffentliche Hand nicht erforderlich, solange und soweit private Initiativen und kirchliche Einrichtungen einen Teil des Angebots erbringen. Die gesetzlichen Regelungen (§ 17 Abs. 3 SGB I, § 5 SGB XII, § 3 SGB VIII) sehen ausdrücklich ein Nebeneinander öffentlicher und freier Träger vor, was eine Verdrängung der letzteren ausschließen soll. Privatwirtschaftliche Betätigung gibt es hier aber nur selten, da sich solche Einrichtungen (z.B. Drogenberatung usw.) kaum gewinnorientiert betreiben lassen. Als gewerbliche Unternehmen denkbar sind Krankenhäuser und Altersheime; sie werden teils auch als solche betrieben (s. § 30 GewO).

In den »nicht-wirtschaftlichen« Bereich eingeordnet werden auch Kultur, Bildungs- und Erziehungswesen (z.B. Musikveranstaltungen, Theater, Museen, Bibliotheken, Kindergärten, Schulen, Hoch-, Volkshochschulen) sowie Einrichtungen für Sport und Erholung.

(4) Wirtschaftliche Unternehmen

»Wirtschaftliche Unternehmen« der öffentlichen Hand könnten auch von Privaten mit Gewinn oder doch der Absicht hierzu betrieben werden. Hier ist daher die Legitimation öffentlicher Eigenwirtschaft besonders schwierig. Einen erheblichen Anteil haben staatliche und kommunale Unternehmen im Bereich des **Verkehrs** und der **Energieversorgung**. Der öffentliche (Personen-)Nahverkehr ist auch unter den heutigen Bedingungen aber nicht nur Aufgabe der Daseinsvorsorge im weiteren Sinne, sondern eine von Staat und Kommune gemeinsam zu erfüllende Gesamtaufgabe, angesichts der notwendigen Abstimmung vielfältiger öffentlicher und privater Belange und der Erfordernisses optimaler Vernetzung. In der Energiewirtschaft hingegen wäre Daseinsvorsorge durch Privatunternehmen durchaus möglich und funktionsfähig. Die Rechtfertigung der Tätigkeit öffentlicher Unternehmen ergibt sich hier jedoch aus dem Erfordernis der allgemeinen Versorgungssicherheit, obwohl bereits mit dem Instrumentarium des EnWG Machtmissbrauch abgewehrt und auf optimale Versorgung hingewirkt werden kann.

Öffentliche Aufgaben

(5) Öffentliche Unternehmen und Fonds

Öffentliche Unternehmen erledigen vielfältige Aufgaben der Wirtschaftspolitik und -verwaltung, indem sie infrastrukturelle, struktur-, konjunktur- oder wettbewerbspolitische, bedarfsdeckende oder wirtschaftsfördernde Ziele verfolgen.

Im Mittelpunkt der **Fondsverwaltung** steht hingegen die befristet oder ständig zweckgebundene Verfügung über Vermögenswerte (einschließlich ihrer Erträge) zum Zwecke der Finanzierung bestimmter wirtschaftsverwaltungsrechtlicher Zwecke.

Beispiele: Ausgleichsfonds zur Sicherung des Steinkohleeinsatzes; Absatzförderungsfonds der deutschen Forst- und Ernährungswirtschaft; Fonds »Deutsche Einheit«.

Hierzu zählt auch das **ERP-Sondervermögen,** das 1953 in Bezug auf die Mittel aus dem »Marshall«-Plan (Abkommen über wirtschaftliche Zusammenarbeit zwischen den USA und der Bundesrepublik Deutschland vom Dez. 1949) errichtet wurde. Die Erträge des Europäischen Wiederaufbauprogramms (European Recovery Program – ERP) können nach Abschluss des Wiederaufbaus nach wie vor zur Förderung der deutschen Wirtschaft eingesetzt werden.

2.2. Organisationsformen

Ausgehend von der Rechtsform lassen sich öffentliche Unternehmen nach dem Grad ihrer Selbstständigkeit und der Zuordnung zum öffentlichen oder privaten Recht unterscheiden.

(1) Organisationsformen des öffentlichen Rechts

Öffentlich-rechtliche Organisationsformen umfassen Regiebetriebe, Eigenbetriebe und Sondervermögen sowie Anstalten und Körperschaften des öffentlichen Rechts.

Unterschiedliche Arten und Grade der Verselbstständigung

Regiebetriebe sind rechtlich und organisatorisch unselbstständige Teile der Trägerkörperschaft, in deren Haushalt ihre Einnahmen und Ausgaben ausgewiesen werden. Da sie uneingeschränkt den Weisung der (Kommunal-)Verwaltung unterworfen sind, sind sie für unternehmerische Betätigung wenig geeignet und kommen daher nur noch selten vor (z.B. Staatsbäder).

Im Gegensatz dazu sind **Eigenbetriebe** organisatorisch und wirtschaftlich selbstständige Einrichtungen auf kommunaler Ebene, ohne eigene Rechtspersönlichkeit, aber mit eigenem Wirtschaftsplan für ihre Einnahmen und Ausgaben (§ 18 Abs. 1 HGrG) und mit eigenen Organen (Werkleitung, Werkausschuss) auf der Grundlage einer (Betriebs-)Satzung. In dieser Organisationsform wurden häufig gemeindliche Versorgungs- und Verkehrsunternehmen geführt; der Trend geht jedoch in Richtung einer Umgründung in privatrechtliche Gesellschaften.

Autonome Wirtschaftseinheiten ohne eigene Rechtspersönlichkeit sind auch die sog. **Sondervermögen**, die jeweils durch Sondergesetze geschaffen werden. Diesen Status hatten früher Deutsche Bundesbahn und Deutsche Bundespost. Allerdings werden beide nach ihrer Privatisierung (aufgrund des Änderung der Art. 87 Abs. 1 und der Einfügung von Art. 87e und 87f GG) 1993 bzw. 1994 (wieder) in privater Rechtsform betrieben.

Rechtsfähige **Anstalten** des öffentlichen Rechts sind hinsichtlich des organisatorischen Aufbaus den Eigenbetrieben ähnlich. Auch sie sind organisatorisch und haushaltsmäßig von ihrem Verwaltungsträger getrennt. Dieser übt seinen Einfluss über einen Verwaltungsrat oder durch Aufsichtsmaßnahmen aus. In dieser Rechtsform sind Kreditinstitute von Bund, Ländern und Gemeinden organisiert, wenn und soweit für sie (noch) keine privatrechtliche Rechtsform gewählt wurde.

(2) Organisationsformen des privaten Rechts

Beschränkte Wahlmöglichkeiten

Aufgrund der haushaltsgesetzlich vorgegebenen Begrenzung von Haftung und Einzahlungspflicht des Staates kommt für privatrechtlich organisierte öffentliche Unternehmen praktisch nur die Form der **Kapitalgesellschaft** in Betracht.

Diese Gesellschaften befinden entweder ausschließlich (sog. Eigengesellschaft) oder nur teilweise (gemischte Unternehmen) in öffentlicher Hand.

Der Typus einer **Aktiengesellschaft** ermöglicht nur eine geringe staatliche Einflussnahme, da (auch über die Hauptversammlung) kaum Weisungsrechte gegenüber Vorstands- und Aufsichtsratsmitgliedern besteht und diese Personen auch nicht (einseitig) durch den staatlichen Aktionär bestellt werden können. Darüber hinaus besteht gem. §§ 76, 116 i. V. m. § 93 AktG für Vorstand und Aufsichtsrat die Verpflichtung, bei ihren Entscheidungen nur die Belange der Gesellschaft – also nicht (unmittelbar) öffentliche Interessen – zu berücksichtigen. Demgegenüber gestatten die Regelungen des **GmbHG** (§§ 6, 35 ff.), durch Satzungsbeschluss der Gesellschafterversammlung Weisungsrechte gegenüber der Gesellschaft einzuräumen oder den Geschäftsführer durch die öffentliche Hand zu bestellen.

Während die Versorgungs- und Verkehrsunternehmen heute überwiegend in privatrechtlicher Form (als AG oder GmbH) und nur in kleineren Städten häufiger als »Eigenbetriebe« nach Landesrecht geführt werden, ist für **Sparkassen** die Rechtsform der juristischen Person (selbstständige Anstalt) des öffentlichen Rechts bisher landesrechtlich zwingend vorgeschrieben (z. B. § 2 SächsSpkG).

(3) Staatsbeteiligungen

Bei Staatsbeteiligungen überwiegen Beteiligungen an Unternehmen des **Privatrechts**, insbesondere AG und GmbH. Besondere gesetzliche Regelungen für gemischt(wirtschaftlich)e Unternehmen existieren kaum. Allerdings setzen haushaltliche Vorschriften der wirtschaftlichen Staatstätigkeit Grenzen.

§ 65 BHO

(1) Der Bund soll sich, außer in den Fällen des Abs. 5, an der Gründung eines Unternehmens in einer Rechtsform des privaten Rechts oder an einem bestehenden Unternehmen in einer solchen Rechtsform nur beteiligen, wenn

1. ein wichtiges Interesse des Bundes vorliegt und sich der vom Bund angestrebte Zweck nicht besser und wirtschaftlicher auf andere Weise erreichen läßt,
2. die Einzahlungsverpflichtung des Bundes auf einen bestimmten Betrag begrenzt ist,
3. der Bund einen angemessenen Einfluß, insbesondere im Aufsichtsrat oder in einem entsprechenden Überwachungsorgan erhält,
4. gewährleistet ist, daß der Jahresabschluß und der Lagebericht, soweit nicht weitergehende gesetzliche Vorschriften gelten oder andere gesetzliche Vorschriften entgegenstehen, in entsprechender Anwendung der Vorschriften des Dritten Buchs des Handelsgesetzbuchs für große Kapitalgesellschaften aufgestellt und geprüft werden.

(2) Das zuständige Bundesministerium hat die Einwilligung des Bundesministeriums der Finanzen einzuholen und das für das Bundesvermögen zuständige Bundesministerium zu beteiligen, bevor der Bund Anteile an einem Unternehmen erwirbt, seine Beteiligung erhöht oder sie ganz oder zum Teil veräußert. Entsprechendes gilt bei einer Änderung des Nennkapitals oder des Gegenstandes des Unternehmens oder bei einer Änderung des Einflusses des Bundes. Das Bundesministerium der Finanzen ist an den Verhandlungen zu beteiligen.

(3) Das zuständige Bundesministerium soll darauf hinwirken, daß ein Unternehmen, an dem der Bund unmittelbar oder mittelbar mit Mehrheit beteiligt ist, nur mit seiner Zustimmung eine Beteiligung von mehr als dem vierten Teil der Anteile eines anderen Unternehmens erwirbt, eine solche Beteiligung erhöht oder sie ganz oder zum Teil veräußert. Es hat vor Erteilung seiner Zustimmung die Einwilligung des Bundesministeriums der Finanzen einzuholen und das für das Bundesvermögen zuständige Bundesministerium zu beteiligen. Die Grundsätze des Abs. 1 Nr. 3 und 4 sowie des Abs. 2 Satz 2 gelten entsprechend. ....

(5) An einer Genossenschaft soll sich der Bund nur beteiligen, wenn die Haftpflicht der Mitglieder für die Verbindlichkeiten der Genossenschaft dieser gegenüber im Voraus auf eine bestimmte Summe beschränkt ist. Die Beteiligung des Bundes an einer Genossenschaft bedarf der Einwilligung des Bundesministeriums der Finanzen.

(6) Das zuständige Bundesministerium soll darauf hinwirken, daß die auf Veranlassung des Bundes gewählten oder entsandten Mitglieder der Aufsichtsorgane der Unternehmen bei ihrer Tätigkeit auch die besonderen Interessen des Bundes berücksichtigen. ...

Damit der Staat seine Belange durchsetzen kann, soll eine Beteiligung nur bei angemessenem Einfluss auf das Unternehmen erfolgen.

Wege zur Durchsetzung öffentlicher Interessen

Formell hängt dies von dem Grad der Beteiligung ab. Bei einer Mehrheitsbeteiligung (über 50 % der Anteile) können die Besetzung des Überwachungsorgans (Aufsichtsrat), die Geschäftsführung und die Beschlüsse der Haupt- oder Gesellschafterversammlung maßgeblich beeinflusst werden. Aber auch eine Minderheitsbeteiligung kann angemessenen Einfluss sichern, wenn durch sie Satzungsänderungen verhindert werden können (sog. »Sperrminorität« von üblicherweise 25 %).

Materiell geht es um die Frage, welche Unternehmensform insbesondere bei gemischten Gesellschaften den öffentlichen Interessen am besten dient und wie der Interessenkonflikt zwischen öffentlichen und privaten Kapitalgebern zu lösen ist. Insbesondere bei einer AG kann eine Wahrnehmung staatlicher Interessen leicht zum Vorwurf des gesellschaftsschädlichen Verhaltens im Sinne von § 117 Abs. 1 AktG führen. Diese Spannung lässt sich nur durch Satzungsregelungen oder einen Beherrschungsvertrag nach § 291 AktG auflösen, da Gesellschaftsrecht vorrangig ist (Art. 31 GG).

In der Praxis kommt es zudem maßgeblich auf die persönliche Eignung der einzelnen vom Staat in die Leitung von gemischtwirtschaftlichen Unternehmen berufenen Vertreter an.

(4) Staatliche Aufsicht

Ziele und Mittel

Legitimes Motiv des Staates zur Gründung eigener Unternehmen ist primär die Förderung des öffentlichen Wohls. Damit trägt der Staat die **Verantwortung** dafür, dass das von ihm errichtete Unternehmen öffentlichen Interessen dient. Eine Aufsicht soll dies dauerhaft sicherstellen.

Die stärkste Form der Aufsicht kann über Unternehmen ausgeübt werden, welche hierarchisch in die Staatsorganisation eingegliedert sind. Sowohl die allgemeinen Ziele als auch die konkreten Entscheidungen des Unternehmens können hier durch Weisungen, Genehmigungsvorbehalte oder Korrektur gesteuert werden. Durch eine Ausgliederung eines Unternehmens aus der Verwaltungshierarchie und die Errichtung einer öffentlichen Körperschaft werden Einzelmaßnahmen unabhängig von der Einflussnahme des Trägers möglich. Allerdings werden auch hier die Unternehmensziele und die langfristigen Unternehmensstrategien von den politisch Verantwortlichen bestimmt.

Organe juristischer Personen des Privatrechts können rechtswirksam keinen Weisungen durch Gesellschaftsfremde unterworfen werden, eine staatliche Aufsicht bei der Führung des Unternehmens ist daher grundsätzlich ausgeschlossen. Allerdings lässt sich durch Ausgestaltungen der Satzung und durch Auswahl der Personen, die das Unternehmen leiten oder beaufsichtigen, dieser »Nachteil« ausgleichen. Ebenso wie es im Gesellschaftsrecht »personalistische Kapitalgesellschaften« (z. B. Publikums-KG) und »kapitalistische Personengesellschaften« gibt, gibt es auch in staatlicher Hand gewinnorientierte Regiebetriebe und gemeinwohlorientierte Kapitalgesellschaften.

Aus der Rechtsform eines in staatlicher Hand befindlichen Unternehmens allein können daher angesichts der großen Flexibilität bei der Ausgestaltung im Einzelnen keine eindeutigen Schlüsse auf Vorhandensein oder Abwesenheit politischer Kontrolle gezogen werden.

2.3. Handlungsformen

Die für staatliche wirtschaftliche Tätigkeit zulässigen Handlungsformen hängen unmittelbar von der Wahl der **Organisationsform** ab. **Unternehmen in privatrechtlicher Form** sind grundsätzlich auf die Verwendung privatrechtlicher Handlungsformen beschränkt. Öffentlich-rechtlich können sie nur tätig werden, wenn ihnen durch Gesetz oder aufgrund Gesetzes Hoheitsbefugnisse verliehen worden sind (**Beleihung**). **Öffentlich-rechtlich verfasste Unternehmen** haben dagegen, soweit ihnen nicht bestimmte Formen des Handelns ausdrücklich vorgeschrieben sind, ein **Wahlrecht**, ob sie privatrechtlich oder öffentlich-rechtlich handeln. Eine »Flucht ins Privatrecht« darf aber keine Privilegierung des Staates zu Lasten der Privaten zur Folge haben; daher kann sich der privatrechtlich handelnde Staat (»**Fiskus**«) nicht auf **Privatautonomie** berufen.

Keine völlige Gleichstellung mit privaten Unternehmen

Bedeutung hat die Wahl zwischen öffentlich- oder privatrechtlichen Formen vor allem im Bereich der **Daseinsvorsorge** als einer öffentlichen Aufgabe, die ein Träger öffentlicher Verwaltung nicht zwingend durch eigene Einrichtungen erfüllen muss. Auch hier sind beide Handlungsformen im Ergebnis grundsätzlich gleichwertig. Der prinzipielle Teilhabeanspruch des Einzelnen gilt gleichermaßen im öffentlichen und privaten Recht. Eine wirtschaftlichen Kriterien entsprechende Gestaltung von Entgelten ist sowohl bei der Grundrechtsbindung im Verwaltungsprivatrecht als auch nach Grundsätzen des Gebührenrechts möglich, gleichheitswidrige Begünstigungen sind weder bei öffentlich-rechtlicher noch bei privatrechtlicher Nutzung zulässig. Regeln über vertragliche Haftung werden auch im öffentlichen Recht angewendet. Bei Delikten gibt es allerdings zwischen öffentlich-rechtlicher und privatrechtlicher Nutzung einige Unterschiede, da die Staatshaftung der Trägerkörperschaft (nach Art. 34 GG, § 839 BGB) für jeden Bediensteten unbedingt eingreift, während der private Geschäftsherr für Verrich-

Konsequenzen der Wahlfreiheit

tungsgehilfen nur nach § 831 BGB einstehen muss, d.h. einen Entlastungsbeweis führen kann.

Bei öffentlich-rechtlicher Gestaltung ist die (Kommunal-)Verwaltung freilich auf die Handlungsmöglichkeiten des Verwaltungsaktes (§§ 35 ff. VwVfG) und des öffentlich-rechtlichen Vertrages (§§ 54 ff.) beschränkt. Letztere ist aber wegen der regelmäßig vorgeschriebenen Schriftform (§ 57 VwVfG) für Massengeschäfte des Alltags wenig geeignet. Auch ist zumindest eine implizite gesetzliche Ermächtigung erforderlich, um einen Privaten durch Verwaltungsakt zu verpflichten. Umgekehrt hat der Nutzer bei privatrechtlicher Gestaltung einen vertraglichen Erfüllungsanspruch, während öffentliches Recht zunächst nur gleichmäßige Teilnahme an erbrachten Leistungen ermöglicht. Daher schützt das Privatrecht (soweit keine Freizeichnungen für Leistungsstörungen vereinbart wurden) gegen eine Unterbrechung von Leistungen besser als das öffentliche Recht. Eine **Zweispurigkeit des Rechtsweges** (für »ob« der Nutzung Verwaltungsgericht; für »wie« ordentliches Gericht) bei privatrechtlicher Gestaltung gewährt ausreichenden Rechtsschutz, da sich meist erkennen lässt, ob für eine bestimmte Frage der Zivil- oder der Verwaltungsrechtsweg zu beschreiten und dem Nutzungswilligen im Zweifel ein Antrag auf Verweisung möglich ist (nach § 17a Abs. 2 GVG bzw. § 173 VwGO i. V. m. § 17a Abs. 2 GVG; mit der negativen Kostenfolge des § 17b Abs. 2 GVG).

<small>Rechtsschutzprobleme</small>

Schwierigkeiten ergeben sich bei der Durchsetzung des Verwaltungsprivatrechts, wenn Einrichtungen der Daseinsvorsorge nicht von der Kommune selbst, sondern von einer **Eigen-** oder einer gemischt-öffentlichen **Gesellschaft** betrieben werden, also von Unternehmen des Privatrechts. Hier ist der Zulassungsanspruch gegen den Verwaltungsträger vor Verwaltungsgerichten geltend zu machen und richtet sich (nur) auf entsprechende Einwirkung auf »dessen« Unternehmen.

2.4. Wettbewerb bei wirtschaftlicher Betätigung des Staates

<small>Prinzipielle Geltung von GWG</small>

Konkurrenzverhältnisse können zwischen öffentlichen und privaten Unternehmen, aber auch zwischen mehreren öffentlichen Unternehmen bestehen. Auch für diese gilt das **allgemeine Wettbewerbs- und Kartellrecht**. Allerdings geht es um Unternehmen, deren Tätigkeit durch einen öffentlichen Zweck legitimiert ist, hinter denen der Staat steht. Dies macht Sonderregelungen für Voraussetzungen und Art staatlicher Wettbewerbsteilnahme erforderlich. So unterstehen gem. § 130 GWB Unternehmen im Eigentum oder unter Kontrolle der öffentlichen Hand ebenfalls der Aufsicht der Kartellbehörden. Erfasst werden der Staat selbst und alle seine Wirtschaftsbetriebe, unabhängig von der Rechtsform. Im Vordergrund stehen ein Missbrauch einer marktbeherrschenden Stellung und wettbewerbsbeschränkendes Verhalten (§ 19 ff. GWB). Die Vorschriften des Ersten bis Dritten Teils (und damit auch §§ 19 ff.) GWB finden allerdings keine Anwendung auf Bundesbank und KfW (§ 130 Abs. 1 Satz 2 GWB). Andererseits stehen die Vorschriften des Energiewirtschaftsgesetzes der Anwendung der §§ 19, 20 GWB nicht entgegen (§ 130 Abs. 3).

Bei der Anwendung des **UWG** stellt sich insbesondere die Frage, ob staatliches Tätigwerden eine »Wettbewerbshandlung« (§ 2 Abs. 1 Nr. 1 UWG) darstellt. Öffentliche Zwecke können auch durch wettbewerbsrelevante Handlungen des Staates erfüllt werden. UWG-Regeln sind daher im öffentlichen Recht zumindest entsprechend anzuwenden. Handelt der Staat unlauter, insbesondere durch Missbrauch staatlicher Autorität, kann auch dies gegen §§ 3, 4 UWG verstoßen und damit die Rechtsfolgen der §§ 8 ff. UWG auslösen: Die Erfüllung eines »guten« öffentlichen Zwecks rechtfertigt nicht die Wahl jeden Mittels.

... und UWG

2.5. Europarechtliche Aspekte

Wirtschaftlich tätige **öffentliche Unternehmen** (Art. 86 EGV) und **staatliche Handelsmonopole** (Art. 31 EGV) werfen auch aus Sicht des EG-Rechts besondere Probleme auf; dabei muss jedoch die Wirtschafts- und Eigentumsordnung der Mitgliedstaaten (Art. 295 EGV) in ihrem Kern gewahrt werden.

(1) Wettbewerbsregeln

Der EG-Vertrag zielt auf Sicherung des unverfälschten Wettbewerbs in der Gemeinschaft und geht insoweit über das GG hinaus. Konkretisiert wird dies durch Kartellverbot (Art. 81) und das **Verbot des Missbrauchs einer marktbeherrschenden Stellung** (Art. 82 EGV). Beide Vorschriften binden unmittelbar Unternehmen in den Mitgliedstaaten. Von erheblicher Bedeutung ist ferner das generelle, weit reichende **Verbot von Beihilfen** nach Art. 87 EGV. Art. 86 EGV bewirkt eine Erstreckung der Wettbewerbsregeln (und auch sonstiger Vorgaben des EGV) **auf öffentliche Unternehmen**.

Unverfälschter Wettbewerb

Art. 86 Abs. 1 EG normiert zunächst für EG-Mitgliedsstaaten ein **Besserstellungsverbot** (bzw. ein Gebot der Gleichbehandlung) für öffentliche und privilegierte Unternehmen, untersagt jedoch keine Schlechterstellung dieser Unternehmen. Art. 86 Abs. 3 EGV erkennt eine im Vergleich zu sonstigen (privaten) Unternehmen erhöhte Notwendigkeit der Regulierung an und räumt der Kommission zu diesem Zweck weit

Sonderbehandlung nur zur Wahrung öffentlicher Interessen

reichende Kontrollrechte ein, zur Wahrung der materiellen Vorgaben der Abs. 1 und 2. Dass es dabei vor allem um die Einhaltung der Wettbewerbsregeln geht, zeigt die Stellung der Norm im Wettbewerbskapitel des Titel VI.

Art. 86 EGV betrifft das Spannungsfeld zwischen Wahrung mitgliedstaatlicher Gestaltungsspielräume bei der Verfolgung von Gemeinwohlinteressen durch den instrumentellen Einsatz von Unternehmen mit einem Sonderstatus einerseits und der Sicherung eines unverfälschten Wettbewerbs zum andern. Dabei bestehen Verbindungslinien zu Art. 295 und dem (erst 1993 eingefügten) Art. 16 EGV. Art. 86 Abs. 2 EGV stellt die zentrale »Konfliktbewältigungsvorschrift« dar; Abweichungen von den Vorschriften des EGV sind danach nur soweit (und solange) zulässig, wie dies für eine bestimmte Aufgabenerfüllung erforderlich ist.

(2) Öffentliche Unternehmen im EG-Recht

Umgestaltung und Koordinierung von Vorschriften

Nach primärem Gemeinschaftsrecht werden alle erwerbswirtschaftlich tätigen Unternehmen unabhängig von ihrer privat- oder öffentlichrechtlichen Organisation den **Wettbewerbsregeln** (Art. 81 – 86 EGV) unterworfen. Soweit noch **staatliche Handelsmonopole** bestehen, müssen sie umgeformt werden (Art. 31 EGV). **Niederlassungsfreiheit** gilt für Gesellschaften des Bürgerlichen und des Handelsrechts wie für öffentliche Unternehmen (Art. 48 EGV). **Schutzbestimmungen** im Interesse der Gesellschafter sowie Dritter, vor allem Geschäftspartner sind zu koordinieren und gleichwertig zu gestalten (Art. 44 Abs. 2 lit. g EGV).

Auch sekundäres Gemeinschaftsrecht enthält eine Vielzahl unternehmensbezogener Vorschriften. Eher spärlich sind bisher allerdings Regelungen über Unternehmensstrukturen und -besteuerung, Beteiligungserwerb und Konzernbildung.

Rechtsschutz

Unternehmen können in der EG europäische Gerichte wegen Verletzung von Bestimmungen des EG-Vertrages oder von Verordnungen anrufen oder gegen an sie gerichtete Entscheidungen (Art. 249 Abs. 4 EGV) klagen. Auch vor nationalen Gerichten können sich Unternehmen auf unmittelbar anwendbare Vorschriften des EG-Vertrages (z. B. Art. 28 f., 81) berufen.

(3) Öffentliche Unternehmen der EG

Internationale (europäische) **öffentliche Unternehmen** wurden auch auf der Grundlage von EG-Recht geschaffen. Dazu zählen die **Europäische Zentralbank** (Art. 105 EGV) – und das Europäische Währungsinstitut (Art. 117 EGV) als deren Vorläufer –, die **Europäische Investitionsbank** (Art. 266 EGV) oder Unternehmen zur Durchführung von gemeinsamen Förderungsprogrammen (Art. 171 EGV). Alle diese Unternehmen erfüllen hoheitliche Aufgaben, oft aber mit Mitteln des Privatrechts.

3. Entwicklungen und Tendenzen staatlicher Wirtschaftstätigkeit

3.1. Privatrechtlich organisierte Wirtschaftsverwaltung und Privatisierungen

Bund und Länder lassen Aufgaben der Wirtschaftsverwaltung, die aber noch bei der öffentlichen Hand verbleiben, durch **privatrechtliche Organisationen** erfüllen. Die Motive für die Schaffung solcher »Trabanten« sind vielfältig.

Verschiedene Grade der Privatisierung

Die **formelle** bzw. **Organisationsprivatisierung** der Wirtschaftsverwaltung, teilweise auch als »Scheinprivatisierung« bezeichnet, besteht darin, spezielle, abtrennbare Verwaltungsaufgaben zur Bildung eigener Verantwortungsbereiche oder wegen der Natur der Materie auszulagern. Dabei soll die Verwaltung zugleich von als starr empfundenen »Fesseln« des öffentlich-rechtlichen Organisations- und Personalrechts befreit werden, um ein flexibleres, transparenteres, effizienteres und unbürokratisches Verwaltungshandeln zu ermöglichen. Zulässigkeit und Grenzen der Errichtung von und Beteiligung an Unternehmen des Privatrechts sind im Haushalts- und Kommunalrecht geregelt. Bei Organisationsprivatisierung bestehen öffentlich-rechtliche Bindungen fort. Insbesondere verbleiben der öffentlichen Hand zahlreiche Einwirkungspflichten auf »ihr« Unternehmen.

§ 37 KrW-/AbfG

(1) Die Behörden des Bundes sowie die der Aufsicht des Bundes unterstehenden juristischen Personen des öffentlichen Rechts, Sondervermögen und sonstigen Stellen sind verpflichtet, durch ihr Verhalten zur Erfüllung des Zweckes des § 1 beizutragen. ...

(2) Die in Abs. 1 genannten Stellen wirken im Rahmen ihrer Möglichkeiten darauf hin, daß die Gesellschaften des privaten Rechts, an denen sie beteiligt sind, die Verpflichtungen nach Absatz 1 beachten.

Die rechtlichen Erscheinungsformen der privatrechtlich organisierten Verwaltung sind ebenso vielfältig wie die zur Wahl stehenden Gestaltungsmöglichkeiten des Gesellschaftsrechts.

Die Frage nach »Ob« und »Wieweit« einer **materiellen** bzw. **Aufgabenprivatisierung** von Wirtschaftsverwaltungsaufgaben stellt sich zwangsläufig, weil zahlreiche öffentliche Aufgaben im Wirtschaftsleben nicht nur vom Staat, sondern auch von Privaten erledigt werden können

In Ländern und Kommunen geht die materielle Privatisierung eher schleppend voran, zumal die Zulässigkeit aus unterschiedlichen Gründen an rechtliche Grenzen stößt. Hingegen werden in der Verwaltungspraxis zunehmend zahlreiche Modelle einer **Public-Private-Partnership (PPP)** praktiziert und diskutiert (z. B. Betreiber-, Betriebsführungs-, Leasingmodell). Diese beinhalten häufig eine zwischen der formellen und der materiellen einzuordnende **funktionelle Privatisierung**.

PUBLIC-PRIVATE-PARTNERSHIP

3.2. Neues Steuerungsmodell

Neues Steuerungsmodell oder englisch »**New Public Management**« (NPM) bezeichnet ein umfassendes Konzept zur Steigerung von Effektivität, Bürgerorientierung und Effizienz/Wirtschaftlichkeit der öffentlichen Verwaltung (vor allem auf kommunaler Ebene – Beispiel war/ist etwa das niederländische Tilburg). Kennzeichnend für NPM ist die (modifizierte) Übernahme moderner betriebswirtschaftlicher Methoden und Verfahren. Das Modell umfasst vor allem präzise und transparente Zielsetzungen (im Sinne einer »Verwaltungsmodernisierung« bzw. eines »schlanken Staates«), klare Verantwortungsteilung zwischen Politik (gewählte Vertretungskörperschaft – »Rat«) und Verwaltung (Gemeinde/Stadt/Kreis-Behörden), Output- und Outcome-Steuerung über Kontraktmanagement (einschl. »Zielvereinbarungen«), Führung der Verwaltungsbereiche als Konzern, dezentrale Gesamtverantwortung im Fachbereich (»Amt« etc.) bei zentraler Steuerung neuer Art

Verwaltung und/oder Management?

mit Controlling und Berichtswesen, Wettbewerb zwischen verschiedenen Stellen/Bereichen.

3.3. Public Private Partnerships

Sammelbegriff

Dieser auch als **Öffentlich-private Partnerschaft (ÖPP)** eingedeutsche Anglizismus umfasst vielfältige Arten und Formen einer Kooperation zwischen (Trägern von) öffentlichen Verwaltungen einer-, Wirtschaftsunternehmen oder anderen privaten Organisationen (z. B. Vereinen) andererseits, um bestimmte öffentliche Aufgaben besser zu erfüllen. Rechtsform einer PPP kann eine GmbH sein, an der staatliche Stellen wie private Träger als Gesellschafter beteiligt sind. Es können

Formen

aber auch durch Vertrag Konsortien (als Gesellschaften bürgerlichen Rechts) gebildet werden, ohne eine auf Dauer angelegte institutionelle Struktur zu verwenden. Ziel dieser Partnerschaft ist es, Synergie-Effekte zu nutzen, z. B. Entwicklungs- und Servicekomponenten für die Nutzung von Informationstechnologie in beteiligten Kommunen, oder neue Finanzierungsmöglichkeiten für öffentliche Vorhaben zu erschließen, insbesondere bei Errichtung und Unterhaltung von Gebäuden, Brücken, Autobahnen, welche die öffentliche Hand dann mietet oder pachtet. Bei Straßen usw. entrichten Nutzer dann keine Nutzungsgebühr (Maut), sondern ein Entgelt an den privaten Partner.

Das 2005 in Kraft getretene ÖPP-Gesetz des Bundes enthält insoweit nur punktuelle Regelungen, vor allem im Hinblick auf die Vergabe öffentlicher Aufträge (Einführung des »wettbewerblichen Dialogs«).

4. Wiederholungsfragen

1. Welche Bedenken bestehen gegenüber einer rein gewerblichen Betätigung der öffentlichen Hand? Lösung S. 70 f.
2. Inwiefern gewährleistet der EG-Vertrag die Eigentumsordnungen der Mitgliedstaaten? Lösung S. 71 f.
3. In welchen Formen dürfen Kommunen sich wirtschaftlich betätigen? Lösung S. 73 ff.
4. Wofür gilt und was besagt das Regionalprinzip? Lösung S. 76
5. Welche Merkmale kennzeichnen ein öffentliches Unternehmen? Lösung S. 79
6. Welche Formen öffentlicher Unternehmen gibt es in Deutschland? Lösung S. 83 ff.
7. Wann erlaubt EG-Recht eine Sonderbehandlung öffentlicher Unternehmen? Lösung S. 89 f.
8. Nennen Sie europäische öffentliche Unternehmen. Lösung S. 91
9. Wie sind formelle, funktionelle und materielle Privatisierung voneinander abzugrenzen? Lösung S. 92 f.
10. Welche Formen der Verwaltungsmodernisierung kennen Sie? Lösung S. 92 ff.
11. In welcher Weise kooperieren Staat und Private bei Public Private Partnerships? Lösung S. 94

Instrumentarium der Wirtschaftsverwaltung

1.	Aufgaben- und Befugnisnormen	**98**
2.	Informationen über und für die Wirtschaft	**98**
2.1.	Notwendigkeit	98
2.2.	Rechtsgrundlagen	99
2.3.	Informationszugangsrechte und Informationspflichten	99
3.	**Wirtschaftsplanung**	**101**
3.1.	Gemeinschafts- und Staatsaufgabe	101
3.2.	Erscheinungsformen	101
4.	**Wirtschaftsüberwachung**	**104**
4.1.	Bedeutung und Gegenstand	104
4.2.	Schutzgüter	104
4.3.	Instrumente	107
5.	**Wirtschaftslenkung**	**121**
5.1.	Grundlagen und Typen von Lenkungsmaßnahmen	121
5.2.	Instrumente	121
6.	**Wirtschaftsförderung**	**127**
6.1.	Gegenstand und Abgrenzung	127
6.2.	Rechtliche Grundlagen	127
6.3.	Typen von Fördermaßnahmen	128
7.	**Wirtschaftsverwaltungshandeln**	**132**
8.	**Wiederholungsfragen**	**133**

1. Aufgaben- und Befugnisnormen

Bedeutung von Befugnisnormen

Wirtschaftsverwaltungsaufgaben sind Bereiche durch EG- und staatliches Recht gesteuerter Betätigung. Ob und welche Maßnahmen im konkreten Fall zur Beeinflussung wirtschaftlichen Verhaltens zulässig sind, legen aber erst konkrete **Befugnisnormen** fest, als Ermächtigungsgrundlage zum Verwaltungshandeln, insbesondere zu Eingriffen in die grundrechtlich gewährleistete wirtschaftliche Betätigungsfreiheit.

2. Informationen über und für die Wirtschaft

Sinn staatlicher Informationssammlung

Diese umfassend zu verstehende, nicht abschließend definierbare **Sammelkategorie** beinhaltet Wirtschaftsbeobachtung und -statistik im Sinne einer Eigeninformation, erstreckt sich aber auch auf Erhebung, Verbreitung, Bewertung sowie Weitergabe an Wirtschaftsbehörden und andere öffentliche Stellen sowie private Personen und Unternehmen. Umfasst werden auch **Umweltinformationen**.

2.1. Notwendigkeit

Grundlage jeder Wirtschaftsverwaltung ist eine umfassende **Beobachtung des Wirtschaftsgeschehens** (**Marktbeobachtung**). Sie dient dazu, Kenntnisse über den Zustand der Wirtschaft insgesamt (Konjunkturentwicklung), über Teilbereiche (regionale und sektorale Entwicklung), bestimmte Märkte sowie über Veränderungen und Wirkungen staatlicher Maßnahmen zu erlangen.

§ 14 GüKG

Das Bundesamt beobachtet und begutachtet die Entwicklung des Marktgeschehens im Güterverkehr (Marktbeobachtung). Die Marktbeobachtung umfasst den Eisenbahn-, Straßen- und Binnenschiffsgüterverkehr. Mit der Marktbeobachtung sollen Fehlentwicklungen auf dem Verkehrsmarkt frühzeitig erkannt werden. Es besteht keine Auskunftspflicht.

Speziell **Umweltbeobachtung** ist in einer ökologisch orientierten Marktwirtschaft geboten, um im Sinne des Vorsorgeprinzips möglichst früh zum Schutz der Umwelt einschreiten und Informationspflichten gegenüber der Öffentlichkeit (nach dem UIG) nachkommen zu können.

2.2. Rechtsgrundlagen

Nicht offenkundige Informationen müssen durch Befragung, Beobachtung oder durch andere Mittel der Erforschung erhoben werden; ohne ein Einverständnis des je Befragten ist dieser Eingriff in die Privatsphäre nur auf gesetzlicher Grundlage und zu bestimmten Zwecken zulässig (»**Recht auf informationelle Selbstbestimmung**«, s. Art. 33 SächsVerf.).

Zulässigkeit von Informationseingriffen

Die Aufgabe Wirtschaftsinformation wird nur indirekt in Staatszielen und Zuständigkeitsbestimmungen erwähnt, in Deutschland vornehmlich im Sozial- und Umweltstaatsprinzip sowie dem Ziel des gesamtwirtschaftlichen Gleichgewichts. Auf EG-Ebene bilden Art. 284 f. EGV das Kernelement einer Europäischen **Informationsgemeinschaft**. Bund (vgl. Art. 73 Abs. 1 Nr. 11 GG) und Länder haben allgemeine Statistikgesetze (z.B. SächsStatG) erlassen; daneben bestehen eine Vielzahl von speziellen Einzel-Vorschriften (z.B. § 18 BBankG) und -Gesetzen (etwa über die Statistik im Produzierenden Gewerbe, die Außenhandels- oder Umweltstatistik).

2.3. Informationszugangsrechte und Informationspflichten

Auch private Akteure sind auf umfassende, aktuelle Wirtschaftsinformationen angewiesen: **Sozialpartner** benötigen sie für die Vorbereitung der Tarifverhandlungen, **Verbraucher** für private Kostenrechnungen, **Unternehmer** für die Planung betrieblicher Entscheidungen. Wirtschaftsinformationen ermöglichen und verstärken den Gebrauch **ökonomischer Freiheits- und Gleichheitsrechte,** sorgen für Transparenz und bessere Akzeptanz staatlicher Entscheidungen. Daher werden jeder Person zunehmend voraussetzungslose Informationsrechte gegenüber der Verwaltung eingeräumt, wie seit Anfang 2006 auch auf Bundesebene durch das **Informationsfreiheitsgesetz (IFG)**.

Allgemeiner und spezieller Informationszugang

§ 1 IFG

(1) Jeder hat nach Maßgabe dieses Gesetzes gegenüber den Behörden des Bundes einen Anspruch auf Zugang zu amtlichen Informationen. ... Einer Behörde im Sinne dieser Vorschrift steht eine natürliche Person oder juristische Person des Privatrechts gleich, soweit eine Behörde sich dieser Person zur Erfüllung ihrer öffentlich-rechtlichen Aufgaben bedient.
(2) Die Behörde kann Auskunft erteilen, Akteneinsicht gewähren oder Informationen in sonstiger Weise zur Verfügung stellen. ...

Zweck des 2004 novellierten **Umweltinformationsgesetzes (UIG)** ist es, freien Zugang zu den bei (Bundes-)Behörden vorhandenen Informationen über die Umwelt (in einem weiten Sinne) sowie die Verbreitung dieser Informationen an das Publikum zu gewährleisten. Auch dieser speziellere Anspruch richtet sich primär auf Auskunft oder Akteneinsicht.

Diesen Informationsrechten stehen **Informationspflichten** (bzw. staatliche Informationserhebungsrechte) gegenüber, vornehmlich **Auskunfts-, Anzeige-, Melde- und Hinweispflichten**. Deren Intensität orientiert sich dabei an der Gefährlichkeit des jeweiligen Wirtschaftszweiges, der Anlage oder des Produktes.

§ 11 StörfallVO

(1) Der Betreiber eines Betriebsbereichs nach § 1 Abs. 1 Satz 2 hat alle Personen und alle Einrichtungen mit Publikumsverkehr, wie etwa Schulen und Krankenhäuser, die von einem Störfall in diesem Betriebsbereich betroffen werden könnten, ... vor Inbetriebnahme über die Sicherheitsmaßnahmen und das richtige Verhalten im Fall eines Störfalls in einer auf die speziellen Bedürfnisse der jeweiligen Adressatengruppe abgestimmten Weise zu informieren. Die Informationen ... sind der Öffentlichkeit ständig zugänglich zu machen. .....

(2) Der Betreiber hat die Informationen nach Absatz 1 alle drei Jahre zu überprüfen. Soweit sich bei der Überprüfung Änderungen ergeben, die erhebliche Auswirkungen hinsichtlich der mit einem Störfall verbundenen Gefahren haben könnten, hat der Betreiber die Informationen unverzüglich zu aktualisieren und zu wiederholen. ...

(3) Der Betreiber hat den Sicherheitsbericht nach § 9 zur Einsicht durch die Öffentlichkeit bereitzuhalten. ....

Teilweise verdichten sich Informations- zu **Bilanzierungspflichten.**

3. Wirtschaftsplanung

3.1. Gemeinschafts- und Staatsaufgabe

Wirtschaftsplanung meint aktive Wirtschaftsgestaltung und übergreifende, planmäßige Ordnung von Wirtschaftsabläufen, die insbesondere Bedingungen für den Standortwettbewerb und die Nutzung des Produktionsfaktors Boden festlegt sowie Entscheidungsgrundlagen für gezielte Maßnahmen liefern, Risiken vermindern und Fehlentscheidungen/-investitionen der Privatwirtschaft wie der öffentliche Hand vermeiden soll. Wirtschaftsplanung ist nicht Planwirtschaft: Individuelle, durch Grundfreiheiten und ökonomische Grundrechte geschützte **privatwirtschaftliche Unternehmensplanung** ist vielmehr gemeinschafts- und verfassungsrechtlich Grundlage wie Grenze staatlicher Planung. **Imperative**, rechtsverbindliche Planung wirtschaftlicher Vorgänge und Abläufe durch den Staat wäre das gerade Gegenstück einer marktwirtschaftlichen Ordnung und ist daher nach dem GG ebenso ausgeschlossen wie umfassende, globale Planung. Selbst lediglich »**indikative**« Planungen sind daher selten (z.B. »Konzertierte Aktion« nach § 3 StWG; Gutachten des Sachverständigenrats für gesamtwirtschaftliche Entwicklung). Die Verbindlichkeit von Plänen darf freilich zunehmen, je weniger sie direkt auf Wirtschaftslenkung abzielen und je spezifischer ihr sachlich-räumlicher Gegenstand ist. Dies zeigt etwa die Ordnung des (Wirtschafts-)Gebiets durch (andere für öffentliche Stellen maßgebliche) **Landes-** und (im Fall des Bebauungsplans nach § 10 BauGB generell rechtsverbindliche) örtliche **Bauleitplanung**.

Planung in der Marktwirtschaft

3.2. Erscheinungsformen

Eine **einheitliche Rechtsform** von Plänen existiert **nicht**; vielmehr reicht das Spektrum der Formen von Gesetzen (Haushaltsplan, Art. 110 GG, Art. 93 SächsVerf) über Rechtsverordnungen (Landesentwicklungsplan, § 3 SächsLPlG), Satzungen (Regionalplan, § 4 SächsLPlG; Bebauungsplan, Vorhabens- und Erschließungsplan, §§ 10, 12 BauGB) bis hin zu Verwaltungsakten (Planfeststellungsbeschluss, z.B. gem. § 28 PBefG, § 31 Abs. 1 KrW-/AbfG) und Akten »unbestimmter rechtlicher Beschaffenheit« (z.B. nach §§ 9 ff. StWG). Entsprechend unterschiedlich sind die Möglichkeiten des gegen Pläne eröffneten (verfassungs- und verwaltungs)gerichtlichen Rechtsschutzes.

Vielfalt von Plänen

Gesamtplanung ist eine überfachliche Planung, sie bezieht sich auf einen bestimmten **Raum** und umfasst alle raumbedeutsamen Faktoren

Raumbezogene Planungen

wie Industriestruktur, verkehrsmäßige Erschließung, Siedlungsentwicklung usw., soll die Gesamtentwicklung eines Gebietes vorausschauend entwerfen und staatlich beeinflussbares privates Handeln bzw. staatliches Handeln selbst entsprechend koordinieren. So unterfallen zum Beispiel sämtliche größeren Planungsvorhaben einer **Umweltverträglichkeitsprüfung.**

Auf **Bundesebene** wird die Gesamtplanung durch das auf Art. 74 Abs. 1 Nr. 31 (ex-Art. 75 Abs. 1 Nr. 4) GG beruhende **Raumordnungsgesetz** (ROG) vorgeprägt. Der Schwerpunkt der Gesamtplanung im Sinne einer Raumordnung vollzieht sich jedoch auf **Länderebene.** Zur Realisierung und Umsetzung der im ROG niedergelegten Zielsetzungen werden Landesentwicklungsprogramme oder -pläne erlassen und auf regionaler Ebene noch weiter konkretisiert. Örtliche Gesamtplanung schließlich erfolgt durch die allgemein in BauGB und Baunutzungsordnung durch Vorgabe von Standard-Festlegungen ausgestaltete **Bauleitplanung** der Gemeinden. Instrumente sind dabei der **Flächennutzungs-** und der **Bebauungsplan.**

§ 1 BauGB

(1) Aufgabe der Bauleitplanung ist es, die bauliche und sonstige Nutzung der Grundstücke in der Gemeinde ... vorzubereiten und zu leiten.

(2) Bauleitpläne sind der Flächennutzungsplan (vorbereitender Bauleitplan) und der Bebauungsplan (verbindlicher Bauleitplan).

(3) Die Gemeinden haben die Bauleitpläne aufzustellen, sobald und soweit es für die städtebauliche Entwicklung und Ordnung erforderlich ist. ...

(5) Die Bauleitpläne sollen eine nachhaltige städtebauliche Entwicklung, die die sozialen, wirtschaftlichen und umweltschützenden Anforderungen auch in Verantwortung gegenüber künftigen Generationen miteinander in Einklang bringt, und eine dem Wohl der Allgemeinheit dienende sozialgerechte Bodennutzung gewährleisten. ...

(6) Bei der Aufstellung der Bauleitpläne sind insbesondere zu berücksichtigen:

1. die allgemeinen Anforderungen an gesunde Wohn- und Arbeitsverhältnisse und die Sicherheit der Wohn- und Arbeitsbevölkerung,
2. die Wohnbedürfnisse der Bevölkerung, die Schaffung und Erhaltung sozial stabiler Bewohnerstrukturen, die Eigentumsbildung weiter Kreise der Bevölkerung und die Anforderungen kostensparenden Bauens sowie die Bevölkerungsentwicklung, ...
8. die Belange
    a) der Wirtschaft, auch ihrer mittelständischen Struktur im Interesse einer verbrauchernahen Versorgung der Bevölkerung,

b) der Land- und Forstwirtschaft,
c) der Erhaltung, Sicherung und Schaffung von Arbeitsplätzen,
d) des Post- und Telekommunikationswesens,
e) der Versorgung, insbesondere mit Energie und Wasser,
f) der Sicherung von Rohstoffvorkommen,
9. die Belange des Personen- und Güterverkehrs und der Mobilität der Bevölkerung, einschließlich des öffentlichen Personennahverkehrs und des nicht motorisierten Verkehrs, unter besonderer Berücksichtigung einer auf Vermeidung und Verringerung von Verkehr ausgerichteten städtebaulichen Entwicklung ....

(7) Bei der Aufstellung der Bauleitpläne sind die öffentlichen und privaten Belange gegeneinander und untereinander gerecht abzuwägen.
...

Bestandteil der Gesamtplanung ist ferner die gebietsbezogene **Rahmenplanung** zur Realisierung der Gemeinschaftsaufgaben Verbesserung der »regionalen Wirtschaftsstruktur« und der »Agrarstruktur« nach Art. 91a GG.

Fachplanung beinhaltet projektbezogene Planungen, die sich mit ganz bestimmten Anlagen oder anderen Vorhaben befassen.

§ 31 Abs. 2 KrW-/AbfG
Die Errichtung und der Betrieb von Deponien sowie die wesentliche Änderung einer solchen Anlage oder ihres Betriebes bedürfen der Planfeststellung durch die zuständige Behörde....

Klassische Erscheinungsform jeglicher (privater wie öffentlicher) Planung ist die **Finanzplanung**. Im öffentlichen Bereich erfolgt sie zunächst durch den aufgrund von Art. 268 EGV oder Art. 110 GG für ein oder mehrere Rechnungsjahre aufzustellenden **Haushaltsplan,** in den alle Einnahmen und Ausgaben der jeweiligen Körperschaft (EG, Bund, Länder, Kommunen) einzustellen sind. Der Haushaltplan ist die wichtigste Ermächtigungsgrundlage zur Leistung von finanziellen Zuwendungen auch an Unternehmen.

4. Wirtschaftsüberwachung

4.1. Bedeutung und Gegenstand

Wirtschaftsüberwachung ist eine klassische Staatsaufgabe und **Korrektiv der Gewerbefreiheit** (§ 1 GewO). Ihre aktuelle Legitimation ergibt sich aus dem Grundsatz der offenen Marktwirtschaft mit freiem Wettbewerb und aus grundrechtlichen Schutzpflichten des Staates. Denn je offener und freiheitlicher eine Wirtschaftsordnung ausgestaltet ist, umso mehr müssen Wirtschaftsgesetzgebung und -verwaltung das wirtschaftliche Geschehen mit den Mitteln des Polizei- und Ordnungsrechts kontrollieren können, um von wirtschaftlichen Betätigungen ausgehende Gefahren abzuwenden und durch sie drohende Schäden zu verhüten.

Abwehr von und Schutz vor Störungen

Wirtschaftsüberwachung hat Unternehmer (Mensch als Risikofaktor) und Unternehmen im Blick und umfasst **Personen-, Transportmittel-, Betriebs-, Produkt-** und **Anlagenüberwachung.** Einzelheiten sind über zahlreiche Wirtschaftsverwaltungsgesetze verstreut normiert. Diese fixieren Überwachungsanforderungen auf der Basis des **Verursacherprinzips** (»Störer«) entsprechend dem Grad der Überwachungsbedürftigkeit nach unterschiedlichen Kontrollmaßstäben.

Ausgangspunkt und Kernanliegen der Wirtschaftsüberwachung sind die **Abwehr** der von wirtschaftlicher Betätigung ausgehenden **Gefahren** und die **Gefahrenvorsorge. Gefahr** wird dabei (strikter als »Risiko«) als Sachlage definiert, die bei ungehindertem Geschehensablauf in absehbarer Zeit mit hinreichender Wahrscheinlichkeit zu einer Verletzung von Rechts- und Sachgütern führt; hinreichend wahrscheinlich ist jede nicht entfernte Möglichkeit eines Schadenseintritts.

Gegenstand der Wirtschaftsüberwachung/-aufsicht sind nicht nur private, sondern auch öffentliche Unternehmen; bei diesen tritt freilich, sofern sie öffentlich-rechtlich organisiert sind, neben die allgemeine Überwachung noch eine **Sonder(rechts)aufsicht**, etwa nach § 52 KWG für öffentliche Kreditinstitute.

4.2. Schutzgüter

Wirtschaftsüberwachung bezweckt den **Schutz** unterschiedlicher **Rechtsgüter**:

Kollektive Rechtsgüter sind vor allem öffentliche Sicherheit und Ordnung, öffentliche Sittlichkeit, Umwelt-, Gewässer-, Tier-, Pflanzen- und Artenschutz, aber auch Wettbewerb

§ 1 Abs. 1 BImSchG

Zweck dieses Gesetzes ist es, Menschen, Tiere und Pflanzen, den Boden, das Wasser, die Atmosphäre sowie Kultur- und sonstige Sachgüter vor schädlichen Umwelteinwirkungen zu schützen und dem Entstehen schädlicher Umwelteinwirkungen vorzubeugen.

§ 27c LuftVG

(1) Flugsicherung dient der sicheren, geordneten und flüssigen Abwicklung des Luftverkehrs.

(2) Sie umfaßt insbesondere folgende Aufgaben:

1. die Flugsicherungsbetriebsdienste, zu denen gehören
   a) die Flugverkehrskontrolle zur Überwachung und Lenkung der Bewegungen im Luftraum und auf den Rollflächen von Flugplätzen, einschließlich der Überprüfung, Warnung und Umleitung von Luftfahrzeugen im Luftraum,
   b) die Verkehrsflußregelung und die Steuerung der Luftraumnutzung, ...
   e) die Übermittlung von Flugsicherungsinformationen;
2. die flugsicherungstechnischen Dienste, ...
3. die Planung und die Erprobung von Verfahren und Einrichtungen für die Flugsicherung ...

Individuelle Rechtsgüter beziehen sich auf Angehörige besonders schutzbedürftiger Gruppen, wie Verbraucher, Nachbarn, Arbeitnehmer, Kinder und Jugendliche, Gäste, ferner Gläubiger oder Konkurrenten.

§ 4 Abs. 1 GastG

Die Erlaubnis ist zu versagen, wenn ...

2. die zum Betrieb des Gewerbes oder zum Aufenthalt der Beschäftigten bestimmten Räume wegen ihrer Lage, Beschaffenheit, Ausstattung oder Einteilung für den Betrieb nicht geeignet sind, insbesondere den notwendigen Anforderungen zum Schutze der Gäste und der Beschäftigten gegen Gefahren für Leben, Gesundheit oder Sittlichkeit oder den sonst zur Aufrechterhaltung der öffentlichen Sicherheit oder Ordnung notwendigen Anforderungen nicht genügen oder ...
3. der Gewerbebetrieb im Hinblick auf seine örtliche Lage oder auf die Verwendung der Räume dem öffentlichen Interesse widerspricht, insbesondere schädliche Umwelteinwirkungen im Sinne des Bundes-Immissionsschutzgesetzes ... befürchten läßt ...

§ 1 Abs. 1 LFGB

Zweck des Gesetzes ist es,

1. bei Lebensmitteln, Futtermitteln, kosmetischen Mitteln und Bedarfsgegenständen den Schutz der ... Verbraucher durch Vorbeugung gegen eine oder Abwehr einer Gefahr für die menschliche Gesundheit sicherzustellen,
2. vor Täuschung beim Verkehr mit Lebensmitteln, Futtermitteln, kosmetischen Mitteln und Bedarfsgegenständen zu schützen,
3. die Unterrichtung der Wirtschaftsbeteiligten und
   a) der ... Verbraucher beim Verkehr mit Lebensmitteln, kosmetischen Mitteln und Bedarfsgegenständen,
   b) der ... Verwender beim Verkehr mit Futtermitteln
sicher zu stellen ...

Sächlicher Rechtsgüterschutz bezieht sich auf bestimmte Eigentums- und Vermögenswerte.

Art. 30 EG

Die Bestimmungen der Artikel 28 und 29 stehen Einfuhr-, Ausfuhr- und Durchfuhrverboten oder -beschränkungen nicht entgegen, die aus Gründen der öffentlichen Sittlichkeit, Ordnung und Sicherheit, zum Schutze der Gesundheit und des Lebens von Menschen, Tieren oder Pflanzen, des nationalen Kulturguts von künstlerischem, geschichtlichem oder archäologischem Wert oder des gewerblichen und kommerziellen Eigentums gerechtfertigt sind. ...

§ 34c Abs. 2 GewO

Die Erlaubnis ist zu versagen, wenn

1. Tatsachen die Annahme rechtfertigen, daß der Antragsteller oder eine der mit der Leitung des Betriebes oder einer Zweigniederlassung beauftragten Personen die für den Gewerbebetrieb erforderliche Zuverlässigkeit nicht besitzt; die erforderliche Zuverlässigkeit besitzt in der Regel nicht, wer in den letzten fünf Jahren vor Stellung des Antrages wegen eines Verbrechens oder wegen Diebstahls, Unterschlagung, Erpressung, Betruges, Untreue, Urkundenfälschung, Hehlerei, Wuchers oder einer Insolvenzstraftat rechtskräftig verurteilt worden ist, oder
2. der Antragsteller in ungeordneten Vermögensverhältnissen lebt; dies ist in der Regel der Fall, wenn über das Vermögen des Antragstellers das Insolvenzverfahren eröffnet worden oder er in das vom Insolvenzgericht oder vom Vollstreckungsgericht zu führende

Verzeichnis (§ 26 Abs. 2 Insolvenzordnung, § 915 Zivilprozeßordnung) eingetragen ist.

4.3. Instrumente

Rechtsgüterschutz durch Wirtschaftsüberwachung erfolgt durch Vorschriften oder Maßnahmen in Bezug auf Aufnahme, Ausübung oder Beendigung einer wirtschaftlichen Tätigkeit und betrifft Errichtung oder Betrieb von Anlagen oder Erzeugung von Produkten.

Die **Kontrolle** der erstmaligen Aufnahme einer wirtschaftlichen Aktivität ist **unterschiedlich intensiv**: *Von völliger Freiheit bis zu absolutem Verbot*

Teilweise wird völlig darauf verzichtet, um eine mögliche freie Entfaltung bestimmter als ungefährlich und erwünscht erachteter Betätigungen zu sichern (**Anzeige-** oder **Anmeldefreiheit**).

§ 4 TMG
Telemedien sind im Rahmen der Gesetze zulassungs- und anmeldefrei.

Ein **Verbot mit Anzeige- oder Mitteilungsvorbehalt**, bei dem die Tätigkeit ohne Erlaubnis bzw. Zulassung begonnen werden darf, zeitigt nur geringe Eingriffswirkungen. Die **Anzeigepflicht** bezweckt eine Information der Behörde, damit diese bei drohender Gefahr einschreiten kann.

§ 14 Abs. 1 GewO
Wer den selbstständigen Betrieb eines stehenden Gewerbes oder den Betrieb einer Zweigniederlassung oder einer unselbstständigen Zweigstelle anfängt, muss dies der für den betreffenden Ort zuständigen Behörde gleichzeitig anzeigen. Das gleiche gilt, wenn

1. der Betrieb verlegt wird,
2. der Gegenstand des Gewerbes gewechselt oder auf Waren oder Leistungen ausgedehnt wird, die bei Gewerbebetrieben der angemeldeten Art nicht geschäftsüblich sind, oder
3. der Betrieb aufgegeben wird.

Die Anzeige dient dem Zweck, der zuständigen Behörde die Überwachung der Gewerbeausübung sowie statistische Erhebungen nach Maßgabe der Absätze 5 bis 11 zu ermöglichen.

...

§ 6 TKG
(1) Wer gewerblich öffentliche Telekommunikationsnetze betreibt oder gewerblich Telekommunikationsdienste für die Öffentlichkeit erbringt,

muss die Aufnahme, Änderung und Beendigung seiner Tätigkeit sowie Änderungen seiner Firma bei der Regulierungsbehörde unverzüglich melden. Die Erklärung bedarf der Schriftform.

(2) Die Meldung muss die Angaben enthalten, die für die Identifizierung des Betreibers oder Anbieters nach Abs. 1 erforderlich sind, insbesondere die Handelsregisternummer, die Anschrift, die Kurzbeschreibung des Netzes oder Dienstes sowie den voraussichtlichen Termin für die Aufnahme der Tätigkeit. ...

Hingegen gestattet ein **Verbot mit Zulassungsvorbehalt** den Start einer wirtschaftlichen Tätigkeit erst dann, wenn eine erforderliche **Zulassung** (Erlaubnis, Genehmigung, Konzession, Bewilligung – so die Legaldefinition in § 15 Abs. 2 GewO) erteilt worden ist. Eine solche präventive Regelung dient unterschiedlichen wirtschaftsverwaltungsrechtlichen Zielsetzungen und bezieht teilweise spezielle Umweltverträglichkeitsprüfungen mit ein. Die Zulassungsmaßstäbe können personen- oder sachbezogen sein; sie reichen von Unterrichtungs- über Fachkundenachweise bis hin zu Zuverlässigkeits- und Bedürfnisprüfungen sowie zur Pflicht des Abschlusses von Haftpflichtversicherungen (»Deckungsvorsorge«).

§ 30 Abs. 1 GewO

Unternehmer von Privatkranken- und Privatentbindungsanstalten sowie von Privatnervenkliniken bedürfen einer Konzession der zuständigen Behörde. Die Konzession ist nur dann zu versagen, wenn

1. Tatsachen vorliegen, welche die Unzuverlässigkeit des Unternehmers in Beziehung auf die Leitung oder Verwaltung der Anstalt oder Klinik dartun,

1a. Tatsachen vorliegen, welche die ausreichende medizinische und pflegerische Versorgung der Patienten als nicht gewährleistet erscheinen lassen,

2. nach den von dem Unternehmer einzureichenden Beschreibungen und Plänen die baulichen und die sonstigen technischen Einrichtungen der Anstalt oder Klinik den gesundheitspolizeilichen Anforderungen nicht entsprechen,

3. die Anstalt oder Klinik nur in einem Teil eines auch von anderen Personen bewohnten Gebäudes untergebracht werden soll und durch ihren Betrieb für die Mitbewohner dieses Gebäudes erhebliche Nachteile oder Gefahren hervorrufen kann oder

4. die Anstalt oder Klinik zur Aufnahme von Personen mit ansteckenden Krankheiten oder von Geisteskranken bestimmt ist und durch ihre örtliche Lage für die Besitzer oder Bewohner der benachbarten

Grundstücke erhebliche Nachteile oder Gefahren hervorrufen kann.
...

§ 34 Abs. 1 GewO

Wer das Geschäft eines Pfandleihers oder Pfandvermittlers betreiben will, bedarf der Erlaubnis der zuständigen Behörde. Die Erlaubnis kann mit Auflagen verbunden werden, soweit dies zum Schutze der Allgemeinheit oder der Verpfänder erforderlich ist; unter denselben Voraussetzungen ist auch die nachträgliche Aufnahme, Änderung und Ergänzung von Auflagen zulässig. Die Erlaubnis ist zu versagen, wenn

1. Tatsachen die Annahme rechtfertigen, daß der Antragsteller die für den Gewerbebetrieb erforderliche Zuverlässigkeit nicht besitzt, oder
2. er die für den Gewerbebetrieb erforderlichen Mittel oder entsprechende Sicherheiten nicht nachweist.

Aktuell sind hier gegenläufige Tendenzen erkennbar: Einerseits wird im Rahmen von Deregulierung die Abschaffung von Erlaubnissen angestrebt, zum andern werden vornehmlich im Interesse des Verbraucherschutzes neue Zulassungskontrollen gefordert.

Zulassungsvorbehalte im Wandel

Beispiele: Versicherungsvertreter/»Versicherungsvermittler«, Unternehmensberater, Immobilienmakler.

Darüber hinaus existieren weitere Kontrollvarianten:

Die Notwendigkeit eines **absoluten Verbots** gilt uneingeschränkt nur für den Bereich des Lebens- und **Gesundheitsschutzes**.

§ 5 LFGB

(1) Es ist verboten, Lebensmittel für andere derart herzustellen oder zu behandeln, dass ihr Verzehr gesundheitsschädlich im Sinne des Artikels 14 Abs. 2 Buchstabe a der Verordnung (EG) Nr. 178/2002 ist. Das Verbot des Art. 14 Abs. 1 in Verbindung mit Abs. 2 Buchstabe a der Verordnung (EG) Nr. 178/2002 über das Inverkehrbringen gesundheitsschädlicher Lebensmittel bleibt unberührt.

(2) Es ist ferner verboten,

1. Stoffe, die keine Lebensmittel sind und deren Verzehr gesundheitsschädlich im Sinne des Artikels 14 Abs. 2 Buchstabe a der Verordnung (EG) Nr. 178/2002 ist, als Lebensmittel in den Verkehr zu bringen,
2. mit Lebensmitteln verwechselbare Produkte für andere herzustellen, zu behandeln oder in den Verkehr zu bringen.

Flexibler ist ein **Verbot mit Befreiungsvorbehalt (Dispens)**, weil hier in besonderen (»atypischen«) Fällen ein an sich unerwünschtes Verhalten erlaubt werden kann.

§ 56 GewO

(1) Im Reisegewerbe sind verboten
1. der Vertrieb von ...
   b) Giften und gifthaltigen Waren; ...
   h) Wertpapieren, Lotterielosen, Bezugs- und Anteilscheinen auf Wertpapiere und Lotterielose; ...
2. das Feilbieten und der Ankauf von
   a) Edelmetallen (Gold, Silber, Platin und Platinbeimetallen) und edelmetallhaltigen Legierungen in jeder Form sowie Waren mit Edelmetallauflagen; zugelassen sind Silberschmuck bis zu einem Verkaufspreis von 40 Euro und Waren mit Silberauflagen,
   b) Edelsteinen, Schmucksteinen und synthetischen Steinen sowie von Perlen; ...
3. das Feilbieten von ...
   b) geistigen Getränken; ...
6. der Abschluß sowie die Vermittlung von Rückkaufgeschäften (§ 34 Abs. 4) und die für den Darlehensnehmer entgeltliche Vermittlung von Darlehensgeschäften.

(2) Das Bundesministerium für Wirtschaft und Technologie kann durch Rechtsverordnung mit Zustimmung des Bundesrates Ausnahmen von den in Abs. 1 aufgeführten Beschränkungen zulassen, soweit hierdurch eine Gefährdung der Allgemeinheit oder der öffentlichen Sicherheit oder Ordnung nicht zu besorgen ist. ...

Für eine zulässige Betätigung wird häufig auch die **Erfüllung bestimmter Standards** bzw. **technischer Anforderungen** verlangt.

§ 23 Abs. 1 BImSchG

Die Bundesregierung wird ermächtigt, nach Anhörung der beteiligten Kreise (§ 51) durch Rechtsverordnung mit Zustimmung des Bundesrates vorzuschreiben, dass die Errichtung, die Beschaffenheit und der Betrieb nicht genehmigungsbedürftiger Anlagen bestimmten Anforderungen zum Schutz der Allgemeinheit und der Nachbarschaft vor schädlichen Umwelteinwirkungen und, soweit diese Anlagen gewerblichen Zwecken dienen oder im Rahmen wirtschaftlicher Unternehmungen Verwendung finden und Betriebsbereiche oder Bestandteile von Betriebsbereichen sind, vor sonstigen Gefahren zur Verhütung schwerer Unfälle im Sinne des Artikels 3 Nr. 5 der Richtlinie 96/82/EG und zur Begrenzung der Auswirkungen derartiger Unfälle für Mensch und Umwelt sowie zur Vorsorge gegen schädliche Umwelteinwirkungen genügen müssen, insbesondere dass

1. die Anlagen bestimmten technischen Anforderungen entsprechen müssen ...

§ 19a ChemG

(1) Nicht-klinische gesundheits- und umweltrelevante Sicherheitsprüfungen von Stoffen oder Zubereitungen, deren Ergebnisse eine Bewertung ihrer möglichen Gefahren für Mensch und Umwelt in einem Zulassungs-, Erlaubnis-, Registrierungs-, Anmelde- oder Mitteilungsverfahren ermöglichen sollen, sind unter Einhaltung der Grundsätze der Guten Laborpraxis nach dem Anhang 1 zu diesem Gesetz durchzuführen. ..

(3) Bundesbehörden, die Prüfungen nach Abs. 1 durchführen, sind dafür verantwortlich, dass in ihrem Aufgabenbereich die Grundsätze der Guten Laborpraxis eingehalten werden.

§ 3 Abs. 1 GPSG

Das Bundesministerium für Wirtschaft und Technologie kann ... zur Erfüllung von Verpflichtungen aus zwischenstaatlichen Vereinbarungen oder zur Umsetzung oder Durchführung der von den Europäischen Gemeinschaften erlassenen Rechtsvorschriften Rechtsverordnungen nach Maßgabe des Satzes 2 erlassen. Durch Rechtsverordnung nach Satz 1 können

1. Anforderungen an die Gewährleistung von Sicherheit und Gesundheit, Anforderungen zum Schutz sonstiger Rechtsgüter und sonstige Voraussetzungen des Ausstellens, Inverkehrbringens oder der Inbetriebnahme, insbesondere Prüfungen, Produktionsüberwachungen oder Bescheinigungen,
2. Anforderungen an die Kennzeichnung, Aufbewahrungs- und Mitteilungspflichten sowie damit zusammenhängende behördliche Maßnahmen

geregelt werden.

§ 4 GPSG

(1) Soweit ein Produkt einer Rechtsverordnung nach § 3 Abs. 1 unterfällt, darf es nur in den Verkehr gebracht werden, wenn es den dort vorgesehenen Anforderungen an Sicherheit und Gesundheit und sonstigen Voraussetzungen für sein Inverkehrbringen entspricht und Sicherheit und Gesundheit der Verwender oder Dritter oder sonstige in den Rechtsverordnungen nach § 3 Abs. 1 aufgeführte Rechtsgüter bei

bestimmungsgemäßer Verwendung oder vorhersehbarer Fehlanwendung nicht gefährdet werden. ...

(2) ... Bei der Beurteilung, ob ein Produkt den Anforderungen nach Satz 1 entspricht, können Normen und andere technische Spezifikationen zugrunde gelegt werden. ...

Teils sind diese in Verwaltungsvorschriften näher konkretisiert (TA Lärm, TA Luft etc.).

Schließlich ist für gewisse »überwachungsbedürftige Gewerbe« eine **isolierte Zulässigkeitsprüfung** vorgesehen.

§ 38 Abs. 1 GewO

Bei den Gewerbezweigen

1. An- und Verkauf von
   a) hochwertigen Konsumgütern, insbesondere Unterhaltungselektronik, Computern, optischen Erzeugnissen, Fotoapparaten, Videokameras, Teppichen, Pelz- und Lederbekleidung,
   b) Kraftfahrzeugen und Fahrrädern,
   c) Edelmetallen und edelmetallhaltigen Legierungen sowie Waren aus Edelmetall oder edelmetallhaltigen Legierungen,
   d) Edelsteinen, Perlen und Schmuck,
   e) Altmetallen, soweit sie nicht unter Buchstabe c fallen,

   durch auf den Handel mit Gebrauchtwaren spezialisierte Betriebe,

2. Auskunftserteilung über Vermögensverhältnisse und persönliche Angelegenheiten (Auskunfteien, Detekteien),

3. Vermittlung von Eheschließungen, Partnerschaften und Bekanntschaften,

4. Betrieb von Reisebüros und Vermittlung von Unterkünften,

5. Vertrieb und Einbau von Gebäudesicherungseinrichtungen einschließlich der Schlüsseldienste,

6. Herstellen und Vertreiben spezieller diebstahlsbezogener Öffnungswerkzeuge

hat die zuständige Behörde unverzüglich nach Erstattung der Gewerbeanmeldung oder der Gewerbeummeldung nach § 14 die Zuverlässigkeit des Gewerbetreibenden zu überprüfen. Zu diesem Zweck hat der Gewerbetreibende unverzüglich ein Führungszeugnis nach § 30 Abs. 5 Bundeszentralregistergesetz und eine Auskunft aus dem Gewerbezentralregister nach § 150 Abs. 5 zur Vorlage bei der Behörde zu beantragen. Kommt er dieser Verpflichtung nicht nach, hat die Behörde diese Auskünfte von Amts wegen einzuholen.

Gefahren für schutzwürdige Rechtsgüter entstehen meist erst bei der Ausübung wirtschaftlicher Tätigkeiten. Insoweit steht den Wirtschaftsverwaltungsbehörden im Rahmen eines **Überwachungsvorbehaltes** eine breite Palette von Kontroll- und Eingriffsbefugnissen zu Gebote, bei deren Einsatz dem Grundsatz der Verhältnismäßigkeit Rechnung zu tragen ist. Dabei gibt es sowohl behördliche Kompetenzen, denen Mitwirkungspflichten der überwachten oder auch dritter Personen entsprechen, als auch Regelungen, bei denen die (schuldhafte) Nicht- oder Schlechterfüllung gesetzlicher Pflichten »nur« durch Sanktionen (vor allem Bußgelder) geahndet werden kann. Daraus erwächst dann ein »negativer« Anreiz, sich korrekt zu verhalten

Der **laufenden Überwachung** dienen vor allem:

Vielfältige Kontrollmodalitäten

eine **Anbieterkennzeichnung**

§ 6 TMG
Diensteanbieter haben für geschäftsmäßige, in der Regel gegen Entgelt angebotene Telemedien folgende Informationen leicht erkennbar, unmittelbar erreichbar und ständig verfügbar zu halten:
1. den Namen und die ladungsfähige Anschrift, unter der sie niedergelassen sind, bei juristischen Personen zusätzlich den Vertretungsberechtigten,
2. Angaben, die eine schnelle elektronische Kontaktaufnahme und unmittelbare Kommunikation mit ihnen ermöglichen, einschließlich der Adresse der elektronischen Post,
3. soweit der Dienst im Rahmen einer Tätigkeit angeboten oder erbracht wird, die der behördlichen Zulassung bedarf, Angaben zur zuständigen Aufsichtsbehörde,
4. das Handelsregister, Vereinsregister, Partnerschaftsregister oder Genossenschaftsregister, in das sie eingetragen sind, und die entsprechende Registernummer, ...

Anzeige- und **Mitteilungspflichten** bei Änderung des Gegenstands der wirtschaftlichen Betätigung (§ 14 Abs. 1 GewO)

Kennzeichnungs- und **Warnhinweispflichten**

§ 13 LFGB
(1) Das Bundesministerium wird ermächtigt, ... durch Rechtsverordnung ... , soweit es zur Erfüllung der in § 1 Abs. 1 Nr. 1, auch in Verbindung mit Abs. 2, genannten Zwecke erforderlich ist,
6. für bestimmte Lebensmittel Warnhinweise, sonstige warnende Aufmachungen oder Sicherheitsvorkehrungen vorzuschreiben. ...

(3) Das Bundesministerium wird ferner ermächtigt, durch Rechtsverordnung ...

1. vorzuschreiben, dass der Gehalt der Lebensmittel an den in Rechtsverordnungen nach § 7 Abs. 1 Nr. 1 zugelassenen Zusatzstoffen und die Anwendung der in Rechtsverordnungen nach § 8 Abs. 2 Nr. 1 zugelassenen Behandlung oder Bestrahlung kenntlich zu machen sind und dabei die Art der Kenntlichmachung zu regeln,
2. Vorschriften über die Kenntlichmachung der in oder auf Lebensmitteln vorhandenen Stoffe im Sinne der §§ 9 und 10 zu erlassen.
...

(4) Das Bundesministerium wird weiter ermächtigt, ... durch Rechtsverordnung ...

1. vorzuschreiben, dass ...
   b) Lebensmittel, die bestimmten Anforderungen an die Herstellung, Zusammensetzung oder Beschaffenheit nicht entsprechen oder sonstige Lebensmittel von bestimmter Art oder Beschaffenheit nicht, nur unter ausreichender Kenntlichmachung oder nur unter bestimmten Bezeichnungen, sonstigen Angaben oder Aufmachungen in den Verkehr gebracht werden dürfen, und die Einzelheiten hierfür zu bestimmen, ...
   g) bestimmten Lebensmitteln bestimmte Angaben, insbesondere über die Anwendung von Stoffen oder über die weitere Verarbeitung der Erzeugnisse, beizufügen sind. ....

Sicherheitsleistungsnachweispflicht

§ 651k Abs. 4 BGB
Reiseveranstalter und Reisevermittler dürfen Zahlungen des Reisenden auf den Reisepreis vor Beendigung der Reise nur fordern oder annehmen, wenn dem Reisenden ein Sicherungsschein übergeben wurde. Ein Reisevermittler gilt als vom Reiseveranstalter zur Annahme von Zahlungen auf den Reisepreis ermächtigt, wenn er einen Sicherungsschein übergibt oder sonstige dem Reiseveranstalter zuzurechnende Umstände ergeben, dass er von diesem damit betraut ist, Reiseverträge für ihn zu vermitteln. ...

Werbeverbote

§ 23 Abs. 1 KWG
Um Missständen bei der Werbung der Institute zu begegnen, kann die Bundesanstalt bestimmte Arten der Werbung untersagen.

Behörden erlangen die erforderlichen Erkenntnisse über

Auskunfts-, Erklärungs- und Berichtspflichten

§ 22 GastG

(1) Die Inhaber von Gaststättenbetrieben, ihre Stellvertreter und die mit der Leitung des Betriebes beauftragten Personen haben den zuständigen Behörden die für die Durchführung dieses Gesetzes und der auf Grund dieses Gesetzes erlassenen Rechtsverordnungen erforderlichen Auskünfte zu erteilen. ...

(3) Der zur Erteilung einer Auskunft Verpflichtete kann die Auskunft auf solche Fragen verweigern, deren Beantwortung ihn selbst oder einen der in § 383 Abs. 1 Nr. 1 bis 3 der Zivilprozeßordnung bezeichneten Angehörigen der Gefahr strafgerichtlicher Verfolgung oder eines Verfahrens nach dem Gesetz über Ordnungswidrigkeiten aussetzen würde.

§ 14 Abs. 8 a GewO

Über die Gewerbeanzeigen nach Abs. 1 Satz 1 und 2 Nr. 3 werden monatliche Erhebungen als Bundesstatistik durchgeführt. Für die Erhebungen besteht Auskunftspflicht. Auskunftspflichtig sind die nach [§ 14 Abs. 1 bis 3] Anzeigepflichtigen, die diese Pflicht durch Erstattung der Anzeige erfüllen. ...

§ 29 GewO

(1) Gewerbetreibende oder sonstige Personen,
1. die einer Erlaubnis nach den §§ 30, 33a, 33c, 33d, 33i, 34, 34a, 34b oder 34c bedürfen,
2. die nach § 34b Abs. 5 oder § 36 öffentlich bestellt sind,
3. die ein überwachungsbedürftiges Gewerbe im Sinne des § 38 Abs. 1 betreiben oder
4. gegen die ein Untersagungsverfahren nach § 35 oder § 59 eröffnet oder abgeschlossen wurde

(Betroffene), haben den Beauftragten der zuständigen öffentlichen Stelle auf Verlangen die für die Überwachung des Geschäftsbetriebs erforderlichen mündlichen und schriftlichen Auskünfte unentgeltlich zu erteilen. ...

(4) Die Absätze 1 bis 3 finden auch Anwendung, wenn Tatsachen die Annahme rechtfertigen, dass ein erlaubnispflichtiges, überwachungsbedürftiges oder untersagtes Gewerbe ausgeübt wird.

Betretungs- und Nachschaurechte

§ 22 Abs. 2 GastG

Die von der zuständigen Behörde mit der Überwachung des Betriebes beauftragten Personen sind befugt, Grundstücke und Geschäftsräume des Auskunftspflichtigen zu betreten, dort Prüfungen und Besichtigungen vorzunehmen und in die geschäftlichen Unterlagen des Auskunftspflichtigen Einsicht zu nehmen. Der Auskunftspflichtige hat die Maßnahmen nach Satz 1 zu dulden. Das Grundrecht der Unverletzlichkeit der Wohnung (Artikel 13 des Grundgesetzes) wird insoweit eingeschränkt.

§ 16 GPSG

Eigentümer von überwachungsbedürftigen Anlagen und Personen, die solche Anlagen herstellen oder betreiben, sind verpflichtet, auf Verlangen den Beauftragten zugelassener Überwachungsstellen, denen die Prüfung der Anlagen obliegt, die Anlagen zugänglich zu machen, die vorgeschriebene oder behördlich angeordnete Prüfung zu gestatten, die hierfür benötigten Arbeitskräfte und Hilfsmittel bereitzustellen und ihnen die Angaben zu machen und die Unterlagen vorzulegen, die zur Erfüllung ihrer Aufgaben erforderlich sind. Das Grundrecht des Art. 13 GG. wird insoweit eingeschränkt.

§ 29 Abs. 2 GewO

Die Beauftragten sind befugt, zum Zwecke der Überwachung Grundstücke und Geschäftsräume des Betroffenen während der üblichen Geschäftszeit zu betreten, dort Prüfungen und Besichtigungen vorzunehmen, sich die geschäftlichen Unterlagen vorlegen zu lassen und in diese Einsicht zu nehmen. Zur Verhütung dringender Gefahren für die öffentliche Sicherheit oder Ordnung können die Grundstücke und Geschäftsräume tagsüber auch außerhalb der in Satz 1 genannten Zeit sowie tagsüber auch dann betreten werden, wenn sie zugleich Wohnzwecken des Betroffenen dienen. ...

Probenahmen, Messungen, Monitoring

§ 43 LFGB

(1) Die mit der Überwachung beauftragten Personen und, bei Gefahr im Verzug, die Beamten der Polizei sind befugt, gegen Empfangsbescheinigung Proben nach ihrer Auswahl zum Zweck der Untersuchung zu fordern oder zu entnehmen. ....
(4) Für Proben, die im Rahmen der amtlichen Überwachung nach diesem Gesetz entnommen werden, wird grundsätzlich keine Entschädigung geleistet. Im Einzelfall ist eine Entschädigung bis zur Höhe des

Verkaufspreises zu leisten, wenn andernfalls eine unbillige Härte eintreten würde.

§ 50 LFGB

Monitoring ist ein System wiederholter Beobachtungen, Messungen und Bewertungen von Gehalten an gesundheitlich nicht erwünschten Stoffen wie Pflanzenschutzmitteln, Stoffen mit pharmakologischer Wirkung, Schwermetallen, Mykotoxinen und Mikroorganismen in und auf Erzeugnissen, einschließlich lebender Tiere im Sinne des § 4 Abs. 1 Nr. 1, die zum frühzeitigen Erkennen von Gefahren für die menschliche Gesundheit unter Verwendung repräsentativer Proben einzelner Erzeugnisse oder Tiere, der Gesamtnahrung oder einer anderen Gesamtheit desselben Erzeugnisses durchgeführt werden.

§ 8 GPSG

(8) Die zuständigen Behörden und deren Beauftragte können unentgeltlich Proben entnehmen und Muster verlangen.

(9) Der Hersteller, sein Bevollmächtigter, der Einführer und der Händler haben jeweils Maßnahmen nach Absatz ... 8 zu dulden und die zuständigen Behörden sowie deren Beauftragte zu unterstützen.

Folge von Unregelmäßigkeiten oder Mängeln sind z. B. unmittelbar gesetzlich angeordnete **Rücknahme-** oder **Rückrufpflichten.**

§ 24 Abs. 1 KrW-/AbfG

Zur Festlegung von Anforderungen nach § 22 wird die Bundesregierung ermächtigt ... zu bestimmen, daß Hersteller oder Vertreiber

1. bestimmte Erzeugnisse nur bei Eröffnung einer Rückgabemöglichkeit abgeben oder in Verkehr bringen dürfen,
2. bestimmte Erzeugnisse zurückzunehmen und die Rückgabe durch geeignete Maßnahmen, insbesondere durch Rücknahmesysteme oder durch Erhebung eines Pfandes, sicherzustellen haben,
3. bestimmte Erzeugnisse an der Abgabe- oder Anfallstelle zurückzunehmen haben. ...

§ 8 Abs. 4 GPSG

Die zuständige Behörde trifft die erforderlichen Maßnahmen, wenn sie den begründeten Verdacht hat, dass ein Produkt nicht den Anforderungen nach § 4 entspricht. Sie ist insbesondere befugt, ...

7. die Rücknahme oder den Rückruf eines in Verkehr gebrachten Produkts, das nicht den Anforderungen nach § 4 entspricht, anzuordnen, ein solches Produkt sicherzustellen und, soweit eine Ge-

fahr für den Verwender oder Dritten auf andere Weise nicht zu beseitigen ist, seine unschädliche Beseitigung zu veranlassen,

Weitere Reaktionsmöglichkeiten, die Behörden eröffnet werden, sind **Auflagen** oder **nachträgliche Anordnungen**

§ 17 BImSchG

(1) Zur Erfüllung der sich aus diesem Gesetz und der auf Grund dieses Gesetzes erlassenen Rechtsverordnungen ergebenden Pflichten können nach Erteilung der Genehmigung sowie nach einer nach § 15 Abs. 1 angezeigten Änderung Anordnungen getroffen werden. Wird nach Erteilung der Genehmigung sowie nach einer nach § 15 Abs. 1 angezeigten Änderung festgestellt, dass die Allgemeinheit oder die Nachbarschaft nicht ausreichend vor schädlichen Umwelteinwirkungen oder sonstigen Gefahren, erheblichen Nachteilen oder erheblichen Belästigungen geschützt ist, soll die zuständige Behörde nachträgliche Anordnungen treffen.

(2) Die zuständige Behörde darf eine nachträgliche Anordnung nicht treffen, wenn sie unverhältnismäßig ist, vor allem wenn der mit der Erfüllung der Anordnung verbundene Aufwand außer Verhältnis zu dem mit der Anordnung angestrebten Erfolg steht; dabei sind insbesondere Art, Menge und Gefährlichkeit der von der Anlage ausgehenden Emissionen und der von ihr verursachten Immissionen sowie die Nutzungsdauer und technische Besonderheiten der Anlage zu berücksichtigen. Darf eine nachträgliche Anordnung wegen Unverhältnismäßigkeit nicht getroffen werden, soll die zuständige Behörde die Genehmigung unter den Voraussetzungen des § 21 Abs. 1 Nr. 3 bis 5 ganz oder teilweise widerrufen. ...

Untersagung der konkreten wirtschaftlichen Betätigung

§ 35 Abs. 1 GewO

Die Ausübung eines Gewerbes ist von der zuständigen Behörde ganz oder teilweise zu untersagen, wenn Tatsachen vorliegen, welche die Unzuverlässigkeit des Gewerbetreibenden oder einer mit der Leitung des Gewerbebetriebes beauftragten Person in Bezug auf dieses Gewerbe dartun, sofern die Untersagung zum Schutze der Allgemeinheit oder der im Betrieb Beschäftigten erforderlich ist. Die Untersagung kann auch auf die Tätigkeit als Vertretungsberechtigter eines Gewerbetreibenden oder als mit der Leitung eines Gewerbebetriebes beauftragte Person sowie auf einzelne andere oder auf alle Gewerbe erstreckt werden, soweit die festgestellten Tatsachen die Annahme rechtfertigen, dass der Gewerbetreibende auch für diese Tätigkeiten oder Gewerbe unzuverlässig ist. ... .

§ 16 Abs. 3 HwO

Wird der selbständige Betrieb eines zulassungspflichtigen Handwerks als stehendes Gewerbe entgegen den Vorschriften dieses Gesetzes ausgeübt, so kann die nach Landesrecht zuständige Behörde die Fortsetzung des Betriebs untersagen. Die Untersagung ist nur zulässig, wenn die Handwerkskammer und die Industrie- und Handelskammer zuvor angehört worden sind und in einer gemeinsamen Erklärung mitgeteilt haben, dass sie die Voraussetzungen einer Untersagung als gegeben ansehen.

Widerruf oder **Rücknahme der Erlaubnis** einer bestimmten wirtschaftlichen Betätigung

§ 15 Abs. 2 GewO

Wird ein Gewerbe, zu dessen Ausübung eine Erlaubnis, Genehmigung, Konzession oder Bewilligung (Zulassung) erforderlich ist, ohne diese Zulassung betrieben, so kann die Fortsetzung des Betriebes von der zuständigen Behörde verhindert werden. Das gleiche gilt, wenn ein Gewerbe von einer ausländischen juristischen Person begonnen wird, deren Rechtsfähigkeit im Inland nicht anerkannt wird.

§ 8 GPSG

(4) Die zuständige Behörde ... ist insbesondere befugt,

5. das Inverkehrbringen eines Produkts für den zur Prüfung zwingend erforderlichen Zeitraum vorübergehend zu verbieten,
6. zu verbieten, dass ein Produkt, das nicht den Anforderungen nach § 4 Abs. 1 und 2 entspricht, in den Verkehr gebracht wird ...

(5) Die zuständige Behörde soll Maßnahmen nach Abs. 4 vorrangig an den Hersteller, seinen Bevollmächtigten oder den Einführer richten. Sie kann entsprechend den jeweiligen Erfordernissen Maßnahmen auch an den Händler richten. Maßnahmen gegen jede andere Person sind nur zulässig, solange eine gegenwärtige erhebliche Gefahr nicht auf andere Weise abgewehrt werden kann. Entsteht der anderen Person hierdurch ein Schaden, so ist ihr dieser zu ersetzen, soweit sie nicht auf andere Weise Ersatz zu erlangen vermag oder durch die Maßnahme ihr Vermögen geschützt wird.

Zur Überwachung des Endes einer wirtschaftlichen Tätigkeit werden nicht nur entsprechende **Anzeigepflichten** eingesetzt (z.B. § 14 GewO); vielmehr finden sich auch über diesen Zeitpunkt hinaus reichende **Gefahrenabwehr-** oder **Entsorgungspflichten**.

§ 5 Abs. 3 BImSchG

Genehmigungsbedürftige Anlagen sind so zu errichten, zu betreiben und stillzulegen, dass auch nach einer Betriebseinstellung

1. von der Anlage oder dem Anlagengrundstück keine schädlichen Umwelteinwirkungen und sonstige Gefahren, erhebliche Nachteile und erhebliche Belästigungen für die Allgemeinheit und die Nachbarschaft hervorgerufen werden können,
2. vorhandene Abfälle ordnungsgemäß und schadlos verwertet oder ohne Beeinträchtigung des Wohls der Allgemeinheit beseitigt werden und
3. die Wiederherstellung eines ordnungsgemäßen Zustandes des Betriebsgeländes gewährleistet ist.

§ 36 KrW-/AbfG

(1) Der Inhaber einer Deponie hat ihre beabsichtigte Stilllegung der zuständigen Behörde unverzüglich anzuzeigen. Der Anzeige sind Unterlagen über Art, Umfang und Betriebsweise sowie die beabsichtigte Rekultivierung und sonstige Vorkehrungen zum Schutz des Wohles der Allgemeinheit beizufügen.

(2) Soweit entsprechende Regelungen noch nicht in dem Planfeststellungsbeschluss nach § 31 Abs. 2, der Genehmigung nach § 31 Abs. 3, in Bedingungen und Auflagen nach § 35 oder den für die Deponie geltenden umweltrechtlichen Vorschriften enthalten sind, hat die zuständige Behörde den Inhaber der Deponie zu verpflichten,

1. auf seine Kosten das Gelände, das für eine Deponie nach Abs. 1 verwandt worden ist, zu rekultivieren,
2. auf seine Kosten alle sonstigen erforderlichen Vorkehrungen, einschließlich der Überwachungs- und Kontrollmaßnahmen während der Nachsorgephase, zu treffen, um die in § 32 Abs. 1 bis 3 genannten Anforderungen auch nach der Stilllegung zu erfüllen, und
3. der zuständigen Behörde alle Überwachungsergebnisse zu melden, aus denen sich Anhaltspunkte für erhebliche nachteilige Umweltauswirkungen ergeben. ...

5. Wirtschaftslenkung

5.1. Grundlagen und Typen von Lenkungsmaßnahmen

Die **Notwendigkeit** einer Wirtschaftslenkung lässt sich vornehmlich aus Art. 2, 4, 32 ff., 98 ff. EGV sowie aus Art. 20, 20a, 88 und 109 Abs. 2 GG ableiten. Die hierfür verfügbaren Instrumente können danach unterschieden werden, ob sie umfassend oder partiell, unmittelbar oder mittelbar auf die Wirtschaft einwirken.

Eine **globale Steuerung,** die die Kräfte des freien Marktes völlig oder weitgehend außer Kraft setzte, stößt auf verfassungsrechtliche Grenzen. Sie widerspräche dem Konzept der offenen Marktwirtschaft mit freiem Wettbewerb. Deshalb kommen allenfalls punktuelle **Wirtschaftslenkungsmaßnahmen** in Betracht, betreffend bestimmte Wirtschaftssektoren, Politikbereiche, Wirtschaftssituationen oder -regionen.

Lenkung nur begrenzt zulässig

Unmittelbare Steuerung liegt vor, wenn der Staat durch **rechtsverbindliche** Regelungen (Ge- oder Verbote, Auferlegung von Lasten) einseitig in den Status der Akteure eingreift. **Mittelbar** ist die Einwirkung dann, wenn staatliche Maßnahmen eine Veränderung des Marktverhaltens bewirken sollen, dieses aber zusätzlich vom Willen des Marktteilnehmers abhängt. Diese »Technik« belässt dem Einzelnen rechtliche Entscheidungsfreiheit und stellt lediglich Rahmenbedingungen auf.

Direkte und indirekte Lenkung

5.2. Instrumente

Eingreifende Wirtschaftslenkung erfolgt durch **Bewirtschaftungsvorschriften** und **Abgabenregelungen.** Jene befassen sich umfassend mit allen Handlungen in Bezug auf Güter und Dienstleistungen, von Gewinnung, Herstellung, Meldung, Erfassung, Bevorratung, Abgabe, Kontingentierung bis zur Vergütung. Ein typisches Instrument partieller Wirtschaftslenkung auf EG-Ebene sind die auf Art. 32 ff. EGV gestützten (**Agrar-)Marktordnungen.** Dabei handelt es sich um ein Bündel rechtlicher Mittel, das die Regulierung des Marktes je bestimmter Erzeugnisse hoheitlicher Aufsicht unterstellt, um durch Steigerung der Produktivität und durch bestmöglichen Einsatz von Produktionsfaktoren, insbesondere der Arbeitskräfte, eine angemessene Lebenshaltung für die Erzeuger, die Stabilisierung der Märkte, die Sicherheit der Versorgung und angemessene Verbraucherpreise zu gewährleisten.

Lenkung durch Eingriff

Vielfältig sind die Möglichkeiten einer **verhaltenseinwirkenden Wirtschaftslenkung**. So dienen stabilitäts- und geldpolitische Instrumente der **Europäischen Zentralbank** (EZB) dem in Art. 105 Abs. 1 EGV verankerten vorrangigen Ziel des Eurosystems, **Preisstabilität** zu gewährleisten, und sollen die **allgemeine Wirtschaftspolitik in der Gemeinschaft** unterstützen, um zur Verwirklichung der in Art. 2 EGV festgelegten Ziele beizutragen. Klassisches und nach wie vor wichtigstes Mittel von Zentralbanken zur Regelung des Geldumlaufs und der Kreditgewährung ist die Festsetzung der für ihre Geschäfte anzuwendenden **Hauptrefinanzierungsgrundsätze** und **Zinsen**. Darüber hinaus wird die Liquidität der Kreditinstitute durch die Verpflichtung zur Unterhaltung von **Mindestreserven** auf Konten der EZB und der nationalen Zentralbanken nach Art. 19 ESZB-Satzung direkt betroffen.

Verschiedene Aspekte der Einflussnahme

Weitere Beispiele sind:

∞ Verfolgung von Sekundärzwecken bei Vergabe von öffentlichen Aufträgen
∞ Veranlassung von Unternehmen/Wirtschaftsbranchen zu »Selbstbeschränkung«
∞ Information der Nachfrager/Verbraucher (durch Warnungen, Empfehlungen, Beratung; Umweltsiegel)

Wirtschaftslenkung im weiteren Sinne überschneidet sich teilweise mit Wirtschaftsplanung und umfasst auch die Kernaufgabe jeder Wirtschaftsverwaltung, die gewerbepolizeiliche Gefahrenabwehr (Wirtschaftsüberwachung/-aufsicht). Eine eindeutige Trennung gegenüber wirtschaftsfördernden Maßnahmen ist ebenfalls nicht immer möglich, denn indem bestimmte Personen begünstigt werden, können andere faktisch und rechtlich belastet werden. Allerdings liegt bei einer Förderung das Schwergewicht auf der (erst noch zu beantragenden) Leistung, bei der Lenkung dagegen auf dem Eingriff, der Zwangsmaßnahme.

»Polizeiliche« Zielsetzung

Im Bereich der Wirtschaftslenkung i. w. S. gilt für staatliches Handeln nicht nur der **Vorrang des Gesetzes**; vielmehr bedarf jeder Eingriff – in »Freiheit« oder »Eigentum« – einer (materiell-)gesetzlichen Grundlage (**Vorbehalt des Gesetzes**). Denn stets sind mit ihm Beschränkungen der Gewerbefreiheit (§ 1 GewO) verbunden. **Gewerbepolizei** zielt auf Abwehr von Gefahren für die »öffentliche Sicherheit (und Ordnung)« im wirtschaftlichen Bereich, d.h. darauf, die Schädigung bestimmter Rechtsgüter (insbesondere von Leben, Gesundheit und erheblichen Vermögenswerten) zu vermeiden oder zumindest eingetretene Störungen wieder zu beseitigen. Zu diesem Zweck werden primär Anforderungen an die **Person** des Unternehmers gestellt: Generell muss er bei Aufnahme und während der Ausübung seiner Tätigkeit »**zuver-**

lässig« in Bezug auf das jeweilige Gewerbe sein; dieser unbestimmte Gesetzesbegriff wird aber nur selten näher erläutert.

§ 4 Abs. 1 Nr. 1 GastG

Die Erlaubnis ist zu versagen, wenn

1. Tatsachen die Annahme rechtfertigen, daß der Antragsteller die für den Gewerbebetrieb erforderliche Zuverlässigkeit nicht besitzt, insbesondere dem Trunke ergeben ist oder befürchten läßt, daß er Unerfahrene, Leichtsinnige oder Willensschwache ausbeuten wird oder dem Alkoholmißbrauch, verbotenem Glücksspiel, der Hehlerei oder der Unsittlichkeit Vorschub leisten wird oder die Vorschriften des Gesundheits- oder Lebensmittelrechts, des Arbeits- oder Jugendschutzes nicht einhalten wird ...

Häufig wird auch eine bestimmte fachliche »**Eignung**« verlangt, etwa im Bankgewerbe (§ 33 Abs. 1 Satz 1 Nr. 4, Abs. 2 KWG); sie kann sich aus einem erfolgreichen Ausbildungsabschluss, aber auch aus bisherigen Tätigkeiten in ähnlicher Position ergeben. Ferner müssen **Betrieb** und/oder **Anlagen** gewissen Mindestvoraussetzungen genügen, einmal im Interesse der dort Beschäftigten (Arbeitssicherheit), aber auch der unmittelbar von Immissionen o. ä. betroffenen Nachbarschaft sowie nicht zuletzt der Allgemeinheit/der Verbraucher (z.B. Gerätesicherheit; Verbote nach § 56 GewO, § 3 KWG). Diese Merkmale sind **sach**bezogen, also unabhängig von einem Wechsel der Person des Gewerbetreibenden.

Alle der Gefahrenabwehr dienenden Mittel dürfen die Gewerbefreiheit nur im Rahmen des **Verhältnismäßigkeitsgrundsatzes** beschränken; dies gilt bereits für die jeweilige gesetzliche Regelung, aber auch deren Vollzug. Bezogen auf zunehmende Intensität ist das »mildeste« Instrument die bloße **Anzeigepflicht**, wie sie beim »**Gewerbeschein**« im stehenden Gewerbe praktiziert wird (§§ 14, 15 Abs. 1 GewO). Eine Zuwiderhandlung ist zwar mit Bußgeld bedroht (§ 146 Abs. 2 GewO). Bis auf weiteres wird jedoch auch ein unangemeldeter Gewerbebetrieb inhaltlich rechtmäßig (tätig); erst eine Untersagungsverfügung nach § 35 GewO verpflichtet den Unternehmer zur Einstellung/Schließung. Eine striktere Reglementierung der Berufsfreiheit, die nur mit gewichtigen öffentlichen Interessen zu rechtfertigen ist, stellt die »**Kontrollerlaubnis**« dar. Hierbei handelt es sich um ein (präventives) Verbot einer (wirtschaftlichen) Betätigung, das jedoch aufgehoben werden kann und muss, wenn der Bewerber den gesetzlichen Erlaubnisvoraussetzungen genügt (s. etwa §§ 2-4 GastG). Bis zum positiven Abschluss des Verwaltungsverfahrens (durch Erteilung einer Genehmigung o. ä.) ist die betreffende Aktivität allerdings unerlaubt, und gegen sie kann unmittelbar gem. § 15 Abs. 2 GewO eingeschritten werden; überdies

»Polizeifeste« Erlaubnis

stellt sie wieder eine Ordnungswidrigkeit dar (s. §§ 144 Abs. 1, 145 Abs. 1 GewO), in Sonderfällen sogar eine Straftat (§ 54 KWG). Eine wirksame Erlaubnis (als Verwaltungsakt) gilt dann aber bis zu ihrer Aufhebung (durch Rücknahme oder Widerruf) bzw. ihrem Wegfall, etwa durch Zeitablauf bei Befristung.

§ 11 Abs. 1 GastG

Personen, die einen erlaubnisbedürftigen Gaststättenbetrieb von einem anderen übernehmen wollen, kann die Ausübung des Gaststättengewerbes bis zur Erteilung der Erlaubnis auf Widerruf gestattet werden. Die vorläufige Erlaubnis soll nicht für eine längere Zeit als drei Monate erteilt werden; die Frist kann verlängert werden, wenn ein wichtiger Grund vorliegt.

Solange sie **wirksam**, d.h. den Beteiligten bekannt gegeben und nicht nichtig (§ 43 Abs. 3 i. V. m. § 44 Abs. 1, 2 VwVfG) ist, kommt ein behördliches Einschreiten gegen die genehmigte Betätigung nicht in Betracht, vielmehr muss dann zuerst eine Aufhebung erfolgen. Zuweilen sind allerdings auch unter bestimmten Voraussetzungen Anordnungen gegenüber genehmigten Betrieben zulässig, die in der Sache die Genehmigung inhaltlich einschränken.

§ 5 Abs. 1 GastG

Gewerbetreibenden, die einer Erlaubnis bedürfen, können jederzeit Auflagen zum Schutze

1. der Gäste gegen Ausbeutung und gegen Gefahren für Leben, Gesundheit oder Sittlichkeit,
2. der im Betrieb Beschäftigten gegen Gefahren für Leben, Gesundheit oder Sittlichkeit oder
3. gegen schädliche Umwelteinwirkungen ... oder sonst gegen erhebliche Nachteile, Gefahren oder Belästigungen für die Bewohner des Betriebsgrundstücks oder der Nachbargrundstücke sowie der Allgemeinheit

erteilt werden.

Als gravierender Eingriff in die Berufsfreiheit ist ein repressives Verbot wirtschaftlicher Betätigung, bei der eine Ausnahmegenehmigung (**Befreiung/Dispens**) im Ermessen der zuständigen Behörde steht, nur selten normiert; diese Vorkehrung findet sich etwa im (Kriegs-) Waffen- (§ 6 KWKG) oder im Sprengstoffrecht und war bis Ende 1998 im Währungsrecht vorgesehen (§ 3 WährungsG).

§ 69h AWV

(1) Der Verkauf und die Ausfuhr von in Teil I Abschnitt A der Ausfuhrliste (Anlage AL) erfassten Gütern nach Simbabwe vom Wirtschaftsgebiet aus oder unter Benutzung eines Schiffes oder Luftfahrzeugs, das berechtigt ist, die Bundesflagge oder das Staatszugehörigkeitszeichen der Bundesrepublik Deutschland zu führen, ist verboten.

(2) Handels- und Vermittlungsgeschäfte in Bezug auf in Teil I Abschnitt A der Ausfuhrliste (Anlage AL) erfasste Güter, welche unmittelbar oder mittelbar für Personen, Organisationen oder Einrichtungen in Simbabwe oder zur Verwendung in Simbabwe bestimmt sind, sind untersagt.

(3) Die Absätze 1 und 2 gelten nicht für ausschließlich für humanitäre oder Schutzzwecke bestimmte nichtletale militärische Ausrüstung für die Programme der Vereinten Nationen, der Europäischen Union und der Europäischen Gemeinschaft zum Aufbau von Institutionen oder für Material, das für Krisenbewältigungsoperationen der Vereinten Nationen und der Europäischen Union bestimmt ist. Der Verkauf, die Ausfuhr und das Handels- und Vermittlungsgeschäft bedürfen in diesen Fällen der Genehmigung durch das Bundesamt für Wirtschaft und Ausfuhrkontrolle ...

Unmittelbare Wirtschaftslenkung erfolgt überdies durch staatliche Maßnahmen, die sich auf **Abschluss oder Inhalt** eines **Vertrags** beziehen: So gilt etwa ein **Kontrahierungszwang** für staatliche Stellen und Unternehmen vor allem im Bereich der Infrastruktur (Personenbeförderung, Energieversorgung), während bei privaten/privatisierten Unternehmen Abschlusspflichten allenfalls aus dem kartellrechtlichen Diskriminierungsverbot des § 20 GWB bzw. aus spezialgesetzlichen Regelungen (TKG, PostG) – oder über § 826 BGB – folgen können. Auf den Vertragsinhalt wurde vor allem im Banken-/Bausparkassen- und im Versicherungswesen dadurch eingewirkt, dass die mit Kunden vereinbarten Vertragsbedingungen behördlich kontrolliert und genehmigt werden; aufgrund EG-Rechts wurde diese Regelung jedoch 1994 aufgehoben (Änderung des VAG). Stets können Geschäftsbedingungen (AGB) aber noch gegen §§ 305 ff. BGB verstoßen. Insbesondere im Kommunikations- und Verkehrswesen findet sich eine vergleichbare Kontrolle betreffend **Preise/Tarife**.

Vertragsgestaltende Maßnahmen

§ 19 PostG

Entgelte, die ein Lizenznehmer auf einem Markt für lizenzpflichtige Postdienstleistungen erhebt, bedürfen der Genehmigung durch die Regulierungsbehörde, sofern der Lizenznehmer auf dem betreffenden Markt marktbeherrschend ist. Satz 1 gilt nicht für Entgelte solcher Beförderungsleistungen, die ab einer Mindesteinlieferungsmenge von 50 Briefsendungen angewendet werden.

§ 21 EnWG
(1) Die Bedingungen und Entgelte für den Netzzugang müssen angemessen, diskriminierungsfrei, transparent und dürfen nicht ungünstiger sein, als sie von den Betreibern der Energieversorgungsnetze in vergleichbaren Fällen für Leistungen innerhalb ihres Unternehmens oder gegenüber verbundenen oder assoziierten Unternehmen angewendet und tatsächlich oder kalkulatorisch in Rechnung gestellt werden.

(2) Die Entgelte werden auf der Grundlage der Kosten einer Betriebsführung, die denen eines effizienten und strukturell vergleichbaren Netzbetreibers entsprechen müssen, unter Berücksichtigung von Anreizen für eine effiziente Leistungserbringung und einer angemessenen, wettbewerbsfähigen und risikoangepassten Verzinsung des eingesetzten Kapitals gebildet, soweit in einer Rechtsverordnung nach § 24 nicht eine Abweichung von der kostenorientierten Entgeltbildung bestimmt ist. Soweit die Entgelte kostenorientiert gebildet werden, dürfen Kosten und Kostenbestandteile, die sich ihrem Umfang nach im Wettbewerb nicht einstellen würden, nicht berücksichtigt werden.

§ 12 Abs. 3 AEG
Ohne eine vorherige Genehmigung
1. der Beförderungsbedingungen im Schienenpersonenverkehr,
2. der Beförderungsentgelte im Schienenpersonennahverkehr

dürfen Eisenbahnverkehrsleistungen nach § 3 Abs. 1 Nr. 1 nicht erbracht werden. ... Die Genehmigungsbehörde kann auf die Befugnis zur Genehmigung verzichten.

Schließlich unterliegen im Außenwirtschaftsrecht auch je einzelne Verträge einem **Genehmigungserfordernis** und bleiben vor der Erteilung (schwebend) unwirksam.

§ 31 Abs. 1 AWG
Ein Rechtsgeschäft, das ohne die erforderliche Genehmigung vorgenommen wird, ist unwirksam. Es wird durch nachträgliche Genehmigung vom Zeitpunkt seiner Vornahme an wirksam. Durch die Rückwirkung werden Rechte Dritter, die vor der Genehmigung an dem Gegenstand des Rechtsgeschäfts begründet worden sind, nicht berührt.

In diesen Fällen handelt die Verwaltung wirtschaftslenkend in einem engeren Sinne, weniger zum Zwecke der Gefahrenabwehr als zur Durchsetzung spezifischer wirtschaftspolitischer Interessen.

6. Wirtschaftsförderung

6.1. Gegenstand und Abgrenzung

Die Förderung der Wirtschaft ist nicht nur eine besonders wichtige öffentliche (Gemeinschafts- und Staats-)Aufgabe, sondern sie zählt auch zum Kern kommunaler Selbstverwaltung.

Legitimität

Wirtschaftsüberwachungs- und -lenkungsrecht beschneiden als Teile der sog. **Eingriffsverwaltung** Rechte der am Wirtschaftsleben Beteiligten aus Gründen der öffentlichen Sicherheit und Ordnung bzw. solchen gesamtwirtschaftlicher oder sektorieller Art. Hingegen erweitert Wirtschaftsförderung Rechte Einzelner durch Gewährung von Leistungen oder Verschonung vor Belastungen (sog. **Leistungsverwaltung**). Im Mittelpunkt steht die Bemühung der öffentlichen Hand, Unternehmern Anreize für ein bestimmtes von ihnen erwartetes wirtschaftliches Verhalten zu geben. Allerdings sind Überschneidungen von Wirtschaftslenkungs- und –förderungsmaßnahmen denkbar, weil auch Lenkung Förderungsinstrumente einsetzen kann, andererseits Förderungen selektiv und daher Einzelnen gegenüber belastend wirken können.

6.2. Rechtliche Grundlagen

Wirtschaftsförderung wird in zahlreichen verfassungsrechtlichen und einfachgesetzlichen Bestimmungen angesprochen. So ist in Art. 74 Abs. 1 Nr. 17 GG von der Förderung der land- und forstwirtschaftlichen Erzeugung, in Art. 91 a Abs. 1 von der Verbesserung der regionalen Wirtschaftsstruktur sowie der Agrarstruktur die Rede, in Art. 91 b GG wird auf die Förderung der Forschung hingewiesen. Mittelbar kommt Wirtschaftsförderung im Teilziel »**Wirtschaftswachstum**« sowie im **Sozialstaats-** und im **Umweltschutzprinzip** zum Ausdruck. Daneben bekräftigen mehrere Landesverfassungen die **Förderung der Landwirtschaft** und des **Mittelstands**. Dementsprechend haben Bund und Länder diverse Gesetze erlassen, die insbesondere spezielle regionale und sektorale Wirtschaftsförderung näher ausgestalten.

Vor allem bei Leistungen gilt der **Vorbehalt des Gesetzes** nicht unbedingt; nach der Rechtsprechung reicht es aus, wenn auszuschüttende (Geld-)Mittel im jeweiligen Haushalt vorgesehen sind und ihre Gewährung/Verteilung im Einzelnen durch »Richtlinien« oder andere Verwaltungsvorschriften näher ausgestaltet ist. Hieraus ergibt sich dann kein Förderungsanspruch einzelner Personen (§ 3 Abs. 2 HGrG). Nur über einen Umweg, nämlich über den Grundsatz der Gleichbehandlung wesentlich gleicher Sachverhalte (Art. 3 Abs. 1 GG), können zu Unrecht von einer Leistungsgewährung ausgenommene Unternehmen dennoch

Kein »Totalvorbehalt« des Gesetzes

zu ihrem Ziel (der Einbeziehung in die Förderung) gelangen. Maßgeblich dafür ist die tatsächliche Verwaltungspraxis; sie kann freilich mit Wirkung für die Zukunft jederzeit geändert werden. Soweit und sobald allerdings Leistungsgesetze gelten, sind diese für Behörden bindend.

Wirtschaftsförderung wird maßgeblich durch **EG-Recht** geprägt. Während **Beihilferecht** i. e. S. die Gewährung von Subventionen der EG unter Einschaltung der Mitgliedstaaten betrifft, befasst sich das **Beihilfeaufsichtsrecht** mit der Kontrolle der Wirtschaftsförderung seitens der Mitgliedstaaten. Diese Materie ist gekennzeichnet durch das in Art. 87 Abs. 1 EGV verankerte prinzipielle **Beihilfeverbot**.

6.3. Typen von Fördermaßnahmen

Subventionen und andere Förderungsmaßnahmen

Leistende Maßnahmen sind finanzielle Anreize in Form von (Bar- oder Buch-)Geld, geldwerten Leistungen (»Zuwendungen«) – **Leistungssubventionen** – oder **Belastungsverschonungen**, die sich sofort günstig auf die Vermögenslage eines Unternehmens auswirken und dieses zu einem bestimmten Verhalten veranlassen sollen (z.B. Schaffung von Arbeitsplätzen). In beiden Fällen geht es um **Subventionen** bzw. »**Beihilfen**« (i. S. v. Art. 87 EGV). **Verhaltenseinwirkende Maßnahmen** setzen andere (allgemein) günstige Rahmenbedingungen, mit dem Ziel, (privat-)wirtschaftliches Handeln in die politisch gewünschte Richtung zu lenken.

§ 264 Abs. 7 StGB

Subvention im Sinne dieser Vorschrift ist

1. eine Leistung aus öffentlichen Mitteln nach Bundes- oder Landesrecht an Betriebe oder Unternehmen, die wenigstens zum Teil
   a) ohne marktmäßige Gegenleistung gewährt wird und
   b) der Förderung der Wirtschaft dienen soll;
2. eine Leistung aus öffentlichen Mitteln nach dem Recht der Europäischen Gemeinschaften, die wenigstens zum Teil ohne marktmäßige Gegenleistung gewährt wird.

Zur Klarstellung, dass »Zuwendungen« (§ 23 BHO) auch mit Rückwirkung rückgängig gemacht werden können, galten zunächst §§ 44, 44a BHO als Sonderregeln im Verhältnis zur allgemeinen Widerrufsvorschrift (§ 49 VwVfG); ihre Bedeutung hatten sie vor allem bei zweckwidriger Verwendung von Subventionen. 1998 wurden diese Bestimmungen in §§ 49, 49a VwVfG einbezogen.

Wirtschaftsförderung durch Leistungsgewährung hat viele **Formen**. Vielgestaltigkeit
Hierzu gehören unter anderem

- **verlorene Zuschüsse**, die vom Empfänger ein bestimmtes wirtschaftliches Handeln oder Unterlassen verlangen und nicht zurückgezahlt werden müssen;
- **Prämien** als klassischer Fall einer »Ex-Post-Subvention«, da sie aufgrund bereits abgeschlossener wirtschaftlicher Vorgänge an die zu unterstützenden Unternehmen gezahlt werden (z. B. Abwrack- oder Stilllegungsprämien);
- **Zinslose oder -günstige Darlehen** (z.B. durch die KfW), bei denen der Kreditnehmer einen Vorteil in Höhe der Differenz gegenüber marktüblichen Konditionen erhält;
- **Bürgschaften**, die den Subventionsgeber anhalten, für Verpflichtungen des Subventionsempfängers bei dessen Zahlungsunfähigkeit einzustehen; durch diese Sicherheit wird die Kreditwürdigkeit des Empfängers erhöht;
- **Ausfuhr-Garantien und -Bürgschaften** (»HERMES«-Deckungen), die den Bund als Subventionsgeber zum finanziellen Ausgleich bei der Verwirklichung spezifischer auslandsbezogener (politischer) Risiken des Empfängers (inländisches Unternehmen oder Bank) verpflichten;
- **Freistellungen von »Altlasten«**, bei denen der Subventionsgeber die Verantwortung dafür übernimmt, dass verseuchte (»belastete«) Bodenflächen oder Gewässer oder Anlagen einem Erwerber schadstofffrei zur Verfügung gestellt werden können, um Investitionshemmnisse zu vermindern;
- **Benutzervorteile**, die zu einem bestimmten wirtschaftlich günstigeren Verhalten berechtigen, wenn bestimmte Voraussetzungen erfüllt sind (längere Start- und Landezeiten für lärmarme Flugzeuge).

In einem weiteren Sinne erfolgen staatliche Leistungen auch bei

- **Naturalsubventionen** (Realförderung), bei denen ein Subventionsgeber Gegenstände zur Verfügung stellt, wobei dem Empfänger ein Vorteil gegenüber marktüblichen Bedingungen eingeräumt wird;
  Beispiele: verbilligte Überlassung von Gewerbe- und Industriegelände, von Gewerbehöfen, Industrie- und Technologieparks usw. mit dem Ziel der Ansiedlung von Wirtschaftsunternehmen, der Förderung von Existenzgründern, aus Gründen der Bestandspflege
- einer **Bevorzugung** bei der **Vergabe öffentlicher Aufträge**, wenn und soweit der Zuschlag unter Bedingungen erteilt wird, die bei Marktgegebenheiten nicht gelten würden, weil benachteiligte

Gruppen, der gewerbliche Mittelstand oder regionale Anbieter gefördert werden sollen;

∞ **Unternehmensbeteiligungen**, weil sie die Kreditwürdigkeit des geförderten Unternehmens erhöhen und das Verlustrisiko der Geschäftspartner mindern;

∞ **Verlustübernahmen**, die einen Subventionsgeber verpflichten, Verluste eines Unternehmens zu tragen, um dessen Fortexistenz zu sichern (Sanierung).

Belastungsverschonung kann ebenfalls unterschiedliche Gestalt annehmen. Zu unterschieden sind insbesondere

∞ **Steuervergünstigungen** (bzw. **-befreiungen**) als Verzicht des Staates auf Steuererträge, die haushaltsrechtlich zu Mindereinnahmen führen;

Beispiele: Sonderabschreibungen nach dem Fördergebietsgesetz 1997; Aufschub der Gewinnrealisierung bei Reinvestition nach §§ 6b und 6c EStG; Sonder- und Ansparabschreibungen zur Förderung kleiner und mittlerer Unternehmen

∞ **Gebührenvergünstigungen** als Verzicht des je berechtigten Verwaltungsträgers auf Gebührenerträge (mit der Folge von Mindereinnahmen);

Beispiel: Berücksichtigung umwelt- und rohstoffschonender Ziele bei der Gebührenbemessung nach § 14 Abs. 2 SächsKAG.

∞ **Beitragsvergünstigungen.**

Beispiel: (Teilweiser) Verzicht auf Erschließungsbeiträge nach §§ 127 ff. BauGB für Gewerbe-/Industriebetriebe im Interesse der Ansiedlung neuer Unternehmen.

Umfassende Unterstützungspflicht

Generell haben EG und Mitgliedstaaten, in Deutschland Bund, Länder und Kommunen, die wirtschafts-, finanz- und gesellschaftspolitischen Rahmenbedingungen so zu gestalten, dass die Wettbewerbs- und Leistungsfähigkeit der Wirtschaft auch ohne Gewährung öffentlicher (Geld-)Leistungen langfristig gesichert und die unternehmerische Entscheidungsfreiheit, Risikobereitschaft und Innovationsfähigkeit gestärkt werden. Um Wirtschaftsförderungsmöglichkeiten effektiver als bisher zu gestalten, also »Subventionsfallen« und »-dschungel« zu vermeiden, sind Verbesserungen nötig, vor allem:

∞ **Zeitgerechte Förderung:** etwa durch stärkere Konzentration der Wirtschaftsförderungszuständigkeiten in einer Hand, raschere Entscheidungen über Subventionsanträge und allgemein einfachere Subventionsverfahren.

∞ **Förderung durch Informationen:** Unternehmer sollten umfassende Möglichkeiten haben, sich über die breite Palette von Wirtschaftsförderungsinstrumenten zu unterrichten, auch im Hinblick auf Chancengleichheit im Wirtschaftswettbewerb und als Ausfluss des Grundrechtsschutzes durch Verfahren, da ohne solche informatorische Unterstützung die eigentlichen Adressaten von Förderungsmaßnahmen nicht zielgenau erreicht werden. Insoweit kommt der öffentlichen Hand eine Informationspflicht und -verantwortung zu, die sich nicht zuletzt auch in Beratungsdienstleistungen äußert.

Beispiele: Existenzgründungs-, Außenhandels-, Technologie-, Umwelt-, Messe-, öffentliche Auftrags-, Binnenmarktberatung.

7. Wirtschaftsverwaltungshandeln

Die Exekutive ist nicht darauf beschränkt, von dem ihr eingeräumten **Sonderrecht** – dem öffentlichen Recht – Gebrauch zu machen; auch Wirtschaftsverwaltungsbehörden müssen nicht immer hoheitlich und einseitig handeln, sie können sich zur Erfüllung der ihnen obliegenden Aufgaben vielmehr auch **privatrechtlicher Gestaltungsmittel** bedienen (sog. **Grundsatz der Wahlfreiheit**).

Zweistufige Rechtsverhältnisse

Darüber hinaus gibt es auch im Wirtschaftsverwaltungsrecht Fälle, bei denen Privatrecht und öffentliches Recht im Zusammenspiel und nebeneinander Anwendung finden, obwohl ein einheitlicher Lebenssachverhalt vorliegt. **Zweistufige Rechtsverhältnisse** bestehen aus zwei getrennten Verfahrensabschnitten, von denen der erste (die Frage des »ob«) stets dem öffentlichen Recht angehört, der zweite (die Frage des »wie«) jedoch entweder öffentlich-rechtlich oder auch privatrechtlich ausgestaltet sein kann.

... bei öffentlichen Einrichtungen

Nach den **Gemeindeordnungen** der Länder (etwa nach § 10 Abs. 3, 5 SächsGemO) sind ortsansässige Gewerbetreibende berechtigt, die **öffentlichen Einrichtungen der Gemeinde** nach gleichen Grundsätzen zu benutzen. Damit ist die Zulassung zur Benutzung dieser Einrichtung (z.B. hinsichtlich der Vergabe von Standplätzen auf Volksfesten) dem öffentlichen Recht zugewiesen, während die zweite Stufe – die Benutzung im Einzelnen – durch privatrechtlichen Vertrag geregelt werden kann.

Zweistufigkeit findet sich oft auch bei **Subventionen**. Diese können durch Verwaltungsakt vergeben werden, wobei sich an ein öffentlich-rechtliches Verfahren zur Bewilligung – und deren spätere Änderung/Aufhebung (erste Stufe) – ein privatrechtlicher Vertrag über die Abwicklung (zweite Stufe) in Form eines Darlehens- oder Bürgschaftsvertrages anschließt; zudem kann hier noch ein Dritter (Bank als Kreditgeber »im Auftrag« des Staates, d.h. als »Verwaltungshelfer«) eingeschaltet werden. Nach der **»Zweistufen«-Theorie** ist ein Streit um die Bewilligung/Rückforderung vor Verwaltungsgerichten auszutragen, während Streitigkeiten aus dem Vertrag eine Angelegenheit der ordentlichen Gerichte sind; in einigen Bereichen ist diese Unterscheidung gesetzlich vorgesehen, ansonsten aber für den Privaten eher ungünstig (Spaltung des Rechtswegs).

8. Wiederholungsfragen

1. Welche Bedeutung hat die Unterscheidung zwischen Aufgaben- und Befugnisnorm? Lösung S. 98
2. Welche Funktion haben Wirtschaftsinformationen? Lösung S. 98 ff.
3. Inwiefern überschneiden sich Wirtschaftslenkung und Wirtschaftsförderung? Lösung S. 122
4. Was bezwecken und worin unterscheiden sich Kontrollerlaubnis und Dispens? Lösung S. 123 f.
5. In welchen Bereichen und unter welchen Voraussetzungen darf die Verwaltung privatrechtlich handeln? Lösung S. 132

Weitere Querschnittsregelungen

1.	Datenschutz im Öffentlichen Wirtschaftsrecht	136
1.1.	Grundlagen	136
1.2.	Erhebung, Verarbeitung und Nutzung personenbezogener Daten	137
1.3.	Gewerbezentralregister	139
2.	Verstöße gegen Vorschriften des öffentlichen Wirtschaftsrechts und Sanktionierung	141
3.	Wiederholungsfragen	149

1. Datenschutz im Öffentlichen Wirtschaftsrecht

1.1. Grundlagen

Die zahlreichen, anlässlich von Gewerbeanzeigen, Zulassungsverfahren oder Überwachungsmaßnahmen anfallenden »personenbezogenen Daten« (i. S. v. § 3 Abs. 1 BDSG) unterliegen dem Schutz von Art. 2 Abs. 1 i. V. m. Art. 1 Abs. 1 GG, die das Grundrecht auf »**informationelle Selbstbestimmung**«, also die Befugnis des Einzelnen, grundsätzlich selbst über die Preisgabe und Verwendung seiner persönlichen Daten zu bestimmen, gewährleisten. Daher müssen auch im öffentlichen Wirtschaftsrecht nähere Regelungen über »Erhebung«, »Verarbeitung« und »Nutzung« (vgl. § 3 Abs. 3-5 BDSG) personenbezogener Daten getroffen werden, die die umfassenden Vorgaben des BVerfG aus dem »Volkszählungsurteil« vom Dezember 1983 an einen zweckgebundenen, transparenten und verhältnismäßigen Umgang mit diesen Informationen erfüllen.

Bedeutung des Datenschutzes für das öffentliche Wirtschaftsrecht

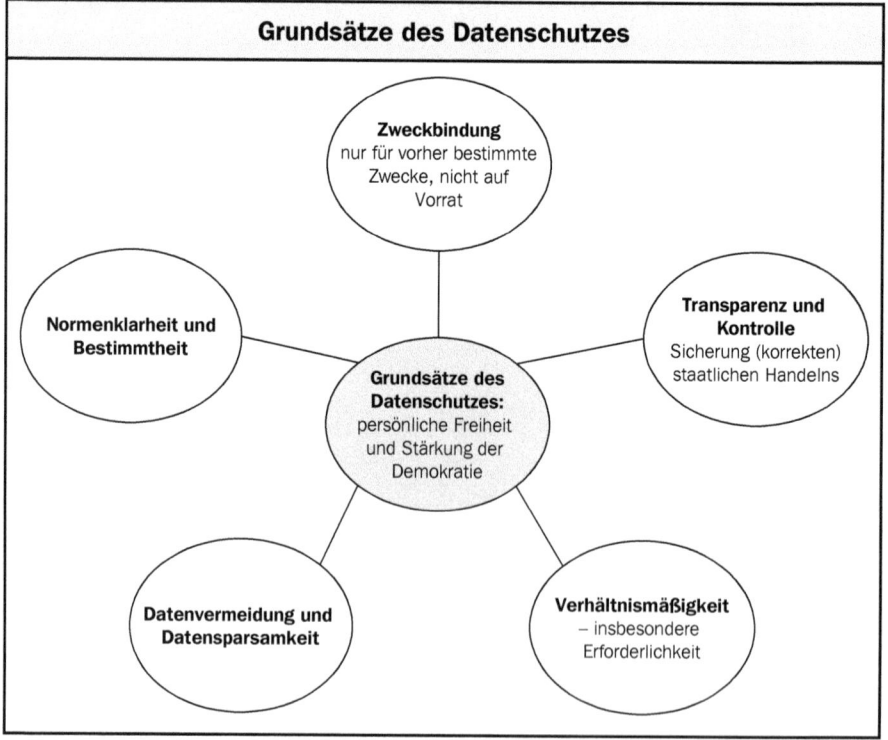

1.2. Erhebung, Verarbeitung und Nutzung personenbezogener Daten

In Umsetzung der verfassungsrechtlichen Vorgaben enthält § 11 GewO eine **spezielle datenschutzrechtliche Grundsatzregelung**, die durch Detailregelungen in § 14 (Anzeigepflicht für das stehende Gewerbe, daneben § 55c für das Reisegewerbe) ergänzt wird. Die Regelung wurde (erst) 1994 in die GewO eingefügt und gilt für das gesamte Gewerberecht vorrangig vor allgemeinen datenschutzrechtlichen Normierungen, soweit sie nicht selbst auf andere Vorschriften verweist.

Bereichsspezifische Regelung

§ 11 GewO

(1) Die zuständige öffentliche Stelle darf personenbezogene Daten des Gewerbetreibenden und solcher Personen, auf die es für die Entscheidung ankommt, erheben, soweit die Daten zur Beurteilung der Zuverlässigkeit und der übrigen Berufszulassungs- und -ausübungskriterien bei der Durchführung gewerberechtlicher Vorschriften und Verfahren erforderlich sind. Erforderlich können insbesondere auch Daten sein aus bereits abgeschlossenen oder sonst anhängigen

1. gewerberechtlichen Verfahren, Straf- oder Bußgeldverfahren,
2. Insolvenzverfahren,
3. steuer- und sozialversicherungsrechtlichen Verfahren oder
4. ausländer- und arbeitserlaubnisrechtlichen Verfahren.

Die Datenerhebung unterbleibt, soweit besondere gesetzliche Verwendungsregelungen entgegenstehen. ….

(2) Die für Zwecke des Abs. 1 erforderlichen Daten sind beim Betroffenen zu erheben. Ohne seine Mitwirkung dürfen sie nur erhoben werden, wenn

1. die Entscheidung eine Erhebung bei anderen Personen oder Stellen erforderlich macht oder
2. die Erhebung beim Betroffenen einen unverhältnismäßigen Aufwand erfordern würde

und keine Anhaltspunkte dafür bestehen, daß überwiegende schutzwürdige Interessen des Betroffenen beeinträchtigt werden. In den Fällen des Satzes 2 sind nicht-öffentliche Stellen verpflichtet, die Daten zu übermitteln, es sei denn, daß besondere gesetzliche Regelungen der Übermittlung entgegenstehen; die Verpflichtung zur Wahrung gesetzlicher Geheimhaltungspflichten oder von Berufs- oder besonderen Amtsgeheimnissen, die nicht auf gesetzlicher Vorschrift beruhen, bleibt unberührt. ...

(4) Die nach den Abs. 1 und 3 erhobenen Daten dürfen nur für Zwecke des Abs. 1 gespeichert oder genutzt werden.

(5) Öffentliche Stellen, die an gewerberechtlichen Verfahren nach Abs. 1 Satz 1 auf Grund des Abs. 1 Satz 2, des § 35 Abs. 4 oder einer anderen gesetzlichen Vorschrift beteiligt waren, können über das Ergebnis informiert werden, soweit dies zur Erfüllung ihrer Aufgaben erforderlich ist. Diese und andere öffentliche Stellen sind zu informieren, wenn auf Grund einer Entscheidung bestimmte Rechtsfolgen eingetreten sind und die Kenntnis der Daten aus der Sicht der übermittelnden Stelle für die Verwirklichung der Rechtsfolgen erforderlich ist. Der Empfänger darf die übermittelten Daten nur für den Zweck verarbeiten oder nutzen, zu dessen Erfüllung sie ihm übermittelt werden oder hätten übermittelt werden dürfen. Für die Weitergabe von Daten innerhalb der zuständigen öffentlichen Stelle gelten die Übermittlungsregelungen der Sätze 1 bis 4 entsprechend.

(6) Für das Verändern, Sperren oder Löschen der nach den Abs. 1 und 3 erhobenen Daten sowie die Übermittlung der Daten nach Abs. 1 für andere als die in Abs. 5 genannten Zwecke gelten die Datenschutzgesetze der Länder.

Ziel des gewerberechtlichen Datenschutzes ist die Ausbalancierung der berechtigten Interessen des Gewerbetreibenden (Gewerbefreiheit) einer-, der Allgemeinheit (Überwachung im Interesse des Gemeinwohls) andererseits.

... für Gewerbe allgemein und für Handwerk

Die Übermittlung von Daten ist in § 11 Abs. 5 abschließend normiert (»informationelle Gewaltenteilung«). Abs. 5 wird durch § 14 Abs. 5-10 GewO ergänzt. Dort sind umfangreiche Regelungen in Bezug auf Zulässigkeit, Voraussetzungen, empfangsberechtigte Behörden sowie Inhalt von Datenübermittlungen getroffen; insbesondere werden die regelmäßig stattfindenden Übermittlungen bei Gewerbeanzeigen an Industrie- und Handels- sowie Handwerkskammern, Immissionsschutzbehörden, die Bundesagentur für Arbeit und andere Stellen auf eine rechtliche Grundlage gestellt, aber auch Weitergaben im Einzelfall erfasst. Gem. § 35 Abs. 4 S. 2 GewO, dürfen bei der Anhörung von Aufsichtsbehörden, der IHK oder eines Prüfungsverbandes in Untersagungsverfahren wegen Unzuverlässigkeit nur die zur Abgabe einer Stellungnahme erforderlichen Unterlagen übersandt werden, nicht (mehr) der gesamte Vorgang. Für »Verändern«, »Sperren« oder »Löschen« der erhobenen Daten gelten nach §§ 11 Abs. 6, 14 Abs. 11 GewO die Datenschutzgesetze der Länder, also z.B. §§ 19-21 SächsDSG.

Eine spezielle Regelung zur Speicherung personenbezogener Daten im **Handwerksrecht** enthält Anlage D zur HwO; die Übermittlung von Daten aus der Handwerksrolle regelt § 6 Abs. 2-5 HwO, der durch § 17 Abs. 1 S. 2 HwO ergänzt wird.

1.3. Gewerbezentralregister

Das in §§ 149 ff. GewO geregelte Gewerbezentralregister dient der Bekämpfung der Wirtschaftskriminalität im gewerblichen Bereich und dem Schutz der Allgemeinheit vor unzuverlässigen Gewerbetreibenden. Die Einrichtung des besonderen Registers wurde notwendig, als die Eintragung gewerberechtlicher Verstöße in das Bundeszentralregister entfiel, weil die entsprechenden Tatbestände der GewO von Straftaten in Ordnungswidrigkeiten umgewandelt wurden. Für Versagung und Entziehung einer Erlaubnis oder die Untersagung eines Gewerbes sind diese Informationen jedoch wichtig; ihre zentrale Registrierung verhindert, dass Gewerbetreibende durch Ortswechsel die Verfolgung der Zielsetzungen der GewO unterlaufen können.

Funktionen

§ 149 GewO

(1) Das Bundesamt für Justiz (Registerbehörde) führt ein Gewerbezentralregister.

(2) In das Register sind einzutragen

1. die vollziehbaren und die nicht mehr anfechtbaren Entscheidungen einer Verwaltungsbehörde, durch die wegen Unzuverlässigkeit oder Ungeeignetheit

    a) ein Antrag auf Zulassung ... zu einem Gewerbe oder einer sonstigen wirtschaftlichen Unternehmung abgelehnt oder eine erteilte Zulassung zurückgenommen oder widerrufen,

    b) die Ausübung eines Gewerbes, die Tätigkeit als Vertretungsberechtigter einer Gewerbetreibenden oder als mit der Leitung eines Gewerbebetriebes beauftragte Person oder der Betrieb oder die Leitung einer sonstigen wirtschaftlichen Unternehmung untersagt, ...

    d) im Rahmen eines Gewerbebetriebes oder einer sonstigen wirtschaftlichen Unternehmung die Befugnis zur Einstellung oder Ausbildung von Auszubildenden entzogen oder die Beschäftigung, Beaufsichtigung, Anweisung oder Ausbildung von Kindern und Jugendlichen verboten wird,

2. Verzichte auf eine Zulassung zu einem Gewerbe oder einer sonstigen wirtschaftlichen Unternehmung während eines Rücknahme- oder Widerrufsverfahrens,

3. rechtskräftige Bußgeldentscheidungen, insbesondere auch solche wegen einer Steuerordnungswidrigkeit, die

    a) bei oder in Zusammenhang mit der Ausübung eines Gewerbes oder dem Betrieb einer sonstigen wirtschaftlichen Unternehmung oder

b) bei der Tätigkeit in einem Gewerbe oder einer sonstigen wirtschaftlichen Unternehmung von einem Vertreter oder Beauftragten im Sinne des § 9 des Gesetzes über Ordnungswidrigkeiten oder von einer Person, die in einer Rechtsvorschrift ausdrücklich als Verantwortlicher bezeichnet ist, begangen worden ist, wenn die Geldbuße mehr als 200 Euro beträgt,
4. rechtskräftige strafgerichtliche Verurteilungen wegen einer Straftat nach den §§ 10 und 11 des Schwarzarbeitsbekämpfungsgesetzes, nach den §§ 15 und 15a des Arbeitnehmerüberlassungsgesetzes oder nach § 266a Abs. 1, 2 und 4 des Strafgesetzbuches, die bei oder im Zusammenhang mit der Ausübung eines Gewerbes oder dem Betrieb einer sonstigen wirtschaftlichen Unternehmung begangen worden ist, wenn auf Freiheitsstrafe von mehr als drei Monaten oder Geldstrafe von mehr als 90 Tagessätzen erkannt worden ist. ....

Das Gewerbezentralregister wird (nunmehr) als selbstständiges Register vom Bundesamt für Justiz geführt (§ 149 Abs. 1 GewO). Maßnahmen der Registerbehörde sind Justizverwaltungsakte (vgl. §§ 23 ff. EGGVG). Im Register werden nicht sämtliche Gewerbetreibende erfasst, sondern nur deren gewerberechtliche Verstöße, vor allem vollziehbare und nicht mehr anfechtbare Verweigerungen und Aufhebungen von Zulassungen sowie Gewerbeuntersagungen und ähnliche Verwaltungsentscheidungen aufgrund von Unzuverlässigkeit oder Ungeeignetheit, ferner rechtskräftige Bußgeldentscheidungen wegen Ordnungswidrigkeiten, die bei oder im Zusammenhang mit der Ausübung eines Gewerbes begangen worden sind, sowie entsprechende strafgerichtliche Verurteilungen (Abs. 2).

Behörden und Gerichte sind verpflichtet, von sich aus dem Gewerbezentralregister die einzutragenden Informationen mitzuteilen, § 153a GewO. Auskünfte werden nach § 150 GewO auf Antrag an den Betroffenen und unter den Voraussetzungen des § 150a an bestimmte Behörden bzw. des § 150b zu Zwecken wissenschaftlicher Forschung erteilt. §§ 152, 153 GewO regeln die Möglichkeiten der Entfernung von Verwaltungsentscheidungen (bei Entfallen oder Änderung der Grundlagen der Eintragung) sowie der Tilgung von Bußgeldentscheidungen und strafgerichtlichen Verurteilungen (nach Ablauf bestimmter Fristen).

2. Verstöße gegen Vorschriften des öffentlichen Wirtschaftsrechts und Sanktionierung

Verletzt eine Person gesetzliche Bestimmungen oder behördliche Anordnungen, so können sich aus diesem **Fehlverhalten** unterschiedliche Folgen für sie ergeben. Deren Art und Ausmaß hängen vor allem davon ab, ob der Verstoß schuldhaft, d.h. vorsätzlich oder fahrlässig erfolgt ist oder nicht. Strafen und auch Geldbußen dürfen nur verhängt werden, wenn schuldhaftes Handeln oder Unterlassen vorliegt; das Prinzip »nulla poena sine lege« gründet letztlich in der (je)dem Menschen zukommenden Würde.

Schuldprinzip

§ 46 Abs. 1 StGB
Die Schuld des Täters ist Grundlage für die Zumessung der Strafe.

Verwaltungs- oder privatrechtliche **Sanktionen** hingegen können auch lediglich dazu dienen, einer bestimmten Person die finanziellen Konsequenzen ihrer Zuwiderhandlung aufzubürden, indem sie ihr einen ungerechtfertigten Vermögensvorteil wieder entziehen oder ihr das Risiko (des Fehlschlags) eines Verhaltens (endgültig) zuweisen, weil ihr andernfalls auch der Ertrag hieraus zustehen würde.

§ 49a Abs. 1 VwVfG
Soweit ein Verwaltungsakt mit Wirkung für die Vergangenheit zurückgenommen oder widerrufen worden oder infolge Eintritts einer auflösenden Bedingung unwirksam geworden ist, sind bereits erbrachte Leistungen zu erstatten. ...

§ 44 Abs. 1 TKG
Ein Unternehmen, das gegen dieses Gesetz, eine auf Grund dieses Gesetzes erlassene Rechtsverordnung ... oder eine Verfügung der Regulierungsbehörde verstößt, ist dem Betroffenen zur Beseitigung und bei Wiederholungsgefahr zur Unterlassung verpflichtet. ... Betroffen ist, wer als Endverbraucher oder Wettbewerber durch den Verstoß beeinträchtigt ist. ...

Schadensersatz hingegen kann ein Opfer in der Regel nur im Hinblick auf ein **vorwerfbares Fehlverhalten** einer anderen Person fordern.

Haftungsregeln

§ 38 PostG

Wer vorsätzlich oder fahrlässig gegen dieses Gesetz, eine auf Grund dieses Gesetzes erlassene Rechtsverordnung, eine mit einer Lizenz verbundene Auflage oder eine sonstige Anordnung der Regulierungsbehörde verstößt, ist, sofern die Rechtsvorschrift, die Auflage oder die Anordnung den Schutz eines anderen bezweckt, diesem zum Ersatz des durch den Verstoß entstandenen Schadens verpflichtet.

Allerdings trifft bei Personen- und Sachschäden, die aus dem »**Fehler**« (§ 3 ProdHaftG) eines »**Produkts**« (§ 2) herrühren, den »**Hersteller**« (§ 4) eine prinzipielle verschuldensunabhängige – allerdings summenmäßig beschränkte – **Haftung** (§ 1 Abs. 1 i. V. m. §§ 7 ff.), und ihm obliegt auch der Nachweis, dass zu seinen Gunsten Ausnahmen von der Ersatzpflicht nach § 1 Abs. 2 oder Abs. 3 ProdHaftG eingreifen. Soweit ein Schaden nicht durch höhere Gewalt verursacht wurde (§ 4 UmweltHG), ist ferner der Inhaber bestimmter (wirtschaftlich bedeutsamer) »**Anlagen**« (§ 3 Abs. 2, 3), von der die betreffenden »**Umwelteinwirkungen**« (§ 3 Abs. 1) ausgegangen sind, auch ohne Verschulden wiederum nur eingeschränkt ersatzpflichtig (§ 1 Abs. 1 i. V. m. §§ 5, 12 ff.). Eine Vermutung (zugunsten des Geschädigten), dass der Schaden aus dem Betrieb dieser Anlage entstanden sei (§ 6 Abs. 1), gilt aber nur, wenn der Betrieb nicht »bestimmungsgemäß« erfolgte (§ 6 Abs. 2 - 4 UmweltHG).

Ahndung von sozialschädlichem Verhalten

Bei gravierenden Verstößen gegen Regelungen des Öffentlichen Wirtschaftsrechts droht schuldhaft zuwiderhandelnden (natürlichen) Personen entweder eine **Kriminalstrafe** im Hinblick auf eine Straftat oder – bei »nur« sozialschädlichem Fehlverhalten – ein **Bußgeld** wegen einer Ordnungswidrigkeit. Bereits im Kernbereich der einschlägigen Vorschriften – d.h. dem Strafgesetzbuch (StGB) einer-, dem Ordnungswidrigkeitengesetz (OWiG) anderseits – werden auch Wirtschaftsdelikte erfasst. Nur selten werden hier aber ausschließlich oder doch primär gerade für Unternehmer bzw. Arbeitgeber typische Unrechtshandlungen adressiert.

§ 266a Abs. 1 StGB

Wer als Arbeitgeber der Einzugsstelle Beiträge des Arbeitnehmers zur Sozialversicherung einschließlich der Arbeitsförderung, unabhängig davon, ob Arbeitsentgelt gezahlt wird, vorenthält, wird mit Freiheitsstrafe bis zu fünf Jahren oder mit Geldstrafe bestraft. ...

§ 130 OWiG

(1) Wer als Inhaber eines Betriebes oder Unternehmens vorsätzlich oder fahrlässig die Aufsichtsmaßnahmen unterläßt, die erforderlich

sind, um in dem Betrieb oder Unternehmen Zuwiderhandlungen gegen Pflichten zu verhindern, die den Inhaber als solchen treffen und deren Verletzung mit Strafe oder Geldbuße bedroht ist, handelt ordnungswidrig, wenn eine solche Zuwiderhandlung begangen wird, die durch gehörige Aufsicht verhindert oder wesentlich erschwert worden wäre. Zu den erforderlichen Aufsichtsmaßnahmen gehören auch die Bestellung, sorgfältige Auswahl und Überwachung von Aufsichtspersonen.

(2) Betrieb oder Unternehmen im Sinne des Abs. 1 ist auch das öffentliche Unternehmen. ...

Zumeist werden hingegen generell gegen fremdes Eigentum oder Vermögen gerichtete oder allgemeine Standards des Rechtsverkehrs missachtende Verhaltensweisen mit Straf- oder doch Bußgeld-Sanktionen geahndet.

§ 242 Abs. 1 StGB

Wer eine fremde bewegliche Sache einem anderen in der Absicht wegnimmt, die Sache sich oder einem Dritten rechtswidrig zuzueignen, wird mit Freiheitsstrafe bis zu fünf Jahren oder mit Geldstrafe bestraft. ...

§ 263 Abs. 1 StGB

Wer in der Absicht, sich oder einem Dritten einen rechtswidrigen Vermögensvorteil zu verschaffen, das Vermögen eines anderen dadurch beschädigt, daß er durch Vorspiegelung falscher oder durch Entstellung oder Unterdrückung wahrer Tatsachen einen Irrtum erregt oder unterhält, wird ... bestraft.

§ 117 OWiG

(1) Ordnungswidrig handelt, wer ohne berechtigten Anlaß oder in einem unzulässigen oder nach den Umständen vermeidbaren Ausmaß Lärm erregt, der geeignet ist, die Allgemeinheit oder die Nachbarschaft erheblich zu belästigen oder die Gesundheit eines anderen zu schädigen.

(2) Die Ordnungswidrigkeit kann mit einer Geldbuße bis zu fünftausend Euro geahndet werden, wenn die Handlung nicht nach anderen Vorschriften geahndet werden kann.

Das StGB, aber auch das OWiG erfassen keineswegs jegliches kriminelle oder sozialschädliche Verhalten, sondern nur einen mehr oder weniger großen **Kern**. Allerdings enthalten beide Gesetze neben solchen speziellen Regelungen über **typisches Unrecht** in einem »allgemeinen Teil« (§§ 1-79b StGB; §§ 1-34 OWiG) auch Vorschriften, die auch für in anderen gesetzlichen Bestimmungen, dem sog. »Neben«-

System der Sanktionsregeln

Straf- bzw. -Ordnungswidrigkeitenrecht normiertes Fehlverhalten relevant sind. Das OWiG befasst sich zudem in seinem zweiten Teil auch mit dem »Bußgeldverfahren« (§§ 35-110).

Regelungen des »Neben«-Straf-, vor allem aber des Ordnungswidrigkeitenrechts finden sich meist in einem eigenen Abschnitt (»Straf- und Bußgeldvorschriften«) von Gesetzen des Öffentlichen Wirtschaftsrechts.

§ 144 GewO

(1) Ordnungswidrig handelt, wer vorsätzlich oder fahrlässig

1. ohne die erforderliche Erlaubnis

   b) nach § 30 Abs. 1 eine dort bezeichnete (Privatkranken-)Anstalt betreibt, ...

   e) nach § 34 Abs. 1 Satz 1 das Geschäft eines Pfandleihers oder Pfandvermittlers betreibt ...

(4) Die Ordnungswidrigkeit kann in den Fällen des Abs. 1 Nr. 1 Buchstabe a bis h ... mit einer Geldbuße bis fünftausend Euro ... geahndet werden.

§ 148 GewO

Mit Freiheitsstrafe bis zu einem Jahr oder mit Geldstrafe wird bestraft, wer

1. eine in § 144 Abs. 1 ... bezeichnete Zuwiderhandlung beharrlich wiederholt oder

2. durch eine in § 144 Abs. 1 Nr. 1 Buchstabe b ... bezeichnete Zuwiderhandlung Leben oder Gesundheit eines anderen oder fremde Sachen von bedeutendem Wert gefährdet.

Ergänzung durch StGB und OWiG

Dabei müssen aber zur Vervollständigung solcher Vorschriften die **allgemeinen Regeln** ergänzend herangezogen werden. So gilt für § 144 GewO, weil nichts Anderes bestimmt ist, dass gem. § 5 OWiG nur im Inland begangene Handlungen (oder gleich gestellte Unterlassungen, § 8 OWiG) geahndet werden können und der ebenfalls erforderliche (Schuld-)Vorwurf (§ 1 OWiG) nur **natürliche Personen** treffen kann, die das 14. Lebensjahr vollendet haben (§ 12 Abs. 1 OWiG). Der Mindestbetrag der Geldbuße beträgt hier 5 € (§ 17 Abs. 1 OWiG); fahrlässiges Handeln ist milder zu ahnden als vorsätzliches (§ 17 Abs. 2). Reicht das gesetzliche Höchstmaß nicht aus, um den wirtschaftlichen Vorteil zu beseitigen, den ein Täter aus der Ordnungswidrigkeit gezogen hat, kann dieses überschritten werden (§ 17 Abs. 4 OWiG). Anders als Strafen, die sich nur an Menschen richten, können **Geldbußen** auch gegenüber **juristischen Personen** oder Personenvereinigungen verhängt werden.

§ 30 Abs. 1 OWiG

Hat jemand

1. als vertretungsberechtigtes Organ einer juristischen Person oder als Mitglied eines solchen Organs, ...

3. als vertretungsberechtigter Gesellschafter einer rechtsfähigen Personengesellschaft,

4. als Generalbevollmächtigter oder in leitender Stellung als Prokurist oder Handlungsbevollmächtigter einer juristischen Person oder ... Personenvereinigung oder

5. als sonstige Person, die für die Leitung des Betriebs oder Unternehmens einer juristischen Person oder ... Personenvereinigung verantwortlich handelt, ...

eine Straftat oder Ordnungswidrigkeit begangen, durch die Pflichten, welche die juristische Person oder die Personenvereinigung treffen, verletzt worden sind oder die juristische Person oder die Personenvereinigung bereichert worden ist oder werden sollte, so kann gegen diese eine Geldbuße festgesetzt werden. ...

Die Verletzung gewerberechtlicher Vorschriften nach § 148 GewO ist nur strafbar, wenn der Täter oder Teilnehmer (§§ 25 ff. StGB) **vorsätzlich** gehandelt hat, denn fahrlässiges Handeln ist nicht, wie es nach § 15 StGB erforderlich wäre, ebenfalls ausdrücklich mit Strafe bedroht. Strafbar ist auch nur die **Vollendung**, nicht schon der Versuch (§ 23 Abs. 1 StGB), denn § 148 GewO enthält nur einen »Vergehens«- (§ 12 Abs. 2), nicht einen »Verbrechens«-Tatbestand (§ 12 Abs. 1 StGB), weil als (allgemeines) Mindestmaß der **Freiheitsstrafe** ein Monat vorgesehen ist (§ 38 Abs. 2 StGB). Für die alternativ mögliche **Geldstrafe** ergeben sich Mindest- und Höchstmaß ebenfalls aus dem StGB (§ 40).

Schuldformen

Weitere allgemeine Sanktionsvoraussetzungen

Ein mit Strafe oder Bußgeld bedrohtes Fehlverhalten kann neben diesen noch **weitere Rechtsfolgen** nach sich ziehen. Wirtschaft(srecht)lich bedeutsam und sowohl im StGB als auch im OWiG (§§ 22 ff.) vorgesehen sind vor allem **Verfall** und **Einziehung**.

Sonstige Rechtsfolgen

§ 73 StGB

(1) Ist eine rechtswidrige Tat begangen worden und hat der Täter oder Teilnehmer für die Tat oder aus ihr etwas erlangt, so ordnet das Gericht dessen Verfall an. Dies gilt nicht, soweit dem Verletzten aus der Tat ein Anspruch erwachsen ist, dessen Erfüllung dem Täter oder Teilnehmer den Wert des aus der Tat Erlangten entziehen würde. ...

(3) Der Verfall eines Gegenstandes wird auch angeordnet, wenn er einem Dritten gehört oder zusteht, der ihn für die Tat oder sonst in Kenntnis der Tatumstände gewährt hat.

§ 74 Abs. 1 StGB

Ist eine vorsätzliche Straftat begangen worden, so können Gegenstände, die durch sie hervorgebracht oder zu ihrer Begehung oder Vorbereitung gebraucht worden oder bestimmt gewesen sind, eingezogen werden. ...

Bei »Geld- und Wertzeichenfälschung« (§§ 146 ff. StGB) hat das Gericht kein Ermessen; vielmehr müssen das falsche (Bar-)Geld, die falschen oder entwerteten Wertzeichen oder Wertpapiere (§ 151) sowie die weiteren, in § 149 bezeichneten Fälschungsmittel eingezogen werden (§ 150 Abs. 2 StGB). Mit Rechtskraft der betreffenden gerichtlichen Entscheidung gehen das Eigentum an der Sache oder das verfallene/eingezogene Recht auf den Staat über (§§ 73e, 74e StGB). Soweit hiervon »redliche« Dritte betroffen sind, müssen sie für den Verlust angemessen in Geld entschädigt werden (§ 74f StGB); dies folgt letztlich aus der verfassungsrechtlichen (Wert-)Garantie des Eigentums (Art. 14 GG).

Die Maßregel des **Berufsverbots** ist lediglich bei kriminellem (Vor-) Verhalten zulässig.

§ 70 StGB

(1) Wird jemand wegen einer rechtswidrigen Tat, die er unter Mißbrauch seines Berufs oder Gewerbes oder unter grober Verletzung der mit ihnen verbundenen Pflichten begangen hat, verurteilt oder nur deshalb nicht verurteilt, weil seine Schuldunfähigkeit erwiesen oder nicht auszuschließen ist, so kann ihm das Gericht die Ausübung des Berufs, Berufszweiges, Gewerbes oder Gewerbezweiges für die Dauer von einem Jahr bis zu fünf Jahren verbieten, wenn die Gesamtwürdigung des Täters und der Tat die Gefahr erkennen läßt, daß er bei weiterer Ausübung des Berufs, Berufszweiges, Gewerbes oder Gewerbezweiges erhebliche rechtswidrige Taten der bezeichneten Art begehen wird. Das Berufsverbot kann für immer angeordnet werden, wenn zu erwarten ist, daß die gesetzliche Höchstfrist zur Abwehr der von dem Täter drohenden Gefahr nicht ausreicht. ...

(3) Solange das Verbot wirksam ist, darf der Täter den Beruf, den Berufszweig, das Gewerbe oder den Gewerbezweig auch nicht für einen anderen ausüben oder durch eine von seinen Weisungen abhängige Person für sich ausüben lassen.

Sie kann im Nachhinein auch zur **Bewährung** ausgesetzt (und für erledigt erklärt) werden (§§ 70a, 70 b StGB).

Strafen darf nur ein **Gericht** – durch Urteil auf der Grundlage einer mündlichen Hauptverhandlung (§ 260 StPO) oder in minder schweren

Fällen durch Strafbefehl im schriftlichen Verfahren (§ 407 StPO) – aussprechen. Voraussetzung dafür ist stets eine Anklage oder ein Antrag der Staatsanwaltschaft (als der Ermittlungs- und Vollstreckungsbehörde). Bei **Ordnungswidrigkeiten** ist hingegen sowohl für die Verfolgung als auch für die Ahndung regelmäßig eine (spezial)gesetzlich (§ 36 Abs. 1 Nr. 1) oder – andernfalls – eine allgemein (nach § 36 Abs. 1 Nr. 2, Abs. 2, 3 OWiG) bestimmte **Verwaltungsbehörde** zuständig.

§ 50 PostG
Verwaltungsbehörde im Sinne des § 36 Abs. 1 Nr. 1 des Gesetzes über Ordnungswidrigkeiten ist die Regulierungsbehörde.

§ 60 KWG
Verwaltungsbehörde im Sinne des § 36 Abs. 1 Nr. 1 des Gesetzes über Ordnungswidrigkeiten ist die Bundesanstalt (für Finanzdienstleistungsaufsicht).

SächsOWiZuVO, § 1
Die sachliche Zuständigkeit der Verwaltungsbehörden für die Verfolgung und Ahndung von Ordnungswidrigkeiten nach Bundesrecht bestimmt sich nach dieser Verordnung, soweit sie nicht durch Bundesrecht oder durch Landesgesetz geregelt ist.

SächsOWiZuVO, § 2
Für die Verfolgung und Ahndung von Ordnungswidrigkeiten nach Bundesrecht sind die Landratsämter und die Bürgermeisterämter der Kreisfreien Städte als untere Verwaltungsbehörden zuständig, soweit in dieser Verordnung nichts anderes bestimmt ist.

Neben dem allgemeinen Wettbewerbsrecht (§ 34 GWB) ermöglichen auch sektorspezifische Regelungen (§ 43 TKG, § 33 EnWG) eine zusätzliche »**Vorteilsabschöpfung**« durch die Regulierungsbehörde (Bundesnetzagentur).

§ 43 TKG
(1) Hat ein Unternehmen gegen eine Verfügung der Regulierungsbehörde nach § 42 Abs. 4 oder vorsätzlich oder fahrlässig gegen eine Vorschrift dieses Gesetzes verstoßen und dadurch einen wirtschaftlichen Vorteil erlangt, soll die Regulierungsbehörde die Abschöpfung des wirtschaftlichen Vorteils anordnen und dem Unternehmen die Zahlung eines entsprechenden Geldbetrags auferlegen.

(2) Abs. 1 gilt nicht, sofern der wirtschaftliche Vorteil durch Schadensersatzleistungen oder durch die Verhängung oder die Anordnung des Verfalls ausgeglichen ist. ...

(4) Die Höhe des wirtschaftlichen Vorteils kann geschätzt werden.

3. Wiederholungsfragen

1. Wie werden personenbezogene Daten im Gewerberecht geschützt? Lösung S. 137 f.
2. Welche Funktionen hat das Gewerbezentralregister? Lösung S. 139 f.
3. Welche Sanktionen können nur bei schuldhaftem Fehlverhalten getroffen werden? Lösung S. 141 ff.
4. Worin unterscheiden sich Einziehung und Verfall? Lösung S. 145 f.
5. Was bezweckt eine Vorteilsabschöpfung? Lösung S. 147

Besonderer Teil: Gewerberecht

1.	**Gewerbeordnung**	**152**
1.1.	Systematik und Zwecke	152
1.2.	Gewerbebegriff	153
1.3.	Gewerbefreiheit	157
1.4.	Gewerbearten	158
2.	**Besondere Bereiche**	**165**
2.1.	Gaststättenrecht	165
2.2.	Handwerksrecht	171
2.3.	Weitere Gewerbe im Überblick	177
3.	**Wiederholungsfragen**	**184**

1. Gewerbeordnung

1.1. Systematik und Zwecke

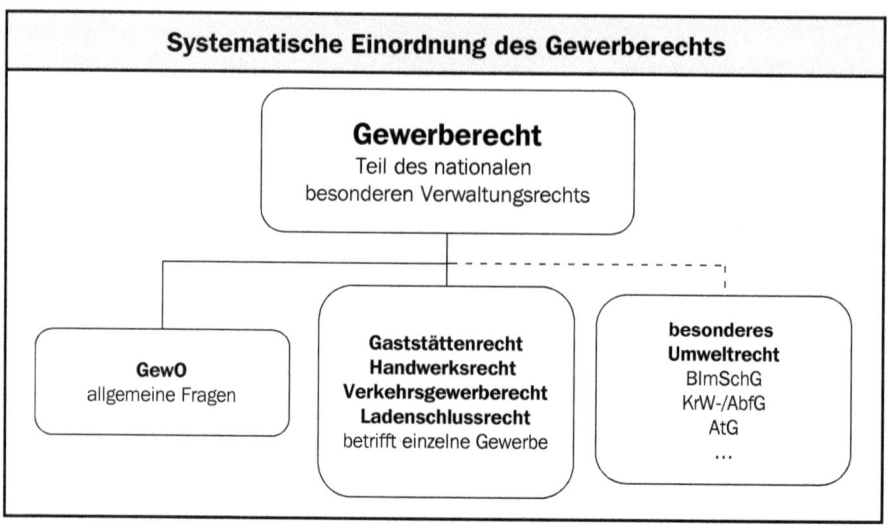

Struktur des Gewerberechts

Während das allgemeine Wirtschaftsverwaltungsrecht die für alle Wirtschaftszweige und jedes staatliche Handeln in diesem Bereich maßgeblichen Vorschriften und Grundsätze enthält, befasst sich dessen Besonderer Teil mit der Ordnung und Steuerung einzelner Wirtschaftszweige. Das nationale Gewerberecht lässt sich ebenfalls wieder in einen **allgemeinen** und einen **besonderen Teil** untergliedern. Allgemeine Fragen werden vor allem in der 1869 erlassenen GewO (dem »Grundgesetz« des Gewerberechts) behandelt. Im Unterschied zur Ursprungsfassung ist deren aktuelle Version jedoch nicht mehr auf eine umfassende Kodifikation angelegt. Vielmehr wurden zahlreiche Bestimmungen aus der GewO herausgenommen und spezialgesetzliche Neuregelungen getroffen. So gehören zum besonderen Gewerberecht die Vorschriften zu einzelnen Gewerbezweigen wie GastG oder HwO oder die verschiedenen Normierungen des Verkehrsgewerbes (PBefG, GüKG, AEG, LuftVG), aber auch Regelungen zu einzelnen Fragen der Gewerbeausübung wie z.B. im LSchlG. Daneben bestehen weitere spezielle Gewerbegesetze (KWG, VAG) sowie primär anders motivierte Regelungen, die aber wegen des Merkmals der gewerbsmäßigen Betätigung einen gewerberechtlichen Bezug haben (z.B. §§ 21 ff. WaffG). Zudem sind vielfältige Überschneidungen mit Materien des Umweltrechts (etwa Immissionsschutz-, Abfall- oder Atomrecht) gegeben, für die ebenfalls Sonderregelungen bestehen. Insbesondere betrifft dies (überwachungsbedürftige) gewerbliche Anlagen, die sich seit 1. April 1974 ausschließlich in §§ 4 ff. BImSchG findet (statt wie früher in §§ 16 ff. GewO a. F.).

Das Gewerberecht verfolgt primär **ordnungs-/polizeirechtliche Zwecke**. Seine Vorschriften sind durchweg von dem Gedanken geprägt, die Allgemeinheit oder bestimmte Personengruppen (Kunden, Beschäftigte, Nachbarn) vor den vom jeweiligen Gewerbebetrieb bzw. vom Gewerbetreibenden selbst ausgehenden **Gefahren** zu schützen. Das Gewerberecht ist daher in weiten Teilen ein Sonderordnungs- bzw. Wirtschaftsüberwachungsrecht, das der Aufrechterhaltung der öffentlichen Ordnung, Sicherheit, Gesundheit und »Sittlichkeit« dient und den allgemeinen landesrechtlichen Ermächtigungsgrundlagen für polizeiliches Handeln vorgeht. Mit einzelnen Vorschriften werden aber auch wirtschaftslenkende (z.B. § 13 Abs. 4 PBefG) oder ökologische Ziele (z.B. § 5 Abs. 1 Nr. 3 GastG, § 29b LuftVG) verfolgt.

Zielsetzungen

1.2. Gewerbebegriff

(1) Definitionen

Der Begriff des **Gewerbes** ist enger als der des **Berufes** i .S. v. Art. 12 GG, aber weder positiv noch negativ (vollständig) legal definiert. Die Vielfalt gewerblicher Tätigkeiten sowie die Notwendigkeit der Offenheit des Begriffs für ungewöhnliche Ausprägungen und zukünftige Entwicklungen lassen eine klare und abschließende Bestimmung kaum zu. »Gewerbe« bzw. »gewerbliche« oder »gewerbsmäßige« Betätigung spielen in verschiedenen Zusammenhängen und Rechtsgebieten eine Rolle (vgl. nur Art. 55 und 66 GG, § 15 Abs. 2 EStG, §§ 8 und 13 BauNVO, § 14 BGB, § 1 Abs. 2 HGB oder §§ 243, 260 ff., 284 StGB). Der Gewerbebegriff hat dabei ganz unterschiedliche Aufgaben zu erfüllen, so dass die für ein bestimmtes Gesetz passende Auslegung nicht ohne weiteres auf ein anderes übertragen werden kann. Dadurch bedingte Unsicherheiten bei der Rechtsanwendung entfallen nur, wenn für Teilbereiche eine genauere Bestimmung erfolgt ist (z.B. § 55 GewO für das Reisegewerbe, §§ 64 ff. GewO für das Messe-, Ausstellungs- und Marktwesen). Im Übrigen ist die Konkretisierung Aufgabe der Rechtsprechung.

Keine allgemeine Definition

Unterschieden werden dabei subjektive und objektive Merkmale, positive und negative Kriterien, die kumulativ vorliegen müssen. Die **subjektiven Merkmale** – »Gewerbsmäßigkeit« (*wie* wird eine Tätigkeit ausgeübt?) – betreffen die Absicht, Gewinne zu erzielen und die Tätig-

Positive und negative Abgrenzung

keit fortgesetzt auszuüben. Diese Merkmale können **positiv** festgestellt werden, ebenso wie das Erlaubtsein der Tätigkeit und die Selbstständigkeit des Gewerbetreibenden. »Gewerbsfähigkeit« – *welche* Tätigkeit wird ausgeübt? – wird dagegen **negativ** abgegrenzt, indem einige Arten von Tätigkeiten sowie »Bagatellfälle« vom Gewerbebegriff ausgenommen sind.

(2) Gewerbsmäßigkeit

Kriterien der Gewerbsmäßigkeit

Erlaubte Tätigkeit meint deren Vereinbarkeit mit der Rechtsordnung. Unerlaubte Tätigkeiten liegen bei genereller Abweichung vor, wenn Aktivitäten als solche verboten sind, nicht nur bestimmte Modalitäten oder Ausübungsformen. Dies ist der Fall, wenn Straf- oder andere Verbotsgesetze die Tätigkeit verbieten, ferner bei Sittenwidrigkeit, wobei die sozial-ethischen Wertvorstellungen der Rechtsgemeinschaft im Einzelfall schwer festzustellen und (Bsp. Prostitution) nicht auf Dauer konstant sind.

Für **Gewinnerzielungsabsicht** ist entscheidend, ob ein Gewinn angestrebt, nicht, ob ein solcher tatsächlich erwirtschaftet wird. Gewinn ist dabei ein unmittelbarer oder mittelbarer wirtschaftlicher Vorteil, der die Kosten der Tätigkeit übersteigt; es reicht also nicht aus, wenn nur Kostendeckung oder -minderung angestrebt wird. Für die Beurteilung kommt es auf eine Gesamtbetrachtung unter Berücksichtigung des Schutzzwecks der GewO an. Keine Rolle spielt die Verwendung des Gewinns. Im Gegensatz dazu steht bei Gemeinnützigkeit i. S. v. § 52 AO die unentgeltliche Förderung der Allgemeinheit im Vordergrund.

Das Merkmal der **selbstständigen Tätigkeit** ist nach dem Wortlaut des § 14 GewO nur für das stehende Gewerbe relevant, nicht aber für das Reisegewerbe nach §§ 55 ff. Selbstständig ist eine Tätigkeit im eigenen Namen und für eigene Rechnung, im Unterschied zur Stellvertretung (§ 45) und zu Gewerbegehilfen (§§ 41, 105 ff. GewO). Voraussetzungen sind persönliche Unabhängigkeit und die Möglichkeit, über Gestaltung der Tätigkeit und Zeiteinteilung frei zu verfügen; entscheidend ist letztlich, wer das **Unternehmerrisiko** trägt. Auch hier kommt es auf eine Würdigung aller Umstände des Einzelfalles an. Dass die Grenzen fließend sind, zeigt insbesondere das Handelsvertreterrecht (des HGB), das selbstständiges Handeln in fremdem Namen und auf fremde Rechnung kennt. Die Problematik der Abgrenzung wird dadurch verstärkt, wenn aus betriebswirtschaftlichen, sozialversicherungsrechtlichen oder sonstigen Gründen bestimmte Tätigkeiten »outgesourct« oder sonst neuartig gestaltet werden; »Scheinselbstständigkeit« ist dabei nur der Beginn einer Entwicklung, die mittlerweile für jegliche Tätigkeiten auf eigene Verantwortung setzt, ohne als Äquivalent ein Minimum an gesetzlicher und finanzieller Absicherung zu gewährleisten.

Fortgesetzt ist eine Tätigkeit, die nicht nur gelegentlich ausgeübt werden soll, sondern auf gewisse Dauer angelegt ist. Bei einmaligen Handlungen ist eine staatliche Überwachung i. d. R. nicht erforderlich. Die Tätigkeit kann auch mit Unterbrechungen erfolgen (z.B. Saisongeschäfte), sofern nur eine Fortsetzungsabsicht besteht.

(3) Gewerbsfähigkeit

Kein Gewerbe ist die **Urproduktion**, d.h. die planmäßige Nutzung der natürlichen Kräfte des Bodens zur Erzeugung von Pflanzen und Tieren einschließlich der Verwertung der selbst gewonnenen Naturerzeugnisse. Dazu zählen die in § 6 GewO aufgeführten Wirtschaftszweige: Fischerei, Bergbau und Viehzucht, ferner Ackerbau, Forstwirtschaft, Garten- und Weinbau, Jagd und Sammeln von Naturprodukten. Erfasst werden nicht nur die Gewinnung der Naturerzeugnisse, sondern auch die verkehrsübliche Be- und Verarbeitung (sog. erste Verarbeitungsstufe, z.B. Kellerbehandlung eigenen Weines, Dreschen eigenen Getreides) und der Verkauf der Produkte (z.B. selbst gebackenen Brotes); unschädlich ist der Zukauf von für den Betriebsablauf notwendigen Erzeugnissen. Wenn der Urproduktion ein gewerblicher Nebenbetrieb (sog. **Nebengewerbe**) angeschlossen ist, in dem selbst gewonnene Erzeugnisse zu verkaufsfertigen Produkten verarbeitet werden (z.B. Butterei), liegt kein Gewerbe vor, wenn der Betrieb »nebenher mitläuft« (sog. Direktvermarktung ab Hof), dem Hauptbetrieb dient, also untergeordnet ist sowie ein räumlicher Zusammenhang mit diesem besteht: Der Nebenbetrieb teilt dann das rechtliche Schicksal des Hauptbetriebs. Grund für die Sonderstellung der Urproduktion ist, dass sich die Gewinnung roher Naturerzeugnisse in der herkömmlichen Art und Weise erheblich von der eigentlichen gewerblichen Betätigung unterscheidet; Jahreszeiten, Witterung, Bodenverhältnisse usw. haben großen Einfluss auf die Erträge. Auch insoweit ist aber auf das Gesamtbild abzustellen und zu fragen, in welchen Fällen eine Privilegierung nicht mehr gerechtfertigt ist (z.B. Intensivtierhaltung auf Fremdfuttergrundlage oder Entstehen eines Gewerbebetriebs bei professionell betriebenem Hofladen).

Nicht-gewerbliche wirtschaftliche Betätigungen

Wissenschaftliche, künstlerische und **schriftstellerische Berufe** werden traditionell nicht als Gewerbe betrachtet. Art. 5 Abs. 3 GG sowie §§ 33a Abs. 1, 55 Abs. 1 GewO stützen die Einordnung dieser Tätigkeiten als »**frei**«. Jedoch ist eine Abgrenzung schwierig: Im Einzelfall können Kunst und Gewerbe zusammentreffen, etwa beim Kunsthandwerk, oder nach dem jeweiligen gesellschaftlichen Kontext unterschiedliche Maßstäbe gelten. Für das BVerfG ist etwa **wissenschaftliche Tätigkeit** alles, was »nach Inhalt und Form als ernsthafter, planmäßiger Versuch zur Ermittlung der Wahrheit anzusehen« ist, das BVerwG sieht Wissenschaft als »ernsthafte(s) Bemühen, das Gewußte mit dem Wißbaren in Übereinstimmung zu bringen«. **Künstlerische Tätigkeit** wird als »freie schöpferische Gestaltung, in der Eindrücke, Erfahrungen, Erlebnisse des Künstlers durch das Medium einer bestimmten Formensprache zu unmittelbarer Anschauung gebracht werden« oder als »eigenschöpferische Tätigkeit mit einer gewissen Gestaltungshöhe« verstanden. Je nach Schwerpunkt und Ziel der Betätigung kann somit z.B. bei Fotografen oder Trauerrednern Kunst oder Gewerbe vorliegen. Auch durch **Werbung** erzielte Einnahmen von Künstlern können zu ihren Einkünften aus künstlerischer Tätigkeit gehören.

Kein Gewerbe sind insbesondere **persönliche Dienstleistungen höherer Art** und **freie Berufe**. Nach traditionellem Verständnis handelt es sich hier um Tätigkeiten, für die eine höhere Bildung erforderlich ist und bei der die eigenverantwortliche, unmittelbare, persönliche und individuelle Tätigkeit auf der Grundlage berufsethischer Prinzipien (und nicht Gewinnstreben) im Vordergrund steht. Dazu gehören die in § 6 GewO erwähnten, üblicherweise nicht standardisierten Dienstleistungen von Apothekern, Erziehern, Rechtsanwälten, Notaren, Wirtschaftsprüfern, Steuerberatern, Ärzten und anderen Heilberufen. Für einige der genannten Berufe stellen Sondergesetze ausdrücklich fest, die ausgeübte Tätigkeit sei kein Gewerbe, sondern ein freier Beruf (z.B. § 2 Abs. 1 BRAO, § 1 Abs. 2 BÄrzteO). Anhaltspunkte zur Abgrenzung liefert auch das Steuerrecht (§ 18 Abs. 1 Nr. 1 EStG). § 1 Abs. 2 S. 1 Partnerschaftsgesellschaftsgesetz nimmt ebenfalls eine inhaltliche Definition vor. Die Voraussetzungen werden z.B. verneint bei der Ausübung der Heilkunde durch Heilpraktiker, da diese keine bestimmte Vorbildung benötigen. Bei Ärzten der Labormedizin kann es an dem Kriterium der Eigenverantwortlichkeit fehlen. Als höhere Bildung gilt heute auch Fachhochschulbildung. Die Freiberuflichkeit von **Apothekern** ist unter dem Blickwinkel der Verhältnismäßigkeit zu betrachten; angesichts des wachsenden gewerblichen Sortiments, zulässiger Werbemaßnahmen, der Beteiligung am Internet-Versandhandel und der Möglichkeit der Filialisierung wächst der Beruf immer mehr in eine Zwitterstellung, die auch in §§ 14 Abs. 2 und 35 Abs. 9 GewO zum Ausdruck kommt. Unklar ist auch die rechtliche Einordnung von diversen Beratungstätigkeiten, für die es kein einheitliches Berufsbild gibt. Umstritten ist, ob die Privilegierung der freien Berufe, für die keine Gewerbesteuerpflicht besteht (vgl. § 5 GewStG), die aber zumeist hohes Ansehen genießen, (noch) gerechtfertigt ist. Aus Gründen der Gleichbehandlung, aber auch zur Füllung leerer staatlicher Kassen wird über eine Umgestaltung diskutiert.

Die bloße **Verwaltung eigenen Vermögens** stellt ebenfalls kein Gewerbe dar, sondern ist, solange sie sich in angemessenem Rahmen bewegt, Ausfluss des **Eigentumsrechts**. Sie kann die Vermietung von Wohnungen oder die Anlage von Kapitalvermögen umfassen, wenn nicht allein damit der Unterhalt erworben wird oder in sonstiger Weise eine nach außen wirkende typisch gewerbliche Prägung entsteht.

Schließlich fehlt Gewerbsfähigkeit im Falle eines **öffentlich-rechtlichen Tätigkeitsmonopols**. Gemeint sind damit etwa das Rettungsdienst-, das Bestattungs- oder das (Ab-)Wasserver-/-entsorgungsmonopol (vgl. Art. 18 Abs. 1 BayRDG; Art. 7, 8 (Abs. 2) BayBestG; § 18a WHG, Art. 41b Abs. 1 BayWG). Hier kommen aber die Zusammenarbeit mit Gewerbetreibenden oder die Übertragung von Aufgaben an Private in Betracht, wie beispielsweise bei der Arbeitsvermittlung (vgl. §§ 35 ff., 291 ff. § SGB III). Auch dann ist es Pflicht des Staates, diese Bereiche weiter sachgerecht zu regeln und die ordnungsgemäße Ausübung zu überwachen.

1.3. Gewerbefreiheit

Ausgangspunkt und Grundlage aller gewerberechtlichen Regelungen ist der Grundsatz der **Gewerbefreiheit**.

§ 1 GewO

(1) Der Betrieb eines Gewerbes ist jedermann gestattet, soweit nicht durch dieses Gesetz Ausnahmen oder Beschränkungen vorgeschrieben oder zugelassen sind.

(2) Wer gegenwärtig zum Betrieb eines Gewerbes berechtigt ist, kann von demselben nicht deshalb ausgeschlossen werden, weil er den Erfordernissen dieses Gesetzes nicht genügt.

§ 3 GewO

Der gleichzeitige Betrieb verschiedener Gewerbe sowie desselben Gewerbes in mehreren Betriebs- oder Verkaufsstätten ist gestattet. Eine Beschränkung der Handwerker auf den Verkauf der selbst verfertigten Waren findet nicht statt.

Gewerbefreiheit verbürgt ein durchsetzbares **subjektiv-öffentliches Recht**, hat aber auch als **objektives Prinzip** für das Wirtschaftsrecht Bedeutung.

Nach der Gesetzessystematik spricht eine Vermutung für unreglementierte Gewerbetätigkeit; **Beschränkungen**, etwa in Form eines Zulas-

Sachlicher Anwendungsbereich

sungserfordernisses aus Gründen der **Gefahrenabwehr** (vgl. § 15 Abs. 2 GewO) bei der Aufnahme eines Gewerbes oder – als mildere Form – Anzeigepflichten (z.B. § 14 GewO), sind gesetzestechnisch die **Ausnahme** (kommen praktisch jedoch häufig vor). Derartige **präventive Kontrollerlaubnisse** stellen als gebundene Entscheidungen den Grundsatz der Gewerbefreiheit nicht in Frage. Gemeint ist mit »Gewerbefreiheit« (abgesehen von dem in § 1 Abs. 2 GewO geregelten Bestandsschutz) nur **Gewerbezulassungsfreiheit**, keine Freiheit von rechtlichen Bindungen bei der **Gewerbeausübung**; vielfältige Ermächtigungen in besonderen Gewerbe- oder allgemeinen polizei- und ordnungsrechtlichen Gesetzen begrenzen die Wirkung solcher Zulassungen. Dabei können insbesondere bau-, feuer-, straßen- und gesundheitspolizeiliche Gefahrenabwehrtatbestände (z.B. § 22 SächsBRKG, § 11 BSeuchG), aber auch feiertagsrechtliche, jugend-, verbraucher- bzw. umweltschützende Vorschriften (z.B. § 4 SächsSFG, § 4 JuSchG) zum Tragen kommen. **Außenwirtschaftsfreiheit** garantiert § 1 AWG.

Persönlicher Anwendungsbereich

Die Gewerbefreiheit gilt für **jedermann**, insbesondere auch für **juristische Personen**. Die öffentliche Hand kann erwerbswirtschaftlich tätig werden, sich aber insoweit nicht auf Gewerbefreiheit berufen. Die gewerbliche Betätigung von **Ausländern** ist ebenfalls stark eingeschränkt; für Staatsangehörige und Unternehmen aus anderen **EG-Staaten** besteht jedoch **Niederlassungs- und Dienstleistungsfreiheit** (Art. 43 ff., 49 ff. EGV).

1.4. Gewerbearten

(1) Übersicht

Die GewO unterscheidet **drei Arten** gewerblicher Betätigung: das **stehende Gewerbe** (Titel II, §§ 14 ff.), das **Reisegewerbe** (Titel III, §§ 55 ff.) und das **Messe-, Ausstellungs- und Marktgewerbe** (Titel IV, §§ 64 ff.). Die Einteilung ist historisch bedingt; moderne Formen der Dienstleistungs- und Internetwirtschaft sind mitunter schwer einzuordnen. **Grundtypus** ist das **stehende Gewerbe**. Die weiteren Regelungen haben ihren Grund darin, dass vom Reisegewerbe besondere Gefahren ausgehen können und verhindert werden müssen, das Messe-, Ausstellungs- und Marktgewerbe dagegen wegen seiner wirtschaftsbelebenden Funktion möglichst wenig eingeschränkt sein soll. Aufgrund der Qualifizierung als Regel-Ausnahme-Verhältnis wird das stehende Gewerbe negativ abgegrenzt und umfasst alle Betätigungen, die nicht Reise- oder Messe-, Ausstellungs- und Marktgewerbe sind.

Grund für Sonderregelungen

Für jede Art gelten eigene Bestimmungen, die nur bei ausdrücklicher gesetzlicher Anordnung auf eine andere übertragen werden können.

Titel I enthält **allgemeine Bestimmungen** für sämtliche Gewerbetreibenden. Erlaubnispflichtig sind im stehenden Gewerbe nur bestimmte Tätigkeiten, das Reisegewerbe dagegen steht generell unter Erlaubnisvorbehalt.

(2) Stehendes Gewerbe

Anzeigepflicht und Gewerbeuntersagung

Für den Beginn eines stehenden Gewerbes gilt nur ein Anzeigeerfordernis (§ 14 Abs. 1 GewO). Dies dient dem **Zweck**, der zuständigen Behörde die Überwachung der Gewerbeausübung sowie statistische Erhebungen nach Maßgabe der Abs. 5 bis 11 zu ermöglichen.

Weiterhin normiert

§ 14 GewO

(2) Abs. 1 gilt auch für den Handel mit Arzneimitteln, mit Losen von Lotterien und Ausspielungen sowie mit Bezugs- und Anteilscheinen auf solche Lose und für den Betrieb von Wettannahmestellen aller Art.

(3) Wer die Aufstellung von Automaten (Waren-, Leistungs- und Unterhaltungsautomaten jeder Art) als selbständiges Gewerbe betreibt, muß die Anzeige nach Abs. 1 allen Behörden erstatten, in deren Zuständigkeitsbereich Automaten aufgestellt werden.

Anzuzeigen sind nicht nur **Betriebsbeginn, -verlegung, -wechsel** und **-aufgabe**, sondern auch die Gründung von Zweigniederlassungen (zum Begriff § 42 GewO). Die Anzeigepflicht besteht unabhängig davon, ob eine besondere Zulassung nötig ist oder die zuständige Behörde auf andere Weise Kenntnis von den gewerblichen Aktivitäten erlangt hat. Bei Verletzung der Anzeigepflicht ist die Behörde befugt, den Gewerbetreibenden zur Anzeige aufzufordern. Der »**Gewerbeschein**« nach § 15 Abs. 1 GewO dient lediglich dem Nachweis der Anmeldung; er ist **keine Erlaubnis**.

Funktion des Gewerbescheins

Solange keine präventiven Eingriffs- bzw. Kontrollmöglichkeiten bestehen, hat die Behörde lediglich die Möglichkeit, bei Vorliegen der entsprechenden Tatbestandsvoraussetzungen die Ausübung des Gewerbes zu **untersagen**. Daher kann nach § 15 Abs. 2 S. 1 GewO bei einem Gewerbe, zu dessen Ausübung eine Zulassung erforderlich ist, die Fortsetzung des Betriebes von der zuständigen Behörde »verhindert« werden, wenn es **ohne** diese **Zulassung** betrieben wird. Die Vorschrift ermächtigt noch nicht zur Anwendung unmittelbaren Zwangs, sondern nur zum Erlass einer **Stilllegungsverfügung**; erst diese ist Grundlage für Vollstreckungsmaßnahmen. Bei der Ausübung des Ermessens muss die Behörde zwischen formeller und materieller Illegali-

Gewerbeuntersagung im engen und im weiteren Sinne

tät des Gewerbes unterscheiden; für eine sofortige Stilllegung muss beides gegeben sein.

Den wichtigsten Fall, die **Untersagung wegen Unzuverlässigkeit** des Gewerbetreibenden, regelt

§ 35 GewO

(1) Die Ausübung eines Gewerbes ist von der zuständigen Behörde ganz oder teilweise zu untersagen, wenn Tatsachen vorliegen, welche die Unzuverlässigkeit des Gewerbetreibenden oder einer mit der Leitung des Gewerbebetriebes beauftragten Person in bezug auf dieses Gewerbe dartun, sofern die Untersagung zum Schutze der Allgemeinheit oder der im Betrieb Beschäftigten erforderlich ist. Die Untersagung kann auch auf die Tätigkeit als Vertretungsberechtigter eines Gewerbetreibenden oder als mit der Leitung eines Gewerbebetriebes beauftragte Person sowie auf einzelne andere oder auf alle Gewerbe erstreckt werden, soweit die festgestellten Tatsachen die Annahme rechtfertigen, daß der Gewerbetreibende auch für diese Tätigkeiten oder Gewerbe unzuverlässig ist. Das Untersagungsverfahren kann fortgesetzt werden, auch wenn der Betrieb des Gewerbes während des Verfahrens aufgegeben wird. ...

(3) Will die Verwaltungsbehörde in dem Untersagungsverfahren einen Sachverhalt berücksichtigen, der Gegenstand der Urteilsfindung in einem Strafverfahren gegen einen Gewerbetreibenden gewesen ist, so kann sie zu dessen Nachteil von dem Inhalt des Urteils insoweit nicht abweichen, als es sich bezieht auf

1. die Feststellung des Sachverhalts,
2. die Beurteilung der Schuldfrage oder
3. die Beurteilung der Frage, ob er bei weiterer Ausübung des Gewerbes erhebliche rechtswidrige Taten im Sinne des § 70 des Strafgesetzbuches begehen wird und ob zur Abwehr dieser Gefahren die Untersagung des Gewerbes angebracht ist. . ...

(6) Dem Gewerbetreibenden ist von der zuständigen Behörde auf Grund eines an die Behörde zu richtenden schriftlichen Antrages die persönliche Ausübung des Gewerbes wieder zu gestatten, wenn Tatsachen die Annahme rechtfertigen, daß eine Unzuverlässigkeit im Sinne des Abs. 1 nicht mehr vorliegt. Vor Ablauf eines Jahres nach Durchführung der Untersagungsverfügung kann die Wiederaufnahme nur gestattet werden, wenn hierfür besondere Gründe vorliegen. ...

Voraussetzungen für eine Gewerbeuntersagung

Die Ermächtigung des § 35 GewO gilt nur **subsidiär** (vgl. Abs. 8). Bei zulassungsfreien Gewerben sind besondere Untersagungsvorschriften zu beachten, bei zulassungspflichtigen wird die Vorschrift durch Regelungen über die Aufhebung von Genehmigungen wegen Unzuverlässigkeit verdrängt. **Unzuverlässig** ist, wer nach dem Gesamteindruck seines Verhaltens keine Gewähr dafür bietet, dass er das von ihm betriebene Gewerbe in Zukunft ordnungsgemäß betreiben wird. Ein ordnungsgemäßer Betrieb setzt die Einhaltung der einschlägigen Gesetzesvorschriften und Gewähr für die Sicherheit der Allgemeinheit voraus. Die Behörde muss also aufgrund des Vorliegens konkreter Tatsachen eine Prognoseentscheidung treffen; auf ein Verschulden kommt es bei der zu befürchtenden Gefährdung der öffentlichen Sicherheit und Ordnung nicht an. Konkrete Tatsachen können insbesondere fehlende Sachkunde, fehlende wirtschaftliche Leistungsfähigkeit, die Begehung einschlägiger Straftaten oder Ordnungswidrigkeiten einschl. Nichtabführung von Steuern oder Sozialversicherungsbeiträgen sein. Nach Sinn und Zweck des § 35 Abs. 1 S. 1 GewO kann auch die Unzuverlässigkeit Dritter (z.B. mitarbeitender Ehepartner) eine Untersagungsverfügung rechtfertigen. Die Gewerbeuntersagung muss zum Schutz der Allgemeinheit oder der im Betrieb Beschäftigten **erforderlich** sein, ist also im Sinne des Verhältnismäßigkeitsgrundsatzes als ultima ratio-Maßnahme zu verstehen. Mildere Mittel sind z.B. Auflagen (§ 36 Abs. 2 Nr. 4 VwVfG) oder eine Teiluntersagung. Dem Übermaßverbot trägt auch die in § 35 Abs. 2 GewO vorgesehene Stellvertretererlaubnis Rechnung; sie ist insoweit entgegen dem Wortlaut keine Ermessensentscheidung. Der Erlass einer Untersagungsverfügung ist bei Vorliegen der gesetzlichen Voraussetzungen geboten; Ermessen besteht dagegen bei der Erstreckung auf andere Personen oder Gewerbe (§ 35 Abs. 1 S. 2, Abs. 7a GewO). Auf Antrag ist dem Betroffenen die Gewerbeausübung unter den Voraussetzungen des § 35 Abs. 6 GewO wieder zu gestatten.

Zulassungspflichtige und überwachungsbedürftige Gewerbe

Für bestimmte Gewerbetätigkeiten regeln §§ 30 ff. GewO enumerativ **besondere Zulassungspflichten**. Antrag auf und Erteilung einer gewerberechtlichen Zulassung befreien nicht von der Anzeigepflicht nach § 14 GewO (keine Konzentrationswirkung). Bei den Zulassungsvorschriften handelt es sich wegen Art. 12 Abs. 1 GG i. d. R. um gebundene Entscheidungen (präventive **Verbote mit Erlaubnisvorbehalt**). Als hinreichend gefahrenträchtig sieht der Gesetzgeber derzeit Privatkrankenanstalten (§ 30), »Schaustellungen von Personen« (§ 33a) – die Rechtsprechung hatte sich hierbei z.B. mit Peep-Shows, »Zwergenweitwurf« oder »ultimate fighting« zu beschäftigten –, Tanzlustbarkeiten (§ 33b), Spielgeräte und andere Spiele mit Gewinnmöglichkeit (§§ 33c-33g), Spielbanken, Lotterien, Glücksspiele, Spielhallen und ähnliche Unternehmen – z.B. sog. »Laserdromes« (§§ 33h, 33i) –, Pfandleih- (§ 34) und Bewachungsgewerbe (§ 34a) sowie die Tätigkeit von Maklern, Bauträgern und Baubetreuern (§ 34c) und Versicherungsver-

Zulassungserfordernisse in der GewO

mittlern (§ 34d GewO) an. Die **öffentliche Bestellung** von Versteigerern (§ 34b Abs. 5) und von Sachverständigen (§ 36) ist keine Zulassung, vermittelt lediglich eine Zusatzqualifikation.

Hinsichtlich der **Zulassungsarten und -voraussetzungen** sind Personal-, Sach- und gemischte Konzessionen zu unterscheiden: **Personalkonzessionen** beziehen sich auf Eigenschaften (z.B. Zuverlässigkeit) und Fähigkeiten (z.B. Sachkunde) des Gewerbetreibenden (z.B. § 34c Abs. 2 GewO). **Sachkonzessionen** beziehen sich dagegen auf den Gewerbebetrieb als solchen (z.B. Anlagen, Räume, örtliche Lage), z.B. bei §§ 4 ff. BImSchG. §§ 30 ff. GewO enthalten meist **gemischte Konzessionen**, z.B. bei §§ 30 Abs. 1 S. 2, 33a Abs. 2 GewO. Sofern eine Erlaubnis auch personenbezogene Teile beinhaltet, geht sie nicht auf einen Rechtsnachfolger über.

Konzessionsarten

Eine besondere Regelung enthält § 38 GewO für sog. **überwachungsbedürftige Gewerbe**. Bei den dort genannten Branchen (z.B. An- und Verkauf von Elektronik, Kraftfahrzeugen oder Edelsteinen, ferner Detekteien, Ehevermittlungen oder Reisebüros) hat die zuständige Behörde unverzüglich nach Eingang der Gewerbeanzeige die Zuverlässigkeit des Gewerbetreibenden zu prüfen.

Sonderfall der Kontrolle

(3) Reisegewerbe

Nach § 55 Abs. 1 GewO betreibt ein Reisegewerbe, wer gewerbsmäßig ohne vorhergehende Bestellung außerhalb seiner gewerblichen Niederlassung (§ 42 Abs. 2) oder ohne eine solche zu haben entweder selbstständig oder unselbstständig in eigener Person Waren feilbietet oder Bestellungen aufsucht (vertreibt) oder ankauft, Leistungen anbietet oder Bestellungen auf Leistungen aufsucht oder selbstständig unterhaltende Tätigkeiten als Schausteller oder »nach Schaustellerart« ausübt.

Zwei Fälle von Reisegewerbe

Das Reisegewerbe ist grundsätzlich erlaubnisbedürftig (in Form der **Reisegewerbekarte**, § 55 Abs. 2 GewO); Ausnahmen enthalten §§ 55a, 55b GewO (z.B. Vertreiben selbst gewonnener landwirtschaftlicher Erzeugnisse, aber auch Vermitteln von Versicherungs- oder Bausparverträgen). Die Veranstaltung eines **Wanderlagers** (d.h. einer festen Verkaufsstätte, von der vorübergehend Waren gehandelt werden; hierunter fallen z.B. sog. »Kaffeefahrten«) ist darüber hinaus zwei Wochen vor Beginn der zuständigen Behörde anzuzeigen, wenn auf die Veranstaltung durch öffentliche Ankündigung hingewiesen werden soll (§ 56a Abs. 2 GewO). Besitzt der Gewerbetreibende die notwendige **Zuverlässigkeit**, ist die Reisegewerbekarte zu erteilen (§ 57 Abs. 1 GewO). Die Karte hat er während der Gewerbeausübung bei sich zu führen und auf Verlangen den zuständigen Behörden vorzuzeigen, ebenso die von ihm geführten Waren (§ 60c Abs. 1 GewO). Die Ent-

Erlaubnispflicht und -voraussetzungen

ziehung einer Reisegewerbekarte richtet sich mangels spezieller Regelungen nach §§ 48, 49 VwVfG.

Einige Tätigkeiten sind im Reisegewerbe gänzlich **verboten** (§ 56 Abs. 1 GewO), etwa Vertrieb von Giften, bestimmten medizinischen Hilfsmitteln und Geräten, Wertpapieren und Lotterielosen oder Handel mit Edelmetallen und Edelsteinen sowie geistigen Getränken. Eine **Untersagung** der Ausübung des Reisegewerbes ist nach § 60d GewO möglich, z.B. bei Betreiben eines Reisegewerbes ohne Erlaubnis, Ausübung von im Reisegewerbe verbotenen Tätigkeiten, Verstößen gegen die Pflicht zum Mitführen und Vorzeigen der Reisegewerbekarte.

Verbotene Tätigkeiten und Untersagungsgründe

(4) Messe-, Ausstellungs- und Marktgewerbe

Das Gesetz **definiert** Messe (§ 64 GewO), Ausstellung (§ 65), Groß- (§ 66), Wochen- (§ 67), Spezial- (§ 68 Abs. 1) und Jahrmarkt (§ 68 Abs. 2). Gemeinsames Merkmal der verschiedenen Veranstaltungstypen ist die **Vielzahl von Ausstellern** oder **Anbietern**. Vom Marktgewerbe zu unterscheiden sind Volksfeste (§ 60b), private Veranstaltungen mit ähnlichen Bezeichnungen (z.B. kleiner Flohmarkt) und von Gemeinden veranstaltete Märkte oder Volksfeste, die durch Widmung zur »**öffentlichen Einrichtung**« (z.B. § 14 SächsGemO) werden können.

Unterscheidungen

Auf Antrag des **Veranstalters** hat die zuständige Behörde Gegenstand, Zeit, Öffnungszeiten und Platz einer Veranstaltung nach §§ 64 ff. GewO **festzusetzen** (§ 69). Volksfeste können ebenfalls (eingeschränkt) durch eine Festsetzung privilegiert werden (§ 60 Abs. 2 GewO). Die Rechtsnatur der Festsetzung ist umstritten: Liegt gegenüber dem Veranstalter ein Verwaltungsakt vor, im Verhältnis zur Allgemeinheit dagegen nur ein Organisationsakt oder ist die Rechtsnatur absolut zu bestimmen, so dass auch gegenüber den Teilnehmern ein Verwaltungsakt gegeben ist? Der Veranstalter hat einen Anspruch auf Festsetzung, wenn kein Ablehnungsgrund des § 69a Abs. 1 GewO vorliegt; hierbei sind insbesondere die Zuverlässigkeit der Verantwortlichen und mögliche Gefahren für die öffentliche Sicherheit und Ordnung zu prüfen. Die Festsetzung verpflichtet zur Durchführung eines Wochen-, Jahr- und Spezialmarktes oder Volksfestes (§ 69 Abs. 2 GewO). Sollen eine festgesetzte Messe oder Ausstellung oder ein Großmarkt abgesagt werden, so ist dies der zuständigen Behörde unverzüglich schriftlich anzuzeigen (§ 69 Abs. 3 GewO). Für Volksfeste, Wochen- und Jahrmärkte darf grundsätzlich kein Eintrittsgeld verlangt werden (§ 71 GewO). Sonderregelungen bestehen auch in Bezug auf das GastG (§ 68a GewO) und den Ladenschluss (§§ 19, 20 LSchlG);

teilweise werden die Marktteilnehmer von arbeitsrechtlichen Schutzbestimmungen (AZO, JArbSchG) freigestellt.

Bedeutung der Marktfreiheit

Das wichtigste »Privileg« ist die **Marktfreiheit** nach § 70 Abs. 1 GewO. Die Vorschrift berechtigt im Gegensatz zum kommunalrechtlichen Privileg für »Einwohner« (z.B. nach § 10 Abs. 2 SächsGemO) jedermann, der zum Teilnehmerkreis einer festgesetzten Veranstaltung gehört, nach Maßgabe der jeweiligen Teilnahmebestimmungen zur Beteiligung an der Veranstaltung. Der Veranstalter kann unter den Voraussetzungen des § 70 Abs. 2 GewO die Veranstaltung auf bestimmte Aussteller-, Anbieter- und Besuchergruppen beschränken. Aus sachlich gerechtfertigten Gründen, insbesondere bei Platzmangel, können einzelne Aussteller, Anbieter oder Besucher ausgeschlossen werden (§ 70 Abs. 3 GewO); die Auswahlentscheidung des Veranstalters muss auf transparenten Kriterien (z.B. Prioritätsprinzip, Losverfahren oder rollierendes System, Attraktivität, »bekannt und bewährt«, Ortsansässigkeit oder Ehegattenstatus) beruhen und ermessensfehlerfrei sein. Die Wahl des Rechtswegs für die Geltendmachung des **Zulassungsanspruchs** gegenüber dem Veranstalter (§ 13 GVG oder § 40 Abs. 1 VwGO) hängt von der Ausgestaltung der Rechtsbeziehungen zwischen Veranstalter und Anbieter ab. Eine **Konkurrentenklage** gegen die Zulassung eines Mitbewerbers ist dagegen mangels Klagebefugnis (§ 42 Abs. 2 VwGO) regelmäßig unzulässig.

2. Besondere Bereiche

2.1. Gaststättenrecht

(1) Zwecke und Rechtsgrundlagen

Das Gaststättenrecht war früher in § 33 GewO enthalten; es hat erst 1930 eine eigene, sondergesetzliche Regelung erfahren, die vornehmlich der Bekämpfung des Alkoholmissbrauchs diente. Das geltende Recht zielt weitergehend auf den **Schutz** der Gäste, der im Betrieb Beschäftigten und der Nachbarschaft und Allgemeinheit vor **Gefahren** für Leben, Gesundheit oder Sittlichkeit, der Ausbeutung und sonstigen von Gaststättenbetrieben ausgehenden erheblichen Gefahren, Nachteilen oder Belästigungen ab (vgl. §§ 4, 5, 15 GastG). Mitte 2005 sind wesentliche Änderungen des GastG in Kraft getreten, mit dem Zweck einer Vereinheitlichung und Deregulierung (Schlagwort: Bürokratieabbau).

Sondergewerberecht

Die Vorschriften der GewO bleiben ergänzend anwendbar (§ 31 GastG). Zudem sind bei Errichtung und Betrieb von Gaststätten Vorschriften insbesondere des Immissionsschutz- oder des Bauplanungs- und Bauordnungsrechts zu beachten. Gegebenenfalls sind mehrere Regelungen parallel anzuwenden, vor allem bei der Abwehr verschiedenartiger Gefahren.

Weitere relevante Regelungen

(2) Gaststättenbegriff, -arten und Anwendungsbereich des GastG

Das Gaststättengewerbe hat **drei Grundtypen**: Eine **Schankwirtschaft** betreibt nach § 1 Abs. 1 Nr. 1 GastG, wer Getränke zum Verzehr an Ort und Stelle verabreicht, eine **Speisewirtschaft** (Nr. 2), wer zubereitete Speisen zum Verzehr an Ort und Stelle anbietet, einen **Beherbergungsbetrieb** schließlich, wer Unterkunft mit Schlafgelegenheit für Gäste bereitstellt (vgl. § 1 Abs. 1 Nr. 3 a. F. bzw. § 2 Abs. 2 Nr. 4). Da das Gesetz die private Verabreichung von Speisen und Getränken an Einzelpersonen nicht erfassen will, muss der Betrieb einen **Öffentlichkeitsbezug** haben, d. h. jedermann oder bestimmten Personenkreisen zugänglich sein (§ 1 Abs. 1 2. Hs. GastG). Dieser entfällt nicht schon dann, wenn ein Eintrittsgeld erhoben wird oder eine andere Vorkontrolle erfolgt.

Drei Typen

Keine geschlossene Veranstaltung

Ein »gemischter« Betrieb liegt vor, wenn neben einem anderen Gewerbe (z.B. Einzelhandel) eine Gaststätte betrieben wird (z.B. Möbelhaus mit Restaurant, Kiosk mit Verkauf und Ausschank, Tankstelle);

hier sind Vorschriften aller betroffenen Gewerbezweige zu beachten (z.B. unterschiedlicher Ladenschluss).

Ein Gaststättengewerbe kann betrieben werden als **stehendes** (§ 1 Abs. 1 GastG) oder als **Reisegewerbe** mit ortsfester Betriebsstätte (§ 1 Abs. 2; Titel III der GewO findet gemäß § 13 Abs. 1 GastG keine Anwendung). **Ortsfest** ist eine Betriebsstätte, wenn sie mit Grund und Boden dauerhaft oder vorübergehend verbunden ist (»Dauer der Veranstaltung«, z.B. Bierzelt, dagegen nicht reiner Pizza-Service). Gemäß § 13 Abs. 2 GastG muss »an« der Betriebsstätte der Name des Inhabers angegeben werden. Auf Messen, Ausstellungen, Märkten und Volksfesten gelten für die Verabreichung von Getränken, Speisen und Kostproben § 68a bzw. § 60b GewO.

Betrieb als stehendes oder als Reisegewerbe

Teilweise ist (nach § 25) die **Anwendung** des GastG trotz Vorliegen eines Gewerbes ausdrücklich **ausgeschlossen**, wenn entweder typische Gefahren nicht zu gewärtigen sind (Betriebskantinen) oder es sich nur um Nebenleistungen handelt (Erbringung gastgewerblicher Leistungen in Verkehrsmitteln). Um einer Umgehung des Gesetzes entgegenzuwirken, sind jedoch auch einige gaststättenmäßige Betätigungen erfasst, die nicht gewerblich erfolgen (z.B. § 23: Alkohol-Ausschank durch Vereine und Gesellschaften).

Einschränkungen des Anwendungsbereichs

(3) Gaststättenerlaubnis und Ausnahmen

Wer ein Gaststättengewerbe betreibt, bedarf nach § 2 Abs. 1 S. 1 GastG regelmäßig einer **Erlaubnis**. Diese kann auch nichtrechtsfähigen Vereinen erteilt werden (S. 2). **Erlaubnisfrei** sind nach Abs. 2 alle Schank- und Speisewirtschaften, die keine alkoholischen Getränke anbieten (früher waren nur Milchprodukte und alkoholfreie Getränke aus Automaten privilegiert), das unentgeltliche Verabreichen von Kostproben, das (bloße) Verabreichen zubereiteter Speisen (d.h. Lebensmittelverkauf) sowie nunmehr generell Beherbergungsbetriebe (jedoch gelten hierfür BeherbergungsV und GewO), solange nicht ein integriertes Hotelrestaurant auch die Bewirtung Dritter vorsieht. Hier erfolgten 2005 wesentliche Änderungen, weggefallen ist beispielsweise auch das Sitzplatzverbot des § 2 Abs. 3 a. F. Eine behördliche Kontrolle erlaubnisfreier Betriebe erfolgt über das **Auskunfts-** und **Nachschaurecht** gemäß § 22 GastG. Belange des GastG werden daher auch in baurechtlichen Genehmigungsverfahren eine größere Rolle spielen. Erlaubnisfrei sind zudem die sog. »Straußwirtschaften« (vgl. §§ 14, 26), anknüpfend an altes Gewohnheitsrecht des Ausschanks selbst erzeugter Getränke.

Erlaubnispflicht als Regel

Ausnahmen

§ 4 Abs. 1 GastG

Die Erlaubnis ist zu versagen, wenn

1. Tatsachen die Annahme rechtfertigen, daß der Antragsteller die für den Gewerbebetrieb erforderliche Zuverlässigkeit nicht besitzt, ...
2. die zum Betrieb des Gewerbes oder zum Aufenthalt der Beschäftigten bestimmten Räume wegen ihrer Lage, Beschaffenheit, Ausstattung oder Einteilung für den Betrieb nicht geeignet sind, ... oder
2a. die zum Betrieb des Gewerbes für Gäste bestimmten Räume von behinderten Menschen nicht barrierefrei genutzt werden können, ...
3. der Gewerbebetrieb im Hinblick auf seine örtliche Lage oder auf die Verwendung der Räume dem öffentlichen Interesse widerspricht ...,
4. der Antragsteller nicht durch eine Bescheinigung einer Industrie- und Handelskammer nachweist, daß er oder sein Stellvertreter (§ 9) über die Grundzüge der für den in Aussicht genommenen Betrieb notwendigen lebensmittelrechtlichen Kenntnisse unterrichtet worden ist und mit ihnen als vertraut gelten kann.

Die Erlaubnis kann entgegen Satz 1 Nr. 2a erteilt werden, wenn eine barrierefreie Gestaltung der Räume nicht möglich ist oder nur mit unzumutbaren Aufwendungen erreicht werden kann. ...

Kennzeichnend für die Gaststättenerlaubnis ist, dass sie **sach-** und **personenbezogene Elemente** vereint. Wenn keiner der in § 4 abschließend normierten Versagungsgründe vorliegt, ist die Erlaubnis zu erteilen (**gebundene Entscheidung**).

Rechtsanspruch bei Fehlen von Versagungsgründen

Die Fälle der **Unzuverlässigkeit** im Gaststättengewerbe (Abs. 1 Nr. 1) sind nur **beispielhaft** aufgezählt und oft Gegenstand von Rechtsstreiten. **Unsittlichkeit** wurde etwa für den Betrieb eines Bordells mit Anbahnungsgaststätte und für einen Swinger-Club verneint (ebenso bei den Beratungen zum ProstituiertenG 2001). Wird ein sog. **Strohmann** eingesetzt, tritt also zur Täuschung des Rechts- und Wirtschaftsverkehrs ein anderer als Gewerbetreibender auf als die Person, die das Gewerbe tatsächlich führt (**Hintermann**), ist Unzuverlässigkeit beider Personen anzunehmen, wenn sich der Strohmann in seiner Stellung als Gewerbetreibender missbrauchen lässt oder ferngesteuert wird. Adressat von Verwaltungsakten können ebenfalls beide sein; dies gilt auch für derartige Konstellationen generell, also auch bei der Ausübung anderer Gewerbe.

Große praktische Bedeutung hat die Beeinträchtigung der Nachbarschaft durch von der Gaststätte ausgehenden **Lärm** (Abs. 1 Nr. 3). Entscheidend sind hier die konkrete Lage des Betriebs und die Art der bestehenden Nutzungen in der Umgebung.

UNTERSAGUNG

Inhalt der Erlaubnis

Die Erlaubnis wird für eine bestimmte Betriebsart (z.B. Restaurant, Hotel garni, Diskothek) und für bestimmte Räume erteilt (§ 3 Abs. 1 S. 1 GastG). Sie ergeht in Schriftform (§ 3 Abs. 1 S. 2: »Erlaubnisurkunde«) und kann mit **Nebenbestimmungen** versehen werden (§ 3 Abs. 2, § 9 S. 1 2. Hs.). Das GastG verwendet den Begriff **Auflagen** jedoch in einem weiteren Sinne als § 36 VwVfG: § 5 Abs. 1 GastG enthält eine umfassende Ermächtigung, die auch nachträgliche Regelungen zulässt (»jederzeit«), nach Abs. 2 auch in Bezug auf erlaubnisfreie Gaststättengewerbe. Häufig werden zeitliche Begrenzungen, etwa von Musikdarbietungen oder des Betriebs von Außenanlagen, Beschränkungen der Besucherzahl oder Verbote bestimmter Aktivitäten ausgesprochen. Das Ermessen der Behörde bei der Auflagenerteilung ist insoweit eingeschränkt, als die Schutzvorschriften des GastG nicht nur die Allgemeinheit, sondern auch bestimmte Personen(gruppen) begünstigen.

Sonderfälle

Das Gaststättengewerbe muss nicht persönlich betrieben werden; nach § 9 S. 1 Hs. 1 ist jedoch eine spezielle **Stellvertretungserlaubnis** erforderlich, da die Schutzzwecke des Gaststättenrechts auch an Vertreter erhöhte Anforderungen stellen. Nach dem Tode des Erlaubnisinhabers darf es aufgrund der bisherigen Erlaubnis durch bestimmte nahe stehende Personen fortgeführt werden (§ 10, sog. **Hinterbliebenenprivileg**). §§ 11 und 12 sehen mit der **vorläufigen** Erlaubnis bei Übernahme eines Gaststättenbetriebs bzw. der (**vorübergehenden**) Gestattung aus besonderem Anlass (z.B. Kirmes, Weinfest oder Sportveranstaltungen) Erleichterungen im Hinblick auf Voraussetzungen und Verfahren vor.

Die Gaststättenerlaubnis hat **keine Konzentrationswirkung**, so dass neben ihr ggf. weitere Genehmigungen erforderlich werden, insbesondere eine Baugenehmigung (z.B. nach § 72 SächsBO); eine erteilte Baugenehmigung bindet jedoch, soweit ihr Prüfungsumfang reicht, auch die für die Gaststättenerlaubnis zuständige Behörde. Nötig sein können ferner eine Straßen-Sondernutzungserlaubnis (§ 8 FStrG) oder Zulassungen nach §§ 33a ff. GewO (i. V. m. der SpielV). Zudem gilt die Anzeigepflicht nach § 14 GewO.

Notwendigkeit der »Abrundung«

Ein Betreiben ohne die erforderliche Erlaubnis kann nach § 31 GastG i. V. m. § 15 Abs. 2 GewO verhindert werden (**Schließung** der Gaststätte); nach § 28 Abs. 1 Nr. 1 GastG kann hier zudem eine Ordnungswidrigkeit vorliegen. Die **Untersagung** erlaubnisfreier Betriebe richtet sich nach (§ 31 GastG i. V. m.) § 35 GewO.

Untersagung und Aufhebung der Erlaubnis

§ 15 GastG bildet eine Spezialvorschrift für die **Aufhebung** der Gaststättenerlaubnis vor allem im Hinblick auf Gründe nach §§ 4, 5. Dabei wird die **Rücknahme** in § 15 Abs. 1 nicht vollständig geregelt, so dass § 48 VwVfG ergänzend anwendbar ist; dagegen sind die Regelungen über den **Widerruf** (§ 15 Abs. 2, 3) abschließend. Die Erlaubnis **erlischt** ferner durch Fristablauf (§ 3 Abs. 2), Nichtausübung (§ 8) sowie mit dem Tod des Erlaubnisinhabers (vorbehaltlich des § 10 GastG).

(4) Ausübungsregelungen

§ 7 GastG erlaubt Zubehörhandel (Abs. 1) und Straßenausschank (Abs. 2) auch während der Ladenschlusszeiten bzw. außerhalb der Sperrzeit als **Nebenleistungen** des Gaststättengewerbes, um besseren Kundenservice zu bieten. Nach Gesetzeswortlaut und Zweck der Regelung ist eine Abgabe nur in geringem Umfang zulässig. § 7 gilt auch für erlaubnisfreie Gaststätten; Abs. 2 Nr. 2 muss jedoch einschränkend ausgelegt werden, da bei der Neuregelung offensichtlich ein Normenkonflikt übersehen wurde: Die Abgabe von Flaschenbier widerspricht der Wertung des § 2 Abs. 2 Nr. 1 GastG.

Zulässige Nebenleistungen

Eine Reihe von Bestimmungen beschränkt die Ausübung des Gaststättengewerbes zum **Schutze der Gäste**, bestimmter **anderer Personengruppen** und der **Allgemeinheit**. Gemäß § 21 Abs. 1 GastG kann dem Gewerbetreibenden z. B. die **Beschäftigung von Personen** in seinem Gaststättenbetrieb **untersagt** werden, wenn Tatsachen auf deren Unzuverlässigkeit schließen lassen.

Verbote und Einschränkungen im Gaststättengewerbe

Von Bedeutung sind vor allem Regelungen über die Abgabe **alkoholischer Getränke**. § 6 stellt das Gebot auf, bei Alkoholausschank auf Verlangen auch alkoholfreie Getränke zu verabreichen; mindestens ein alkoholfreies Getränk darf nicht teurer sein als das billigste alkoholische Getränk, bezogen auf Literpreise.

§ 20 GastG

Verboten ist,

1. Branntwein oder überwiegend branntweinhaltige Lebensmittel durch Automaten feilzuhalten,
2. in Ausübung eines Gewerbes alkoholische Getränke an erkennbar Betrunkene zu verabreichen,
3. im Gaststättengewerbe das Verabreichen von Speisen von der Bestellung von Getränken abhängig zu machen oder bei der Nichtbestellung von Getränken die Preise zu erhöhen,
4. im Gaststättengewerbe das Verabreichen alkoholfreier Getränke von der Bestellung alkoholischer Getränke abhängig zu machen oder bei der Nichtbestellung alkoholischer Getränke die Preise zu erhöhen.

Gemäß § 19 kann aus besonderem Anlass der gewerbsmäßige Ausschank alkoholischer Getränke **vorübergehend** für bestimmte Zeit und für einen bestimmten örtlichen Bereich ganz oder teilweise verboten werden, wenn dies zur Aufrechterhaltung der öffentlichen Sicherheit oder Ordnung erforderlich ist (z.B. bei Großveranstaltungen).

Sperrzeitregelungen

Nach § 18 kann für Schank- und Speisewirtschaften sowie für öffentliche Vergnügungsstätten durch Rechtsverordnung der Landesregierungen eine **Sperrzeit** allgemein festgesetzt werden. In dieser ist zu bestimmen, dass die Sperrzeit bei Vorliegen eines öffentlichen Bedürfnisses oder besonderer örtlicher Verhältnisse allgemein oder für einzelne Betriebe verlängert, verkürzt oder aufgehoben werden kann. Sperrzeitenregelungen sind daneben auch nach § 5 GastG und § 23 BImSchG zulässig (z.B. für Beherbergungsbetriebe, da insoweit das GastG nicht mehr anwendbar ist). Diese zeitliche Beschränkung der Berufsausübung dient dem Gesundheitsschutz, der Nachtruhe der Nachbarn, der Bekämpfung des Alkohol- und Drogenmissbrauchs bzw. der Spielsucht und dem Arbeitsschutz. Die Festsetzung durch Landesbehörden soll erlauben, regionalen Besonderheiten Rechnung zu tragen. Die Neufassung der Vorschrift enthält keine Verpflichtung der Länder zur Festsetzung allgemeiner Sperrzeiten mehr.

Probleme bereitet in der Praxis die **Abgrenzung von Sperrzeit** und **Ladenschluss**. Probleme dürfte heute die Verbindung von Lebensmitteleinzelhandelsgeschäft und erlaubnisfreier Gaststätte aufwerfen. Für den erlaubnisfreien Gaststättenbetrieb gilt nicht das LSchlG, sondern (nur) die Sperrzeit des GastG. Dem Betreiber ist daher gestattet, Zubehör und die in § 7 Abs. 2 GastG genannten Waren (außer Flaschenbier) während des Ladenschlusses und außerhalb der Sperrzeit im Straßenverkauf abzugeben.

2.2. Handwerksrecht

(1) Zwecke und Rechtsgrundlagen

Auch das Handwerksrecht hat 2004/05 nach langjähriger Diskussion tief greifende Veränderungen erfahren, deren Hauptinhalt die weit gehende Abschaffung des »Meisterzwangs« war. Hintergrund der Entwicklung sind gemeinschafts- und verfassungsrechtliche Vorgaben sowie Liberalisierungsbestrebungen aus wirtschaftspolitischen Gründen. Auch das BVerfG hatte angesichts der veränderten rechtlichen und wirtschaftlichen Situation Bedenken bezüglich der Verhältnismäßigkeit des bisher geltenden Rechts geäußert. Die wachsende Konkurrenz aus anderen EU-Staaten lasse daran zweifeln, ob der »große Befähigungsnachweis« zur Sicherung der Qualität der in Deutschland angebotenen Handwerkerleistungen samt der Ausbildung noch geeignet und der hohe zeitliche und finanzielle Aufwand, den die Meisterprüfung erfordert, zumutbar sei, wenn Handwerker aus dem EU-Ausland für ein selbstständiges Tätigwerden in Deutschland lediglich eine mehrjährige Berufserfahrung mit herausgehobener beruflicher Verantwortung benötigen, nicht dagegen eine dem Meistertitel entsprechende förmliche Qualifikation. Verfassungsrechtliche Bedenken gegen Teile der HwO bestehen fort, vor allem in Bezug auf die Grundrechte aus Art. 3 und 12 GG sowie beim Kammerrecht im Hinblick auf Art. 9 Abs. 1, 2 Abs. 1 GG.

Liberalisierungstrends

Die Vorschriften der GewO sind **ergänzend** zur HwO anwendbar; dies gilt insbesondere für die Gewerbeanzeige nach § 14 GewO (vgl. § 16 Abs. 1 HwO). Zudem ist regelmäßig § 35 Abs. 1 GewO heranzuziehen, da § 16 Abs. 3 HwO die **Untersagung** wegen Unzuverlässigkeit nicht regelt.

Sondergewerberecht

(2) Zulassungspflichtiges Handwerk

Kernstück des Handwerksrechts ist weiterhin die sog. **Handwerksrolle**.

§ 6 Abs. 1 HwO

Die Handwerkskammer hat ein Verzeichnis zu führen, in welches die Inhaber von Betrieben zulassungspflichtiger Handwerke ihres Bezirks nach Maßgabe der Anlage D Abschnitt I zu diesem Gesetz mit dem von ihnen zu betreibenden Handwerk oder bei Ausübung mehrerer Handwerke mit diesen Handwerken einzutragen sind (Handwerksrolle). ...

§ 1 HwO

(1) Der selbständige Betrieb eines zulassungspflichtigen Handwerks als stehendes Gewerbe ist nur den in der Handwerksrolle eingetragenen natürlichen und juristischen Personen und Personengesellschaften gestattet. ...

(2) Ein Gewerbebetrieb ist ein Betrieb eines zulassungspflichtigen Handwerks, wenn er handwerksmäßig betrieben wird und ein Gewerbe vollständig umfaßt, das in der Anlage A aufgeführt ist, oder Tätigkeiten ausgeübt werden, die für dieses Gewerbe wesentlich sind (wesentliche Tätigkeiten). Keine wesentlichen Tätigkeiten sind insbesondere solche, die

1. in einem Zeitraum von bis zu drei Monaten erlernt werden können,
2. zwar eine längere Anlernzeit verlangen, aber für das Gesamtbild des betreffenden zulassungspflichtigen Handwerks nebensächlich sind und deswegen nicht die Fertigkeiten und Kenntnisse erfordern, auf die die Ausbildung in diesem Handwerk hauptsächlich ausgerichtet ist, oder
3. nicht aus einem zulassungspflichtigen Handwerk entstanden sind.

Die Ausübung mehrerer Tätigkeiten im Sinne des Satzes 2 Nr. 1 und 2 ist zulässig, es sei denn, die Gesamtbetrachtung ergibt, dass sie für ein bestimmtes zulassungspflichtiges Handwerk wesentlich sind. ...

Bedeutung der Eintragung in die Handwerksrolle

Die **Eintragung** hat **konstitutive Wirkung**; der Betrieb eines zulassungspflichtigen Handwerks ist allein den in der Handwerksrolle eingetragenen Personen und Gesellschaften gestattet. Allerdings ist nur ein Handwerk eintragungsbedürftig, das als **stehendes Gewerbe** ausgeübt wird. An das Erfordernis der Niederlassung sind keine allzu hohen Anforderungen zu stellen, sogar ein (mobiler) Telefonanschluss kann genügen. Folgt man der großzügigen Auslegung des BVerfG (im Rahmen des § 55 Abs. 1 Nr. 1 GewO), kann bei späterer Erbringung der Leistung praktisch jedes Handwerk im Reisegewerbe und damit ohne Befähigungsnachweis erbracht werden. Zur Vermeidung eines Verstoßes gegen den Gleichheitssatz und aufgrund des vorhandenen Gefahrenpotenzials sollten aber Tätigkeiten, bei denen handwerklich weniger aufwändige bzw. unkomplizierte Arbeiten durchgeführt werden, soweit sie überhaupt noch zu Anlage A gehören, nur anhand anderer Kriterien von der Eintragungspflicht ausgenommen werden.

Welche Handwerke eintragungsfähig und -pflichtig sind (sog. **Vollhandwerke**), ergibt sich aus der **Anlage A** zur HwO (§ 1 Abs. 2). Bei der letzten Reform des deutschen Handwerksrechts wurde die Zahl **zulassungspflichtiger Handwerke** auf 41 reduziert, in der Fassung der HwO bis 1998 waren es noch 127. Diese abschließende »Positivliste« beinhaltet alle Handwerke, von deren Ausübung besondere Gefahren für die Gesundheit oder das Leben Dritter ausgehen können.

Noch größere Bedeutung als die Reduzierung der Zahl eintragungspflichtiger Handwerke haben die Änderungen der HwO in persönlicher Hinsicht: Nach der seit 1935 bestehenden Konzeption durfte in die Handwerksrolle nur eingetragen werden, wer selbst den sog. »Großen Befähigungsnachweis«, also die **Meisterprüfung**, in dem zu betreibenden oder einem verwandten (zulassungspflichtigen) Handwerk erfolgreich absolviert hat. In Abkehr vom traditionellen Typus des Handwerksmeisters wurde 2004 der Meisterzwang faktisch auch für das zulassungspflichtige Handwerk beseitigt. Denn nachdem schon früher juristischen Personen der Betrieb eines Handwerks gestattet war, wurde auch das Inhaberprinzip aufgegeben; damit kann praktisch jedermann, auch juristische Personen oder Personengesellschaften, als Inhaber in die Handwerksrolle eingetragen werden, wenn nur ein **Betriebsleiter** mit Befähigungsnachweis beschäftigt wird (vgl. § 7 Abs. 1 S. 1, Abs. 1a HwO), der Verantwortung für fachliche Ausgestaltung und technischen Ablauf trägt. An die Stelle der Meisterprüfung können andere, nach § 7 Abs. 2, 2a HwO als gleichwertig anerkannte Prüfungen (insbesondere Ingenieursabschlüsse) treten. Gleichzeitig wurde der Zusammenhang zwischen Meisterprüfung und Handwerk durch die nicht nur EU-Ausländern (wegen der für diese geltenden Dienstleistungs- und Niederlassungsfreiheit nach Art. 49 ff. bzw. 43 ff. EGV), sondern zunehmend auch Deutschen eingeräumte Möglichkeit, **Ausnahmebewilligungen** zu erlangen (§§ 8, 9 HwO), deutlich gelockert. Nach der sog. **Altgesellenregelung** (§ 7b HwO) erhält eine Ausübungsberechtigung für die meisten zulassungspflichtigen Handwerke zudem auch, wer eine Gesellenprüfung in dem zu betreibenden oder einem verwandten zulassungspflichtigen Handwerk oder eine entsprechende Facharbeiterprüfung bestanden hat und eine sechsjährige Berufspraxis (davon vier Jahre in leitender Stellung) nachweisen kann. Dem Meisterzwang unterworfen bleiben letztlich nur sechs Handwerksberufe (Gesundheitshandwerke und Schornsteinfeger); selbst hier genügt die Einstellung eines qualifizierten Betriebsleiters.

Nach § 1 Abs. 2 S. 1 HwO besteht die Eintragungspflicht auch, wenn nicht ein komplettes Handwerk der Anlage A ausgeübt wird, sondern (nur) **wesentliche Tätigkeiten**, d.h. solche, die nicht nur fachlich zu dem betreffenden Handwerk gehören, sondern dessen Kern ausmachen, ihm also sein essentielles Gepräge verleihen, in handwerklicher Schulung erworbene Kenntnisse und Fähigkeiten erfordern oder die Gefährlichkeit des entsprechenden Handwerks begründen. Unwesentliche Tätigkeiten werden in § 1 Abs. 2 S. 2 HwO (nicht abschließend) näher konkretisiert; hier liegt ein **Minderhandwerk** vor, für das »nur«

Kriterien der Zulassungspflicht

Weitreichende Lockerungen

Voll- und Minderhandwerk

die GewO gilt. Die kumulative Ausübung mehrerer, für sich betrachtet unwesentlicher Tätigkeiten ist nach § 1 Abs. 2 S. 3 HwO nur zulässig, solange sich nicht aus ihrer Gesamtbetrachtung eine Wesentlichkeit ergibt.

Kriterien des »Hand«werks

Weiter muss der Gewerbebetrieb **handwerksmäßig** betrieben werden (§ 1 Abs. 2 S. 1 HwO). Dieses Merkmal ist offen für neue wirtschaftliche und technische Entwicklungen und dient der Abgrenzung gegenüber Handel und Dienstleistung sowie Industrie; insoweit ist eine umfassende Betrachtung der Gesamtstruktur des Unternehmens nötig. Anhaltspunkte für eine industrielle Betriebsweise sind weder Betriebsgröße noch fehlende persönliche Mitarbeit des Inhabers oder Vertriebswege, sondern vor allem die Gestaltung der Arbeitsabläufe. Wenn der Produktionsvorgang in viele Einzelschritte zerlegt ist, die schnell erlernt werden können, spricht dies für industrielle Fertigung.

Haupt-, Neben- und Hilfsbetrieb

§ 2 HwO erweitert die Eintragungspflicht zum einen auf **öffentlichrechtliche Unternehmen** (Nr. 1), zum anderen auf handwerkliche **Nebenbetriebe** zu gewerblichen und nichtgewerblichen **Hauptbetrieben** (Nrn. 2, 3). Ein Nebenbetrieb ist dadurch gekennzeichnet, dass er gegenüber dem Hauptbetrieb eine abgrenzbare Einheit bildet und auch nach außen ein gewisses Maß an Selbstständigkeit besitzt. Nach § 3 HwO liegt jedoch kein eintragungspflichtiger Nebenbetrieb vor, soweit es sich um (in Bezug auf die durchschnittliche Arbeitszeit) unerhebliche Tätigkeiten (Abs. 2) oder nur dem Hauptbetrieb unselbstständig dienende **Hilfsbetriebe** (Abs. 3) handelt.

Umfang der Erlaubnis

Über die Eintragung wird eine Bescheinigung ausgestellt (sog. **Handwerkskarte**, § 10 Abs. 2 HwO). Die personenbezogene Gewerbeerlaubnis erstreckt sich auf die Ausübung verwandter zulassungspflichtiger Handwerke (§ 7 Abs. 1 S. 1) und auf bestimmte Leistungen in anderen Handwerken (§ 5 HwO). Nach § 7a HwO (eingefügt 1994) erhält ein Handwerker eine (zusätzliche) Ausübungsberechtigung für ein anderes Gewerbe der Anlage A oder für wesentliche Tätigkeiten dieses Gewerbes, wenn er die hierfür erforderlichen Kenntnisse und Fertigkeiten nachweist.

(3) Überwachung zulassungspflichtiger Handwerke

Rollen von Kammer und Innung

Inhaber von Handwerksbetrieben und handwerksähnlichen Gewerben sowie Gesellen, andere Arbeitnehmer mit einer abgeschlossenen Berufsausbildung und Lehrlinge dieser Gewerbetreibenden gehören nach § 90 Abs. 2 HwO der **Handwerkskammer** an, einer als öffentlichrechtliche Körperschaft organisierten Interessenvertretung des Handwerks; ihre Aufgaben regelt § 91 HwO. Verfassungsrechtlich bedenklich ist die Einbeziehung von Kleinunternehmern in die Zwangsmitgliedschaft ohne Einräumung angemessener Mitwirkungsrechte. Von den Kammern zu unterscheiden sind **Handwerksinnungen** nach §§ 52 ff. HwO, welche Inhaber von Betrieben des gleichen zulassungspflichtigen oder -freien Handwerks oder des gleichen handwerksähnlichen Gewerbes oder solcher Handwerke oder handwerksähnlicher Gewerbe, die sich fachlich oder wirtschaftlich nahe stehen, zur Förderung ihrer gemeinsamen gewerblichen Interessen innerhalb eines bestimmten Bezirks bilden können.

Gewerbetreibende, die in die Handwerksrolle eingetragen oder einzutragen sind, unterliegen einer **Betriebsüberwachung** und sind zur Erteilung von Auskünften wie zur Duldung von Prüfungen verpflichtet (§ 17 HwO). Bei der **Aufsicht** über das zulassungspflichtige Handwerk wirken Handwerkskammer und Verwaltungsbehörden zusammen. Da die Kammer die Handwerksrolle führt, steht ihr für Eintragungen und Löschungen die Verfahrensleitung zu. Die Erteilung von Ausnahmegenehmigungen nach §§ 7b, 8, 9 wie die Untersagung eines Betriebes nach § 16 Abs. 3 S. 1 HwO (oder die Einleitung eines Bußgeldverfahrens) erfolgen dagegen durch die nach Landesrecht zuständige höhere Verwaltungsbehörde. Bei Meinungsverschiedenheiten über Eintragungspflicht oder über Zulässigkeit einer handwerklichen Tätigkeit kommt der Beurteilung durch die Handwerks- und die Industrie- und Handelskammer keine Rechtsverbindlichkeit zu; nach § 16 Abs. 3 S. 2 HwO ist aber ihre Anhörung erforderlich.

Die **Eintragung** in die Handwerksrolle erfolgt auf Antrag oder von Amts wegen durch die Handwerkskammer, im Regelfall nach erfolgter Anzeige nach § 16 Abs. 2 HwO. Liegen die Voraussetzungen vor, besteht ein Rechtsanspruch auf Eintragung. Gemäß § 11 HwO hat die Kammer dem Gewerbetreibenden zwingend die beabsichtigte Eintragung in die Handwerksrolle gegen Empfangsbescheinigung mitzuteilen; diese Mitteilung enthält die rechtsverbindliche Entscheidung über die Eintragungsbedürftigkeit, sie ist daher selbst Verwaltungsakt. Auch die anschließende Eintragung ist ein (weiterer) Verwaltungsakt, dessen Regelungswirkung in der Gestattung des selbstständigen Betriebs eines zulassungspflichtigen Handwerks und der Begründung der Mitgliedschaft in der Handwerkskammer liegt. Die Eintragung ist personenbezogen; es ist also keine erneute Eintragung erforderlich, wenn im Bezirk derselben Kammer eine weitere Betriebsstätte desselben Handwerks eröffnet wird. Wurde ein Antrag bestandskräftig abgelehnt, kann nach § 15 HwO erst nach Ablauf eines Jahres und nur mit der Begründung, dass eine wesentliche Änderung der Voraussetzungen vorliegt, erneut die Eintragung beantragt werden.

Führung der Handwerksrolle

Voraussetzung für die **Löschung** aus der Handwerksrolle ist nach § 13 Abs. 1 HwO, dass die Eintragungsvoraussetzungen nicht vorliegen. Zudem muss die Eintragung gelöscht werden, wenn eine auf das betreffende Handwerk gerichtete Gewerbeuntersagung nach § 35 GewO ausgesprochen wurde; dafür genügt deren vorläufige Vollziehbarkeit. Das Verfahren der Löschung aus der Handwerksrolle ist wegen der damit verbundenen Folgen streng formalisiert. Zunächst erfolgt wiederum die Mitteilung der Löschungsabsicht (§ 13 Abs. 3 HwO), sodann die Löschung selbst. Diese wird teils ebenfalls als Verwaltungsakt, teils als bloße Vollzugsmaßnahme angesehen. Verwaltungsakt ist dagegen die Aufforderung zur Rückgabe der Handwerkskarte, auch wenn sich die entsprechende Pflicht als automatische Folge der Löschung bereits aus § 13 Abs. 4 HwO ergibt, denn die Aufforderung hierzu ist Grundlage der Verwaltungsvollstreckung.

Eine **Betriebsuntersagung** nach § 16 Abs. 3 HwO kann erfolgen, wenn der selbstständige Betrieb eines zulassungspflichtigen Handwerks entgegen den Vorschriften der HwO ohne die Eintragung des Inhabers in die Handwerksrolle ausgeübt oder der Betrieb nicht ordnungsgemäß geleitet wird. Nach dem Wortlaut steht die Entscheidung im Ermessen der zuständigen Behörde; bei bloß formeller Rechtswidrigkeit, wenn also die Eintragungsvoraussetzungen vorliegen, wäre eine Untersagung allerdings unverhältnismäßig. Dagegen ist bei Fehlen der Voraussetzungen, also bei materieller Rechtswidrigkeit, das Ermessen der Behörde regelmäßig auf Null reduziert. Untersagt wird nur die Ausübung eines konkreten Betriebes, nicht des Handwerks schlechthin. Neben dieser Vorschrift bleibt § 35 GewO anwendbar. Da die Betriebsuntersagung ein Verwaltungsakt ist, kann sie zwangsweise durchgesetzt werden, wenn der Gewerbetreibende ihr nicht Folge leistet. Dies kann nach § 16 Abs. 9 HwO durch eine Betriebsschließung oder andere geeignete Maßnahmen, z.B. Verhängung eines Zwangsgeldes, erfolgen. Die Vollstreckbarkeit setzt nicht Rechtskraft, sondern nur Vollziehbarkeit des Verwaltungsaktes voraus; allerdings ist zu berücksichtigen, dass angesichts längerer Verfahrensdauern eine vorläufige Schließung letztlich der Betriebsaufgabe gleichkäme.

Der Ablehnung einer Eintragung, einem Löschungs- oder Untersagungsverfahren und dem Erlass eines Bußgeldbescheides kann der Betroffene mit einem Feststellungsantrag nach § 43 VwGO zuvorkommen.

(4) Handwerk und handwerksähnliche Gewerbe

Die neue **Anlage B** zur HwO (§ 18 Abs. 2) enthält 53 **zulassungsfreie Handwerke** und 57 **handwerksähnliche Gewerbe**. Auch das Betreiben (und Beenden) eines zulassungsfreien Handwerks (Anlage B1) oder eines handwerksähnlichen Gewerbes (Anlage B2) als stehendes Gewerbe ist der zuständigen Handwerkskammer anzuzeigen (§ 18 HwO). Hierfür wird neben der Handwerksrolle ein weiteres Verzeichnis geführt (§ 19 HwO). Für Eintragung und Löschung gelten nach § 20 HwO die Vorschriften für die Handwerksrolle entsprechend. Allerdings ist die Ausübung einer nicht zulassungspflichtigen Tätigkeit nicht von dieser Eintragung abhängig. Daher ist auch eine Untersagung des Betriebs nach § 16 HwO ausgeschlossen.

Nur teilweise Geltung der HwO

Bei zulassungsfreien Handwerken können nicht nur bisher erworbene Meistertitel weitergeführt werden. Die Titel können auch auf freiwilliger Basis erworben und als Qualitätssiegel geführt werden. Diese Möglichkeit wurde sogar auf das handwerksähnliche Gewerbe erstreckt, dem bisher der Meisterbrief verschlossen war. Weder Meister- noch Gesellenprüfung sind insoweit aber Berufszugangsvoraussetzung.

2.3. Weitere Gewerbe im Überblick

Höchst vielfältige Bestimmungen gelten für gewerbliche **Dienstleistungen**.

Für das **Verkehrsgewerbe** sind hier beispielhaft zu nennen zum einen der **Güterkraftverkehr**, d.h. nach

§ 1 Abs. 1 GüKG

die geschäftsmäßige oder entgeltliche Beförderung von Gütern mit Kraftfahrzeugen, die einschließlich Anhänger ein höheres zulässiges Gesamtgewicht als 3,5 Tonnen haben..

Sofern sich nicht aus unmittelbar geltendem EG-Recht etwas Anderes ergibt, ist **gewerblicher Güterkraftverkehr** erlaubnispflichtig (§ 3 Abs. 1 GüKG), nicht hingegen **Werkverkehr** (§ 9 S. 1 i. V. m. § 1 Abs. 2, 3 GüKG).

Transport von Gütern

§ 3 Abs. 2 GüKG

Die Erlaubnis wird einem Unternehmer, dessen Unternehmen seinen Sitz im Inland hat, für die Dauer von fünf Jahren erteilt, wenn

1. der Unternehmer und die zur Führung der Güterkraftverkehrsgeschäfte bestellte Person zuverlässig sind,
2. die finanzielle Leistungsfähigkeit des Unternehmens gewährleistet ist und
3. der Unternehmer oder die zur Führung der Güterkraftverkehrsgeschäfte bestellte Person fachlich geeignet ist.

Notwendig ist hierbei auch eine **Haftpflichtversicherung** (§ 7a GüKG).

Die Überwachung obliegt dem **Bundesamt für Güterverkehr** (§ 10 GüKG); dessen Aufgaben sind in § 11 GüKG aufgelistet, Durchführungsbefugnisse ergeben sich aus § 12.

Transport von Personen

Von in § 1 Abs. 2 PBefG bezeichneten Ausnahmen abgesehen, unterliegt die entgeltliche oder geschäftsmäßige **Beförderung von Personen** mit Straßenbahnen, mit Oberleitungsomnibussen und mit Kraftfahrzeugen im Linien- oder Gelegenheitsverkehr einer Genehmigung (§ 1 Abs. 1); als Entgelt sind dabei auch wirtschaftliche Vorteile anzusehen, die mittelbar für die Wirtschaftlichkeit einer auf diese Weise geförderten Erwerbstätigkeit erstrebt werden. Die einem Unternehmer (§ 3) auf Antrag (§ 12) erteilte Genehmigung bezieht sich jeweils auf Bau/Errichtung, Betrieb und Linienführung (§ 9 Abs. 1 PBefG). Voraussetzungen hierfür ergeben sich aus

§ 13 PBefG

(1) Die Genehmigung darf nur erteilt werden, wenn
1. die Sicherheit und die Leistungsfähigkeit des Betriebs gewährleistet sind,
2. keine Tatsachen vorliegen, die die Unzuverlässigkeit des Antragstellers als Unternehmer oder der für die Führung der Geschäfte bestellten Personen dartun,
3. der Antragsteller als Unternehmer oder die für die Führung der Geschäfte bestellte Person fachlich geeignet ist und
4. der Antragsteller und die von ihm mit der Durchführung von Verkehrsleistungen beauftragten Unternehmer ihren Betriebssitz oder ihre Niederlassung im Sinne des Handelsrechts im Inland haben.

Die fachliche Eignung nach Satz 1 Nr. 3 wird durch eine angemessene Tätigkeit in einem Unternehmen des Straßenpersonenverkehrs oder durch Ablegung einer Prüfung nachgewiesen.

(2) Beim Straßenbahn-, Obusverkehr und Linienverkehr mit Kraftfahrzeugen ist die Genehmigung zu versagen, wenn

1. der Verkehr auf Straßen durchgeführt werden soll, die sich aus Gründen der Verkehrssicherheit oder wegen ihres Bauzustandes hierfür nicht eignen, oder
2. durch den beantragten Verkehr die öffentlichen Verkehrsinteressen beeinträchtigt werden, insbesondere
   a) der Verkehr mit den vorhandenen Verkehrsmitteln befriedigend bedient werden kann,
   b) der beantragte Verkehr ohne eine wesentliche Verbesserung der Verkehrsbedienung Verkehrsaufgaben übernehmen soll, die vorhandene Unternehmer oder Eisenbahnen bereits wahrnehmen,
   c) die für die Bedienung dieses Verkehrs vorhandenen Unternehmer oder Eisenbahnen die notwendige Ausgestaltung des Verkehrs innerhalb einer von der Genehmigungsbehörde festzusetzenden angemessenen Frist und, soweit es sich um öffentlichen Personennahverkehr handelt, unter den Voraussetzungen des § 8 Abs. 3 selbst durchzuführen bereit sind. ...

(4) Beim Verkehr mit Taxen ist die Genehmigung zu versagen, wenn die öffentlichen Verkehrsinteressen dadurch beeinträchtigt werden, daß durch die Ausübung des beantragten Verkehrs das örtliche Taxengewerbe in seiner Funktionsfähigkeit bedroht wird. ...

(5) Bei der Erteilung der Genehmigungen für den Taxenverkehr sind Neubewerber und vorhandene Unternehmer angemessen zu berücksichtigen. ...

(6) Bei juristischen Personen des öffentlichen Rechts gelten die Genehmigungsvoraussetzungen nach Absatz 1 als gegeben. ...

»Sonderbestimmungen« für die **einzelnen Verkehrsarten** enthalten §§ 28 ff. PBefG. Die nähere Bestimmung von Genehmigungs- und Aufsichtsbehörde wird durch § 11 bzw. § 54 GüKG dem Landesrecht zugewiesen.

Weitere besondere Bestimmungen gelten für den **Schienen-, Luft-** und **Schiffsverkehr** (hier unterschieden nach See- und Binnenschifffahrt).

Für jede Volkswirtschaft von zentraler Bedeutung sind **finanzielle Dienstleistungen**. Insoweit werden nationale Regelungen in erheblichem Maße geprägt von internationalem und europäischem Recht, einerseits der **WTO** (**GATS** mit Anhängen und 5. Protokoll) sowie Arbeiten des **Baseler Ausschusses** für Bankenaufsicht bzw. der **IOSCO**, zum andern diversen Richtlinien der **EG**, so dass heute sowohl im Banken- als auch im Versicherungssektor in 27 EG- und 3 EWR-Staaten weithin einheitliche Rahmenbedingungen für diese gewerblichen Tätigkeiten bestehen.

Regelungen für den Finanzsektor

Bank- wie **Versicherungsgewerbe** sind in Deutschland allerdings schon seit langem durch spezielle »Aufsichts«-Gesetze näher reglementiert; die Zusammenlegung der Aufsichtsbehörden 2002 in einer **Bundesanstalt für Finanzdienstleistungsaufsicht** (**BAFin**) hat nicht per se zu einer Vereinheitlichung auch der materiell-rechtlichen und Verfahrensbestimmungen geführt.

Bankgewerbe

Einer **Erlaubnis** bedürfen nach § 32 KWG sowohl die in § 1 Abs. 1 aufgezählten »**Bankgeschäfte**« als auch »**Finanzdienstleistungen**« nach § 1 Abs. 1a KWG, wenn sie im Inland von einem Unternehmen (nicht: Einzelkaufmann, § 2a Abs. 1 KWG), »gewerbsmäßig oder in einem Umfang, der einen in kaufmännischer Weise eingerichteten Geschäftsbetrieb erfordert«, betrieben werden (sollen). Soweit bestimmte Tätigkeiten nicht bereits **verboten** sind (§ 3 KWG), sind **Versagungsgründe** abschließend normiert.

§ 33 KWG

(1) Die Erlaubnis ist zu versagen, wenn

1. die zum Geschäftsbetrieb erforderlichen Mittel, insbesondere ein ausreichendes Anfangskapital ... im Inland nicht zur Verfügung stehen; ...

2. Tatsachen vorliegen, aus denen sich ergibt, daß ein Antragsteller oder eine der in § 1 Abs. 2 Satz 1 bezeichneten Personen nicht zuverlässig ist;

3. Tatsachen die Annahme rechtfertigen, daß der Inhaber einer bedeutenden Beteiligung oder, wenn er eine juristische Person ist, auch ein gesetzlicher oder satzungsmäßiger Vertreter, oder, wenn er eine Personenhandelsgesellschaft ist, auch ein Gesellschafter, nicht zuverlässig ist oder aus anderen Gründen nicht den im Interesse einer soliden und umsichtigen Führung des Instituts zu stellenden Ansprüchen genügt; ...

4. Tatsachen vorliegen, aus denen sich ergibt, daß der Inhaber oder eine der in § 1 Abs. 2 Satz 1 bezeichneten Personen nicht die zur Leitung des Instituts erforderliche fachliche Eignung hat und auch nicht eine andere Person nach § 1 Abs. 2 Satz 2 oder 3 als Geschäftsleiter bezeichnet wird; ...

5. ein Kreditinstitut oder ein Finanzdienstleistungsinstitut, das befugt ist, sich bei der Erbringung von Finanzdienstleistungen Eigentum oder Besitz an Geldern oder Wertpapieren von Kunden zu verschaffen, ... nicht mindestens zwei Geschäftsleiter hat, die nicht nur ehrenamtlich für das Institut tätig sind;

6. das Institut seine Hauptverwaltung nicht im Inland hat;

7. das Institut nicht bereit oder in der Lage ist, die erforderlichen organisatorischen Vorkehrungen zum ordnungsmäßigen Betreiben der Geschäfte, für die es die Erlaubnis beantragt, zu schaffen;
8. der Antragsteller Tochterunternehmen eines ausländischen Kreditinstituts ist und die für dieses Kreditinstitut zuständige ausländische Aufsichtsbehörde der Gründung des Tochterunternehmens nicht zugestimmt hat. ...

(3) Die Bundesanstalt kann die Erlaubnis versagen, wenn Tatsachen die Annahme rechtfertigen, daß eine wirksame Aufsicht über das Institut beeinträchtigt wird. ... Die Bundesanstalt kann die Erlaubnis auch versagen, wenn ... der Antrag keine ausreichenden Angaben oder Unterlagen enthält.

Vor einer Aufhebung der Erlaubnis (§ 35) kommen bestimmte »**besondere Maßnahmen**« nach §§ 45 ff. gegen Kredit- oder Finanzdienstleistungs-»Institute« (§ 1 Abs. 1b), andere Unternehmen sowie in Bezug auf »Geschäftsleiter« (§ 36 i. V. m. § 1 Abs. 2 KWG) in Betracht.

Aufsichtliche Maßnahmen

Die **Ziele** der Bankenaufsicht ergeben sich aus

Drei Ziele

§ 6 Abs. 2 KWG

Die Bundesanstalt hat Mißständen im Kredit- und Finanzdienstleistungswesen entgegenzuwirken, welche die Sicherheit der den Instituten anvertrauten Vermögenswerte gefährden, die ordnungsmäßige Durchführung der Bankgeschäfte oder Finanzdienstleistungen beeinträchtigen oder erhebliche Nachteile für die Gesamtwirtschaft herbeiführen können.

Soweit keine Sondermaßnahmen eingreifen, ergibt sich eine Befugnis zum Einschreiten aus

§ 6 Abs. 3 KWG

Die Bundesanstalt kann im Rahmen der ihr gesetzlich zugewiesenen Aufgaben gegenüber den Instituten und ihren Geschäftsleitern Anordnungen treffen, die geeignet und erforderlich sind, um Verstöße gegen aufsichtsrechtliche Bestimmungen zu unterbinden oder um Mißstände in einem Institut zu verhindern oder zu beseitigen, welche die Sicherheit der dem Institut anvertrauten Vermögenswerte gefährden können oder die ordnungsgemäße Durchführung der Bankgeschäfte oder Finanzdienstleistungen beeinträchtigen ...

Die überragende volkswirtschaftliche Bedeutung des Sektors rechtfertigt eine strikte Aufsicht auch über den **laufenden Betrieb** mittels vielfältiger Anzeigepflichten (§§ 24 ff.) und Kontrollbefugnisse (§§ 44 ff.)

Kriterien und Instrumente der Aufsicht

der BAFin, diese kooperiert hierbei eng mit der Bundesbank (§ 7 KWG). Dabei wird an einige zentrale Kategorien wie »Eigenmittel« und »Liquidität« angeknüpft, für die in §§ 10 ff. KWG und hierzu ergangenen Durchführungsverordnungen detaillierte Vorgaben getroffen sind. Anfang 2007 tritt diesbezüglich die Umsetzung der Vorgaben des Baseler Ausschusses (»**Basel II**«) und hierauf bezogener EG-Richtlinien **in Kraft.**

Versicherungsgewerbe

Ebenfalls der **Aufsicht** durch die **BAFin** unterliegen nach § 1 Abs. 1 VAG vorbehaltlich der in Abs. 3 aufgezählten Ausnahmen

Unternehmen, die den Betrieb von Versicherungsgeschäften zum Gegenstand haben und nicht Träger der Sozialversicherung sind (Versicherungsunternehmen) sowie Pensionsfonds im Sinne des § 112 Abs. 1.

Die nach § 5 VAG erforderliche Erlaubnis wird jeweils nur für eine oder mehrere **Versicherungssparten** erteilt (§ 6 Abs. 2, 3). Der Rahmen hierfür wird allgemein abgesteckt durch

§ 7 VAG

(1) Die Erlaubnis darf nur Aktiengesellschaften, Versicherungsvereinen auf Gegenseitigkeit sowie Körperschaften und Anstalten des öffentlichen Rechts erteilt werden.

(1a) Der Ort der Hauptverwaltung muß im Inland gelegen sein.

(2) Versicherungsunternehmen dürfen neben Versicherungsgeschäften nur solche Geschäfte betreiben, die hiermit in unmittelbarem Zusammenhang stehen. ...

Versicherungsaufsicht

Das VAG enthält eingehende Bestimmungen über die **spezifische Rechtsform VVaG** (§§ 15 ff.). Im Übrigen werden ähnlich wie im KWG ausführliche Regelungen über Zulassung in- und ausländischer Unternehmen (§§ 5 ff.; §§ 105 ff. VAG) sowie deren »Geschäftsführung« (§§ 53c ff.) getroffen. Zur **Zielsetzung** der Versicherungsaufsicht verlautet

§ 81 Abs. 1 VAG

Die Aufsichtsbehörde überwacht den gesamten Geschäftsbetrieb der Versicherungsunternehmen im Rahmen einer rechtlichen Aufsicht allgemein und einer Finanzaufsicht im Besonderen. Sie achtet dabei auf die ausreichende Wahrung der Belange der Versicherten und auf die Einhaltung der Gesetze, die für den Betrieb des Versicherungsgeschäfts gelten. Sie nimmt die ihr ... zugewiesenen Aufgaben nur im öffentlichen Interesse wahr. Gegenstand der rechtlichen Aufsicht ist die ordnungsgemäße Durchführung des Geschäftsbetriebs einschließlich der Einhaltung der aufsichtsrechtlichen, der das Versicherungsverhältnis betreffenden und aller sonstigen die Versicherten betreffenden Vorschriften sowie der rechtlichen Grundlagen des Geschäftsplans. Im Rahmen der Finanzaufsicht hat die Aufsichtsbehörde auf die dauernde Erfüllbarkeit der Verpflichtungen aus den Versicherungen und hierbei insbesondere auf die Bildung ausreichender versicherungstechnischer Rückstellungen und die Anlegung in entsprechenden geeigneten Vermögenswerten, die Einhaltung der kaufmännischen Grundsätze einschließlich einer ordnungsgemäßen Verwaltung, Buchhaltung und angemessener interner Kontrollverfahren, auf die Solvabilität der Unternehmen und die Einhaltung der übrigen finanziellen Grundlagen des Geschäftsplans zu achten.

Sowohl im KWG (z. B. §§ 2a, d, 10a, 13b; §§ 51a ff.) als auch im VAG (§§ 104a ff. bzw. §§ 104l ff.) befassen sich Sonderbestimmungen mit **Unternehmensgruppen** und »**Finanzkonglomeraten**« im Hinblick auf die mit dieser Gestaltung verbundenen erhöhten **Risiken**.

Sonderregeln für Gruppen

§ 1 Abs. 20 KWG

Ein Finanzkonglomerat im Sinne dieses Gesetzes ist vorbehaltlich des § 51a Abs. 2 bis 6 eine Gruppe von Unternehmen,

1. die aus einem Mutterunternehmen, seinen Tochterunternehmen und den Unternehmen, an denen das Mutterunternehmen oder ein Tochterunternehmen eine Beteiligung halten, besteht, oder aus Unternehmen, die zu einer horizontalen Unternehmensgruppe zusammengefasst sind;

2. an deren Spitze ein beaufsichtigtes Finanzkonglomeratsunternehmen steht, bei dem es sich um ein Mutterunternehmen eines Unternehmens der Finanzbranche, ein Unternehmen, das eine Beteiligung an einem Unternehmen der Finanzbranche hält, oder ein Unternehmen, das mit einem anderen Unternehmen der Banken- und Wertpapierdienstleistungsbranche oder der Versicherungsbranche zu einer horizontalen Unternehmensgruppe zusammengefasst ist, handelt; ...

3. der mindestens ein Unternehmen der Versicherungsbranche sowie mindestens ein Unternehmen der Banken- und Wertpapierdienstleistungsbranche angehören und

4. in der die konsolidierte oder aggregierte Tätigkeit bzw. die konsolidierte und aggregierte Tätigkeit der Unternehmen der Gruppe sowohl in der Versicherungsbranche als auch in der Banken- und Wertpapierdienstleistungsbranche erheblich ist. ...

3. Wiederholungsfragen

1. Wie unterscheiden sich Gewerbe und Freie Berufe? Lösung S. 156
2. Wodurch rechtfertigt sich und wie weit reicht die Ausnahme für »Urproduktion«? Lösung S. 155
3. Welche Bedeutung hat ein Gewerbeschein? Lösung S. 159
4. Aus welchem Grunde kann ein zulassungsfreies Gewerbe untersagt werden? Lösung S. 160 f.
5. Was ist eine Reisegewerbekarte? Lösung S. 162 f.
6. Für wen gilt und was besagt Marktfreiheit? Lösung S. 164
7. Warum ist der Betrieb einer Gaststätte oft genehmigungspflichtig? Lösung S. 165 ff.
8. Welche Bedeutung hat eine Eintragung in die Handwerksrolle? Lösung S. 171 f.
9. Welche Verkehrsgewerbe sind zu unterscheiden? Lösung S. 177 ff.
10. Warum werden finanzielle Dienstleistungen besonders intensiv beaufsichtigt? Lösung S. 179 ff.

Besonderer Teil: Immissionsschutzrecht

1.	Rechtsgrundlagen und Zuständigkeiten	186
2.	Begriffe	187
3.	Genehmigungsbedürftige Anlagen	189
4.	Nicht-genehmigungsbedürftige Anlagen	193
5.	Wiederholungsfragen	194

1. Rechtsgrundlagen und Zuständigkeiten

Regelungsebenen

Immissionsschutz unterliegt verschiedenen rechtlichen Vorgaben. **Internationale** Regelungen befassen sich etwa mit dem Klimaschutz, dem Schutz der Ozonschicht, bestimmten Emissionen (Schwefel, Schwermetalle u. a.), dem Emissionshandel oder Problemen der Luftverschmutzung. Das auf Gesetzgebungskompetenzen aus Art. 73 Abs. 1 Nr. 6 oder Art. 74 Abs. 1 Nrn. 11, 21-24 GG gestützte **nationale Recht** ist auf verschiedene Regelwerke verteilt; neben dem **Bundesimmissionsschutzgesetz** (Gesetz zum Schutz vor schädlichen Umwelteinwirkungen durch Luftverunreinigungen, Geräusche, Erschütterungen und ähnlichen Vorgängen – BImSchG – von 1974, neu gefasst 2002), ausgefüllt bzw. ergänzt durch über 30 **Rechtsverordnungen**, finden sich relevante Regelungen in einer Reihe von **Spezialgesetzen** (z.B. AtomG, LuftVG, FluglärmG, BenzinbleiG), in Verwaltungsvorschriften (z.B. TA Luft, TA Lärm) und in Immissionsschutzgesetzen und -verordnungen der Länder.

Vollzug durch Landesbehörden

Das BImSchG wird von **Landesbehörden** als eigene Angelegenheit ausgeführt (Art. 83 GG). Die **sachliche Zuständigkeit** der verschiedenen Immissionsschutzbehörden ergibt sich daher mangels einer Bundesregelung nach Art. 84 Abs. 1 GG aus landesrechtlichen Ausführungsgesetzen und -verordnungen, für Sachsen z.B. aus §§ 1 f. AGImSchG i.V.m. § 1 ImSchZuV; zudem werden Aufgaben Staatlicher Umweltfachämter landesrechtlich bestimmt. Die **örtliche Zuständigkeit** folgt entweder ebenfalls aus speziellen landesrechtlichen Bestimmungen oder aus § 3 VwVfG.

IMMISIONSSCHUTZ

2. Begriffe

§ 3 BImSchG enthält eine Reihe von maßgeblichen **Definitionen** für die Anwendung dieses Gesetzes. Nach § 3 Abs. 1 wird der Begriff der **schädlichen Umwelteinwirkungen** durch zwei Elemente gekennzeichnet: Es muss sich um **Immissionen** (legaldefiniert in Abs. 2) handeln, und diese müssen einen gewissen Grad von Schädlichkeit aufweisen, d.h. geeignet sein, »Gefahren«, erhebliche »Nachteile« oder erhebliche »Belästigungen« herbeizuführen. Eine »**Gefahr**« liegt vor, wenn bei ungehindertem Ablauf des Geschehens ein Zustand oder ein Verhalten mit hinreichender Wahrscheinlichkeit zu einem Schaden führen würde (konkrete Gefahr). »**Nachteile**« sind Vermögenseinbußen, die durch physische Einwirkungen hervorgerufen werden und unmittelbar zu einem Schaden führen.

Legaldefinitionen

Beispiel: Wertminderung eines Grundstücks oder Umsatzrückgang bei einem Hotelbetrieb infolge Baulärms.

Als »**Belästigungen**« sind Einwirkungen anzusehen, die das körperliche oder psychische Wohlbefinden des Menschen beeinträchtigen, ohne dass bereits ein Schaden (an der Gesundheit) eintritt, oder die die Arbeitsfähigkeit mindern (z.B. Lärm-, Geruchsbelästigungen). Die Grenze ist fließend, insbesondere bei geringeren Einwirkungen über längere Zeit.

Schädliche Umwelteinwirkungen (§ 3 Abs. 1 BImSchG)

Einwirkungen auf
- Menschen
- Tiere
- Pflanzen

Emissionen
§ 3 Abs. 3 BImSchG
- Luftverunreinigungen Vgl. § 3 Abs. 4 BImSchG
- Geräusche (Lärm)
- Erschütterungen
- Licht, Wärme, Strahlen
- ähnliche Erscheinungen

Immissionen
§ 3 Abs. 2 BImSchG
- Luftverunreinigungen Vgl. § 3 Abs. 4 BImSchG
- Geräusche (Lärm)
- Erschütterungen
- Licht, Wärme, Strahlen
- ähnliche Erscheinungen

schädlich
- Grenz-, Richtwerte in Gesetz, RVO
- erhebliche (nach Art, Intensität, Dauer unzumutbare) negative Auswirkungen (Gefahren, Nachteile, Belästigungen)
- Vorbelastung, zusätzliche Belastung, Gesamtbelastung
- normkonkretisierende Verwaltungsvorschriften

Nach § 3 Abs. 5 BImSchG sind **Anlagen** im Sinne des Gesetzes (1) Betriebsstätten und sonstige ortsfeste Einrichtungen, (2) Maschinen, Geräte und sonstige ortsveränderliche technische Einrichtungen sowie Fahrzeuge, soweit sie nicht § 38 unterliegen, und (3) Grundstücke, auf denen Stoffe gelagert oder abgelagert oder Arbeiten durchgeführt werden, die Emissionen verursachen können, ausgenommen öffentliche Verkehrswege.

Der **Maßstab Stand der Technik** wird definiert in

§ 3 Abs. 6 BImSchG

Entwicklungsstand fortschrittlicher Verfahren, Einrichtungen oder Betriebsweisen, der die praktische Eignung einer Maßnahme zur Begrenzung von Emissionen in Luft, Wasser und Boden, zur Gewährleistung der Anlagensicherheit, zur Gewährleistung einer umweltverträglichen Abfallentsorgung oder sonst zur Vermeidung oder Verminderung von Auswirkungen auf die Umwelt zur Erreichung eines allgemein hohen Schutzniveaus für die Umwelt insgesamt gesichert erscheinen lässt. ...

3. Genehmigungsbedürftige Anlagen

Der zweite (anlagenbezogene) Teil des BImSchG unterscheidet bei Errichtung und Betrieb zwischen **genehmigungsbedürftigen** (§§ 4-21) und **nicht genehmigungsbedürftigen Anlagen** (§§ 22-25). Ein Genehmigungserfordernis sieht der Gesetzgeber bei hinreichend gefahrenträchtigen (»lästigen«) Tätigkeiten vor, um eine vorherige Kontrolle des Vorhabens zu ermöglichen (präventives Verbot mit Erlaubnisvorbehalt, entsprechend der gewerberechtlichen Genehmigung); **Vorläufer** der heutigen Bestimmungen waren in §§ 16 ff. **GewO a. F.** enthalten.

Genehmigungspflicht für »lästige« Anlagen

Welche Anlagen unter die **Genehmigungspflicht** fallen, umschreibt abstrakt § 4 Abs. 1 S. 1 BImSchG. Konkretisiert wird dies abschließend durch die **4. BImSchV**, erlassen aufgrund der Ermächtigung in § 4 Abs. 1 Satz 3 BImSchG.

Wirtschaftliche Projekte

§ 2 Abs. 1 Nrn. 1, 2 der 4. BImSchV ordnen an, welche Anlagen in einem **förmlichen** und welche im **vereinfachten Verfahren** zu genehmigen sind. Anlagen, die in § 2 der 4. BImSchV nebst zugehörigem Anhang nicht genannt sind, bedürfen keiner immissionsschutzrechtlichen Genehmigung, oft ist aber eine Erlaubnis nach anderen Gesetzen (etwa eine Baugenehmigung) notwendig.

Zwei Genehmigungsverfahren

§ 4 Abs. 1 BImSchG

Die Errichtung und der Betrieb von Anlagen, die auf Grund ihrer Beschaffenheit oder ihres Betriebs in besonderem Maße geeignet sind, schädliche Umwelteinwirkungen hervorzurufen oder in anderer Weise die Allgemeinheit oder die Nachbarschaft zu gefährden, erheblich zu benachteiligen oder erheblich zu belästigen, sowie von ortsfesten Abfallentsorgungsanlagen zur Lagerung oder Behandlung von Abfällen bedürfen einer Genehmigung. Mit Ausnahme von Abfallentsorgungsanlagen bedürfen Anlagen, die nicht gewerblichen Zwecken dienen und nicht im Rahmen wirtschaftlicher Unternehmungen Verwendung finden, der Genehmigung nur, wenn sie in besonderem Maße geeignet sind, schädliche Umwelteinwirkungen durch Luftverunreinigungen oder Geräusche hervorzurufen. Die Bundesregierung bestimmt nach Anhörung der beteiligten Kreise (§ 51) durch Rechtsverordnung mit Zustimmung des Bundesrates die Anlagen, die einer Genehmigung bedürfen (genehmigungsbedürftige Anlagen); in der Rechtsverordnung kann auch vorgesehen werden, dass eine Genehmigung nicht erforderlich ist, wenn eine Anlage insgesamt oder in ihren in der Rechtsverordnung bezeichneten wesentlichen Teilen der Bauart nach zugelassen ist und in Übereinstimmung mit der Bauartzulassung errichtet und betrieben wird. ...

Die »**Errichtung**« einer Anlage beginnt mit ihrer Aufstellung bzw. dem Beginn der Baumaßnahmen am vorgesehenen Ort (also noch nicht mit Planung oder Bestellung) und wird mit ihrer Einrichtung abgeschlossen. »**Betrieb**« ist die Verwendung entsprechend dem Anlagenzweck und umfasst auch Wartungsmaßnahmen (nicht dagegen den Probebetrieb, insoweit gilt § 8a Abs. 1 BImSchG); er reicht von der Inbetriebnahme der Anlage zu Produktionszwecken bis zur endgültigen Stilllegung oder einer Unterbrechung von mehr als drei Jahren (§ 18 Abs. 1 Nr. 2 BImSchG).

Reichweite der Genehmigungspflicht

Den **Zeitpunkt** der Genehmigungsbedürftigkeit bestimmt § 62 Abs. 1 Nr. 1 BImSchG, ab dem Beginn der Anlagenerrichtung ist ungenehmigtes Vorgehen eine Ordnungswidrigkeit; der ungenehmigte Betrieb ist dagegen eine Straftat (vgl. § 327 StGB). Adressat der Genehmigungspflicht ist der Anlagenbetreiber; dazu gehört auch, wer die Anlage zunächst lediglich errichten will. Auf Antrag und bei Vorliegen eines berechtigten Interesses können in einem abgestuften Verfahren eine Teilgenehmigung oder ein Vorbescheid (§§ 8, 9 BImSchG) erteilt werden.

Die Anlagengenehmigung besitzt nach § 13 BImSchG **Konzentrationswirkung**, d.h. sie schließt zahlreiche andere die Anlage betreffende behördliche Entscheidungen ein, insbesondere Bau- und andere Genehmigungen, jedoch nicht Planfeststellungen, Zulassungen bergrechtlicher Betriebspläne, behördliche Entscheidungen aufgrund atomrechtlicher Vorschriften und wasserrechtliche Erlaubnisse und Bewilligungen (nach §§ 7, 8 WHG). Gemäß § 14 BImSchG sind nach Unanfechtbarkeit der Genehmigung privatrechtliche, nicht auf besonderen Titeln (z.B. Dienstbarkeit) beruhende **Ansprüche** zur Abwehr benachteiligender Einwirkungen auf ein Nachbargrundstück **ausgeschlossen**; die Einstellung des Betriebs einer Anlage kann nicht mehr verlangt werden, lediglich Vorkehrungen gegen benachteiligende Wirkungen oder (nachrangig) Schadensersatz kommen in Betracht.

Wirkungen im öffentlichen und privaten Recht

Die Genehmigung ist als **gebundene Entscheidung** ausgestaltet.

§ 6 Abs. 1 BImSchG

Die Genehmigung ist zu erteilen, wenn

1. sichergestellt ist, dass die sich aus § 5 und einer auf Grund des § 7 erlassenen Rechtsverordnung ergebenden Pflichten erfüllt werden, und
2. andere öffentlich-rechtliche Vorschriften und Belange des Arbeitsschutzes der Errichtung und dem Betrieb der Anlage nicht entgegenstehen. ...

Mit dem Verweis auf § 5 BImSchG macht das Gesetz die Erteilung der Anlagengenehmigung insbesondere von der Einhaltung von grundlegenden »**Betreiberpflichten**« abhängig. Danach sind schädliche Umwelteinwirkungen auszuschließen (§ 5 Abs. 1 Nr. 1 BImSchG), ist Vorsorge gegen Emissionen zu treffen (Nr. 2), sind Abfälle zu vermeiden, zu verwerten oder umweltgerecht zu beseitigen (Nr. 3) und ist Abwärme zu nutzen (Nr. 4), schließlich sind auch für die Zeit nach der Betriebseinstellung Vorkehrungen notwendig (Abs. 3). Relevante Rechtsverordnungen aufgrund von § 7 BImSchG sind z. B. die Störfall- oder die Altöl-Verordnung. Andere öffentlich-rechtliche Vorschriften und Belange des Arbeitsschutzes nach § 6 Abs. 1 Nr. 2 BImSchG sind aufgrund der Konzentrationswirkung der Genehmigung umfassend zu prüfen; regelmäßig sind hier bau- oder naturschutzrechtliche Regelungen bedeutsam.

Grundpflichten des Betreibers

§§ 10 bzw. 19 BImSchG treffen zusammen mit der 9. BImSchV detaillierte Vorschriften über die einzelnen **Verfahrensschritte**. Praktisch von großer Bedeutung ist, dass mit Ablauf der Einwendungsfrist (§ 10 Abs. 3 S. 2 BImSchG) alle Einwendungen von Betroffenen ausgeschlossen sind, die nicht auf besonderen privatrechtlichen Titeln beruhen (**materielle Präklusion**, vgl. §§ 10 Abs. 3 S. 3, 11). Beim Vergleich der einzuhaltenden Verfahrensschritte ergeben sich folgende Gemeinsamkeiten und Unterschiede:

Verfahrensarten und -ablauf

Verfahrensarten und -ablauf

Förmliches Verfahren	**Vereinfachtes Verfahren**
§ 10 BImSchG i. V. m. 9. BImSchV (ggf. mit UVPG)	§ 19 BImSchG i. V. m. 9. BImSchV
(bei UVP-Pflicht: Scoping-Termin zur Vorbereitung der UVP)	
1. Antrag	1. Antrag
2. Antragsunterlagen	2. Antragsunterlagen
3. öffentliche Bekanntmachung des Vorhabens	—
4. öffentliche Auslegung des Antrags mit Unterlagen	—
5. Beteiligung anderer Behörden	3. Beteiligung anderer Behörden
6. Abhalten eines Erörterungstermins	—
7. Entscheidung über den Antrag (Genehmigung/Ablehnung)	4. Entscheidung über den Antrag (Genehmigung/Ablehnung)
8. Zustellung des Genehmigungsbescheids	5. Zustellung des Genehmigungsbescheids

Änderungen der Anlage

Nach § 15 BImSchG sind **einfache** Änderungen genehmigungsbedürftiger Anlagen anzuzeigen; eine neue Genehmigungspflicht gilt nur für **wesentliche Änderungen** (§ 16 Abs. 1 S. 1 BImSchG).

»Änderung« der »**Lage**« liegt vor, wenn die Anlage insgesamt oder in Teilen einen anderen Standort erhält. Bei einem Neubau an ganz anderer Stelle liegt allerdings eine (Neu-)Errichtung vor. »Änderung« der »**Beschaffenheit**« bezieht sich auf Zustand oder konstruktive Merkmale einer Anlage, insbesondere wenn Teile ersetzt oder beseitigt werden oder die Anlage durch zusätzliche Einrichtungen erweitert wird. »Änderung« des »**Betriebs**« bezieht sich auf die Modifizierung der Produktionsprozesse, aber auch der Betriebsweise der Anlage oder der Betriebszeiten; nicht erfasst werden Betriebseinstellung oder Änderungen in der Person des Betreibers.

Nachträgliche Anordnungen

Unter den Voraussetzungen des § 17 BImSchG können/sollen nach Erteilung der Genehmigung bzw. Anzeige einer Änderung Anordnungen (nur) zur Erfüllung der sich aus dem BImSchG und den BImSchV ergebenden Pflichten getroffen werden. **Nachträgliche Anordnungen** stellen gegenüber Untersagung, Stilllegung und Beseitigung sowie dem Widerruf der Genehmigung (§§ 20, 21 BImSchG) ein **milderes Mittel** dar. Gegenstand einer Anordnung können alle nach § 12 BImSchG möglichen Nebenbestimmungen sein, die Fortführung des Betriebs muss möglich bleiben. Die Anordnung kann Mittel oder Ziel angeben und muss eine angemessene Frist zur Erfüllung setzen. § 17 Abs. 2 BImSchG (»darf nicht«) enthält (als spezielle Ausprägung des Verhältnismäßigkeitsgrundsatzes) eine »Betreiberschutzklausel« zur Abwehr unzumutbarer Anordnungen. Nach § 17 Abs. 3a soll die Behörde von Anordnungen auch absehen, wenn der Betreiber Kompensationsmöglichkeiten nachweisen kann.

Aus den in § 20 BImSchG genannten Gründen, insbesondere bei **Unzuverlässigkeit** des Betreibers (Abs. 3), kann schließlich die **Untersagung**, **Stilllegung** und **Beseitigung** des Anlagenbetriebs in Frage kommen. Ein Rechtsanspruch Dritter auf behördliches Einschreiten besteht nur bei Verstößen gegen drittschützende Normen (z.B. §§ 5 Abs. 1 Nr. 1, Abs. 3 Nr. 1, 20 Abs. 1a S. 1, 22 Abs. 1 S. 1 Nrn. 1, 2 BImSchG), der Anspruch auf eine ermessensfehlerfreie Entscheidung (§ 40 VwGO) ist dagegen stets gegeben. § 21 BImSchG enthält für den **Widerruf** der Anlagengenehmigung eine **Spezialvorschrift** gegenüber §§ 49, 49a, 50 VwVfG.

4. Nicht-genehmigungsbedürftige Anlagen

§ 22 BImSchG stellt für die vom Gesetzgeber als weniger gefahrenträchtig eingeschätzten Anlagen geringere **Betreiberpflichten** als § 5 auf. Aufgrund von § 23 BImSchG sind zahlreiche Rechtsverordnungen für die Minimierung einzelner Emissionen ergangen, z.B. die 8. (Rasenmäherlärm), 18. (Sportanlagenlärm), 26. (elektromagnetische Felder) oder 27. BImSchV (Anlagen zur Feuerbestattung).

Geringere Betreiberpflichten

Nach § 24 BImSchG können **Anordnungen im Einzelfall** getroffen, gem. § 25 kann der Betrieb untersagt, jedoch nicht seine Beseitigung angeordnet werden.

5. Wiederholungsfragen

1. Welche Bezüge hat das Immissionsschutz- zum Gewerberecht? Lösung S. 189

2. Welche zentralen Betreiberpflichten gelten bei genehmigungsbedürftigen Anlagen? Lösung S. 191

3. Welche Wirkungen hat eine immissionsschutzrechtliche Genehmigung im öffentlichen und im Privatrecht? Lösung S. 190

4. Wie verhalten sich nachträgliche Anordnungen und Aufhebung der Genehmigung zueinander? Lösung S. 192

5. Gibt es für nicht-genehmigungsbedürftige Anlagen nach §§ 22 ff. BImSchG überhaupt keine Genehmigungspflicht? Lösung S. 193

Regulierungsrecht

1.	Telekommunikationsrecht	196
2.	Energiewirtschaftsrecht	204
3.	**Andere Sektoren**	207
3.1.	Postwesen	207
3.2.	Eisenbahnen	207
4.	**Wiederholungsfragen**	210

Regulierungsrecht

1. Telekommunikationsrecht

Die Mitte 2004 durch ein neues Telekommunikationsgesetz (TKG) abgelöste TKG 1996 enthielt eine (recht allgemeine) Legaldefinition von »**Regulierung**«:

§ 3 TKG 1996

Im Sinne dieses Gesetzes ...

13. sind »Regulierung« die Maßnahmen, die zur Erreichung der in § 2 Abs. 2 genannten Ziele ergriffen werden und durch die das Verhalten von Telekommunikationsunternehmen beim Angebot von Telekommunikationsdienstleistungen, von Endeinrichtungen oder von Funkanlagen geregelt werden, sowie die Maßnahmen, die zur Sicherstellung einer effizienten und störungsfreien Nutzung von Frequenzen ergriffen werden. ...

Regulierung wurde und wird in § 2 Abs. 1 TKG als »**hoheitliche Aufgabe** des Bundes« gekennzeichnet; sie soll »**technologieneutral**« erfolgen und – so § 1 TKG 2004 –

... den Wettbewerb im Bereich der Telekommunikation und leistungsfähige Telekommunikationsinfrastrukturen ... fördern und flächendeckend angemessene und ausreichende Dienstleistungen ... gewährleisten.

<small>Privatwirtschaftlicher Bereich unter staatlicher »Oberaufsicht«</small>

Dieser bereits ähnlich in § 1 TKG 1996 enthaltene **Gesetzeszweck** lehnt sich unmittelbar an den in dem 1994 eingefügten Art. 87f Abs. 1 GG niedergelegte **Infrastrukturgewährleistungsauftrag** des Bundes an. Damit verbunden ist das Gebot einer »**Entstaatlichung**« dieses Wirtschaftssektors: Telekommunikations- (und Post-)Dienstleistungen dürfen nach Art. 87f Abs. 2 S. 1 nur noch als »privatwirtschaftliche Tätigkeiten« von den aus dem früheren Sondervermögen Deutsche Bundespost hervorgegangenen Unternehmen (d.h. der Deutschen Telekom AG [bzw. der Deutschen Post AG]) und durch »andere private Anbieter erbracht« werden.

Die **Ziele der Regulierung** sind gegenüber 1996 (von 6) auf 9 Aspekte erweitert worden.

§ 2 Abs. 2 TKG

1. die Wahrung der Nutzer-, insbesondere der Verbraucherinteressen auf dem Gebiet der Telekommunikation und die Wahrung des Fernmeldegeheimnisses,
2. die Sicherstellung eines chancengleichen Wettbewerbs und die Förderung nachhaltig wettbewerbsorientierter Märkte der Tele-

kommunikation im Bereich der Telekommunikationsdienste und -netze sowie der zugehörigen Einrichtungen und Dienste, auch in der Fläche,
3. effiziente Infrastrukturinvestitionen zu fördern und Innovationen zu unterstützen,
4. die Entwicklung des Binnenmarktes der Europäischen Union zu fördern,
5. die Sicherstellung einer flächendeckenden Grundversorgung mit Telekommunikationsdiensten (Universaldienstleistungen) zu erschwinglichen Preisen,
6. die Förderung von Telekommunikationsdiensten bei öffentlichen Einrichtungen,
7. die Sicherstellung einer effizienten und störungsfreien Nutzung von Frequenzen, auch unter Berücksichtigung der Belange des Rundfunks,
8. eine effiziente Nutzung von Nummerierungsressourcen zu gewährleisten,
9. die Wahrung der Interessen der öffentlichen Sicherheit.

Militärische Belange verbleiben in der Zuständigkeit des Bundesministeriums der Verteidigung (§ 2 Abs. 4 TKG).

Entsprechend der Konzeption eines von Europäischem Parlament und (Minister-)Rat 2002 verabschiedeten »Pakets« mehrerer EG-Richtlinien liegt ein Schwergewicht des TKG 2004 auf der »**Marktregulierung**«. Die Definition einzelner (sachlich und räumlich abgegrenzter) Märkte und die Analyse, ob auf diesen ein oder mehrere Unternehmen über »**beträchtliche Marktmacht**« (§ 3 Nr. 4) verfügt/verfügen, werden dabei weitestgehend von EG-rechtlichen Vorgaben geprägt (§§ 10, 11, 14, 15). Die jeweilige nationale **Regulierungsbehörde** – in Deutschland die (seit Juli 2005 so bezeichnete) »Bundesnetzagentur für Elektrizität, Gas, Telekommunikation, Post und Eisenbahnen« (Art. 2 § 1 des Zweiten Gesetzes zur Neuregelung des Energiewirtschaftsrechts) – muss dabei nicht nur alle »interessierten Parteien« anhören (§ 12 Abs. 1), sondern zudem immer dann, wenn die Ergebnisse einer Marktdefinition und/oder -analyse »Auswirkungen auf den Handel zwischen den (EG-)Mitgliedstaaten haben«, sowohl mit den vergleichbaren Behörden aller anderen EG-Länder als auch mit der EG-Kommission ein »Konsolidierungsverfahren« durchführen (§ 12 Abs. 2 TKG), bei dem das EG-Organ in einigen bedeutsamen Fällen (Nr. 3) ein »Veto« gegen die beabsichtigte nationale Entscheidung einlegen und die Bundesnetzagentur damit zu einer Änderung ihres Entwurfs zwingen kann.

Anknüpfung an Marktmacht

NETZREGULIERUNG

Mit einer einzigen Ausnahme – wenn ein Unternehmen (Betreiber eines öffentlichen »Telekommunikationsnetzes«, § 3 Nr. 27) »Kontrolle des Zugangs zu Endnutzern« ausübt (§ 18) – können im Rahmen der Marktregulierung Maßnahmen nur marktmächtigen Unternehmen auferlegt werden (§ 9 Abs. 2, 3 TKG). Die einheitliche, als Verwaltungsakt ergehende »**Regulierungsverfügung**« (§ 13) muss diesen andererseits mindestens *eine* Verpflichtung im Hinblick auf »Zugang« (§ 3 Nr. 32) und Entgelt auferlegen. **Zugangs- oder »Zusammenschaltungs«-Anordnungen** (s. § 3 Nr. 34) sind dabei nur zulässig, soweit und solange keine (den gesetzlichen Maßstäben der §§ 18 ff. entsprechende) Vereinbarung zwischen Netzbetreiber und Nachfrager zustande kommt (§ 25 Abs. 2 TKG). Dabei kann sich die Anordnung (anders als nach dem TKG 1996) auf Aspekte sowohl der Leistung als auch der Gegenleistung (Entgelt) beziehen (§ 25 Abs. 5, 6 TKG).

Allgemeines **Ziel** der **Entgeltregulierung** ist es nach

§ 27 Abs. 1 TKG

eine missbräuchliche Ausbeutung, Behinderung oder Diskriminierung von Endnutzern oder von Wettbewerbern durch preispolitische Maßnahmen von Unternehmen mit beträchtlicher Marktmacht zu verhindern.

Nach § 27 Abs. 2 TKG müssen Maßnahmen in ihrer Gesamtheit aufeinander abgestimmt sein (**Konsistenzgebot**); § 28 konkretisiert die drei wichtigsten Fälle **missbräuchlichen Verhaltens** näher. Entgelte im Hinblick auf **Zugangsleistungen**, die ein marktmächtiger Netzbetreiber nach § 21 TKG erbringen muss, sind nach § 30 Abs. 1 Satz 1 genehmigungspflichtig (**ex ante-Regulierung**). Maßstab für die Genehmigungsfähigkeit der Preise solcher »Vorleistungen« sind regelmäßig die in § 31 Abs. 2 TKG näher gekennzeichneten »Kosten der

---

Gegenstände und Arten der Regulierung

effizienten Leistungsbereitstellung« (§ 31 Abs. 1 Satz 1). Neben einer Einzelgenehmigung (§ 32 Nr. 1) ist unter den Voraussetzungen des § 34 auch ein »schlankeres« price cap-Verfahren möglich (§ 32 Nr. 2 TKG). Liegt kein Missbrauch vor und wird auch die zulässige Obergrenze nicht überschritten, hat das beantragende Unternehmen einen Rechtsanspruch auf Erteilung (§ 35 Abs. 3 TKG); allerdings »soll« eine Genehmigung nur befristet erfolgen (§ 35 Abs. 4).

Bei **Abweichung** von einer (wirksamen) **Genehmigung** bestimmt

§ 37 TKG

(1) Ein Betreiber eines öffentlichen Telekommunikationsnetzes, der über beträchtliche Marktmacht verfügt, darf keine anderen als die von der Regulierungsbehörde genehmigten Entgelte verlangen.

(2) Verträge über Dienstleistungen, die andere als die genehmigten Entgelte enthalten, werden mit der Maßgabe wirksam, dass das genehmigte Entgelt an die Stelle des vereinbarten Entgelts tritt.

(3) Eine vertragliche oder gesetzliche Verpflichtung zur Erbringung der Leistung bleibt unabhängig vom Vorliegen einer Entgeltgenehmigung bestehen. Die Regulierungsbehörde kann die Werbung für ein Rechtsgeschäft, den Abschluss, die Vorbereitung und die Anbahnung eines Rechtsgeschäfts untersagen, das ein anderes als das genehmigte oder ein nicht genehmigtes, aber genehmigungsbedürftiges Entgelt enthält.

Zudem droht hier ein **Bußgeld** bis zu 500.000 € (§ 149 Abs. 1 Nr. 4 a], 6 und Abs. 2 TKG).

Selbst für nach § 21 auferlegte Zugangsleistungen ist die ex ante-Regulierung aber nicht ausnahmslos vorgeschrieben; vielmehr enthält § 30 in Abs. 2-4 weit reichende Ausnahmen. Darüber hinaus soll die Regulierungsbehörde nach § 30 Abs. 1 Satz 2 solche Entgelte dann einer **nachträglichen (ex post-) Regulierung** nach § 38 Abs. 2-4 unterwerfen, wenn

1. der Betreiber nicht gleichzeitig auch auf dem Markt für Endkundenleistungen, auf dem der Betreiber tätig ist, über beträchtliche Marktmacht verfügt,
2. nach Inkrafttreten des Gesetzes beträchtliche Marktmacht festgestellt worden ist, ohne dass der Betreiber vor Inkrafttreten des Gesetzes auf dem relevanten Markt von der Regulierungsbehörde als marktbeherrschend eingestuft wurde und
3. diese Maßnahme zur Erreichung der Regulierungsziele ausreicht.

Im Falle der **ex post-Regulierung** reagiert die Regulierungsbehörde von Amts wegen, wenn ihr Tatsachen bekannt werden, die den »Anfangsverdacht« eines missbräuchlichen Verhaltens nach § 28 TKG begründen. Ein Überprüfungsverfahren ist binnen zwei Monaten abzuschließen (§ 38 Abs. 3). Über die Entscheidung besagt

§ 38 Abs. 4 TKG
Sofern die Regulierungsbehörde feststellt, dass Entgelte nicht den Maßstäben des § 28 genügen, untersagt sie das nach diesem Gesetz verbotene Verhalten und erklärt die beanstandeten Entgelte ab dem Zeitpunkt der Feststellung für unwirksam. Gleichzeitig kann die Regulierungsbehörde Entgelte anordnen, die den Maßstäben des § 28 genügen. Sofern der Anbieter mit beträchtlicher Marktmacht danach eigene Entgeltvorschläge vorlegt, prüft die Regulierungsbehörde binnen eines Monats, ob diese Entgelte die festgestellten Verstöße gegen die Maßstäbe des § 28 abstellen. § 37 gilt entsprechend. ...

Nach § 38 Abs. 1 TKG sind alle Entgelte, die einer nachträglichen Entgeltregulierung unterliegen, der Regulierungsbehörde zwei Monate vor dem geplanten Inkrafttreten **vorzulegen**. Innerhalb von zwei Wochen nach Zugang der Anzeige der Entgeltmaßnahme kann die **Einführung** des Entgelts bis zum Abschluss der Prüfung **untersagt** werden, wenn die geplante Entgeltmaßnahme offenkundig nicht mit § 28 vereinbar wäre. Entgeltmaßnahmen bezüglich individuell vereinbarter Leistungen, die nicht ohne weiteres auf eine Vielzahl anderer Nachfrager übertragbar sind, müssen der Regulierungsbehörde erst unmittelbar nach Vertragsabschluss zur Kenntnis gegeben werden.

Entgelte für Angebote von »Telekommunikationsdiensten« (§ 3 Nr. 24) für »**Endnutzer**« (§ 3 Nr. 8) dürfen nur ausnahmsweise durch die Bundesnetzagentur einer Genehmigungspflicht unterworfen werden (»ultima ratio«, § 39 Abs. 1 Sätze 1, 2 TKG). Gleiches gilt bei der Überlassung von Teilnehmerdaten (§ 47 Abs. 4 Satz 2). Im Übrigen ist hier lediglich eine ex post-Kontrolle vorgesehen (§ 39 Abs. 3), ebenso wie bei den Entgelten bei »sonstigen Verpflichtungen« (Betreiber[vor]auswahl, § 40 [Abs. 1 Satz 5]; Mietleitungen, § 41 [Abs. 3]); beim Übertragen (Portieren) von »Rufnummern« (§ 3 Nr. 18) nach § 46 Abs. 3 Satz 3, beim Überlassen von Teilnehmerdaten (§ 47 Abs. 4 Satz 1), und für gewisse Universaldienstleistungen (§ 39 Abs. 2 i. V. m. § 78 Abs. 2 Nr. 3, 4 TKG).

Neben Zugangs- und Entgeltregulierung tritt eine (im Verhältnis zum GWB) »**besondere Missbrauchsaufsicht**«. Ein Fehlverhalten wird vermutet,

§ 42 Abs. 2, 3 TKG

wenn ein Unternehmen mit beträchtlicher Marktmacht sich selbst, seinen Tochter- oder Partnerunternehmen den Zugang zu seinen intern genutzten oder zu seinen am Markt angebotenen Leistungen zu günstigeren Bedingungen oder zu einer besseren Qualität ermöglicht, als es sie anderen Unternehmen bei der Nutzung der Leistung für deren Telekommunikationsdienste oder mit diesen in Zusammenhang stehenden Diensten einräumt, es sei denn, das Unternehmen weist Tatsachen nach, die die Einräumung ungünstigerer Bedingungen sachlich rechtfertigen (,)

wenn ein Betreiber eines öffentlichen Telekommunikationsnetzes mit beträchtlicher Marktmacht seiner Verpflichtung aus § 22 Abs. 1 nicht nachkommt, indem die Bearbeitung von Zugangsanträgen ohne sachlichen Grund verzögert wird.

Verfahren und **Entscheidung** der Behörde ergeben sich aus

§ 42 Abs. 4 TKG

Auf Antrag oder von Amts wegen trifft die Regulierungsbehörde eine Entscheidung, um die missbräuchliche Ausnutzung einer marktmächtigen Stellung zu beenden. Dazu kann sie dem Unternehmen, das seine marktmächtige Stellung missbräuchlich ausnutzt, ein Verhalten auferlegen oder untersagen oder Verträge ganz oder teilweise für unwirksam erklären. Eine solche Entscheidung soll in der Regel innerhalb einer Frist von vier Monaten nach Einleitung des Verfahrens getroffen werden. ... Den Antrag nach Satz 1 kann jeder Anbieter von Telekommunikationsdiensten stellen, der geltend macht, in eigenen Rechten verletzt zu sein.

Neben Marktregulierung behandelt das TKG »**Kundenschutz**« (§§ 44 ff.) sowie den Problemkreis »Fernmeldegeheimnis, Datenschutz, Öffentliche Sicherheit« (§§ 88 – 115). Wichtige Aufgaben der Regulierungsbehörde bestehen ferner bei **Vergabe knapper Ressourcen** – Frequenzen (§§ 52 ff.), »Nummern« (§ 3 Nr. 13 i. V. m. §§ 66 f.), Rechte zur Benutzung öffentlicher Wege (§§ 68 ff.); in den ersten beiden Bereichen außer europäischen auch internationale Vorgaben (des Rechts der International Telecommunications Union [ITU]) maßgeblich.

Weitere Themen des TKG

Ein bislang praktisch wenig bedeutsamer Teil (6) des TKG betrifft schließlich Leistungen des »**Universaldiensts**«, also

§ 78 Abs. 1 TKG

ein Mindestangebot an Diensten für die Öffentlichkeit, für die eine bestimmte Qualität festgelegt ist und zu denen alle Endnutzer unabhängig von ihrem Wohn- oder Geschäftsort zu einem erschwinglichen Preis Zugang haben müssen und deren Erbringung für die Öffentlichkeit als Grundversorgung unabdingbar geworden ist.

Gewährleistung einer Grundversorgung

Näher bestimmt werden die Leistungen nicht mehr in einer Rechtsverordnung (wie nach dem TKG 1996: TUDLV), sondern im Gesetz selbst (§ 78 Abs. 2). Im Einklang mit der einschlägigen EG-Richtlinie ist dabei neu eine Regelung zu unentgeltlichen **Notrufen** eingefügt worden (Nr. 5; ergänzend § 108 TKG). Das TKG geht weiterhin davon aus, die notwendige »flächendeckende, ausreichende und angemessene« Grundversorgung sei vorhanden und werde vorerst auch freiwillig von der Deutschen Telekom AG erbracht; dieses Unternehmen ist daher verpflichtet, geplante Verringerungen ihres Angebots ein Jahr vor Wirksamwerden anzuzeigen (§ 150 Abs. 9). Damit ist die Bundesnetzagentur in der Lage, rechtzeitig Maßnahmen zu treffen, damit kein »Marktversagen« eintritt. Sie würde dann im Verfahren nach § 81 zunächst über eine Ausschreibung ein oder mehrere leistungsfähige Unternehmen ermitteln, welche(s) die kritisch gewordene Leistung auch künftig erbringen wird/werden, und nötigenfalls eine Verpflichtung aussprechen. Sofern eine Universaldienstleistung nur bei einem finanziellen Ausgleich zumutbar ist (§ 82), würde dieser nicht aus dem Bundeshaushalt erbracht, sondern die Gesamtkosten werden im Wege einer Universaldienstabgabe proportional zum Umsatz (nachträglich) auf jedes leistungsfähige, aber nicht selbst real mitwirkende Unternehmen »umgelegt« (§ 83). Durch dieses Konzept (»play or pay«) wird eine gleichmäßige Lastenverteilung sichergestellt. Zumindest gegen die bereits im alten TKG 1996 enthaltenen Regelungen (§§ 18 ff.) wurden verfassungsrechtliche Bedenken erhoben, ob die konkrete Ausgestaltung den Anforderungen an eine zulässige »Sonderabgabe« vollauf gerecht werde.

Organisatorische Besonderheiten

Aus dem GWB (§ 51 Abs. 2-4) stammt die Besonderheit, dass die Regulierungsbehörde insbesondere im Bereich der Marktregulierung, aber auch in einigen anderen wichtigen Fällen durch dreiköpfige **Beschlusskammern** entscheidet (§ 132 Abs. 1 Satz 1, § 133 [Abs. 3] TKG). Das Gesetz selbst legt die Kompetenzen der »Präsidentenkammer« fest (§ 132 Abs. 3), bestehend aus dem Präsidenten und den beiden Vizepräsidenten (§ 3 BNetzA-Gesetz). Die durch Verwaltungsakt ergehende Entscheidung (§ 132 Abs. 1 Satz 2) ist Resultat eines gerichtsähnlichen förmlichen Verfahrens (§§ 134, 135); **Rechtsbehelfe** sind auf Klage und Revision beschränkt (§§ 137 Abs. 2, 3 TKG) und haben generell keine aufschiebende Wirkung (§ 137 Abs. 1 TKG i. V.

m. § 80 Abs. 2 Satz 1 Nr. 3 VwGO). Diese Organisationsstruktur, der Verzicht auf eine Ministererlaubnis (wie im GWB, § 42) und das Gebot der Veröffentlichung ministerieller Weisungen (§ 117 Satz 1 TKG) sollen die EG-rechtlich vorgeschriebene »Unabhängigkeit« der nationalen Regulierungsbehörde(n) sichern.

Allgemeine **Befugnisse** der Bundesnetzagentur zur Untersagung rechtswidrigen Handelns ergeben sich aus § 126; vorläufige Anordnungen sind in § 130 vorgesehen, spezielle Kompetenzen z. B. in § 65 oder § 115 TKG normiert. Eng an das Kartellrecht angelehnt sind Auskunfts- und (weitere) Ermittlungsbefugnisse (§§ 127, 128).

Kompetenzen der Bundesnetzagentur

Die ausschließliche Gesetzgebungszuständigkeit des Bundes für »**Telekommunikation**« (Art. 73 Abs. 1 Nr. 7 GG) bezieht sich nur auf **technische Fragen**, nicht auf Inhalte der Übermittlung. Wenn § 3 Nr. 22 TKG »Telekommunikation« definiert als den

Telekommunikation und verwandte Bereiche

technische(n) Vorgang des Aussendens, Übermittelns und Empfangens von Signalen mittels Telekommunikationsanlagen,

schließt dies allerdings eine Übertragung in Rundfunknetzen (für Hör- und Fernsehfunk – terrestrisch, per Satellit oder Kabel, s. § 3 Nr. 24, 27) ein. Daher befasst sich Teil 4 des TKG (§§ 48 – 51) auch mit Problemen der **Rundfunkübertragung**.

Darüber hinaus werden im TKG (und umgekehrt auch in Bundes- oder Landesgesetzen über Rundfunk, Tele- oder Mediendienste) mehrfach **Abgrenzungs- und Kooperationsfragen** angesprochen:

§ 2 Abs. 5 TKG

Die Belange von Rundfunk und vergleichbaren Telemedien sind zu berücksichtigen. Die medienrechtlichen Bestimmungen der Länder bleiben unberührt.

§ 27 Abs. 3 TKG

Die Regulierungsbehörde hat, soweit Belange von Rundfunk und vergleichbaren Telemedien nach § 2 Abs. 5 Satz 1 betroffen sind, die zuständige Landesmedienanstalt hierüber zu informieren und an eingeleiteten Verfahren zu beteiligen. Auf Antrag der zuständigen Landesmedienanstalt prüft die Regulierungsbehörde auf der Grundlage dieses Gesetzes die Einleitung eines Verfahrens und die Anordnung von Maßnahmen nach den folgenden Bestimmungen.

§ 123 Abs. 2 TKG

Die Regulierungsbehörde arbeitet mit den Landesmedienanstalten zusammen. Auf Anfrage übermittelt sie den Landesmedienanstalten Erkenntnisse, die für die Erfüllung von deren Aufgaben erforderlich sind.

2. Energiewirtschaftsrecht

Mitte 2005 ist das Recht der Energiewirtschaft grundlegend **reformiert** worden. Anders als im Telekommunikationssektor sind für die **Strom- und Gasversorgung** aber neben (mit dem neuen Energiewirtschaftsgesetz [EnWG]) umgesetzten EG-Richtlinien auch (für den grenzüberschreitenden Handel mit Elektrizität bzw. Gas) zwei EG-Verordnungen maßgeblich (und gelten unmittelbar).

EG-Vorgaben

Zweck des EnWG ist nach

§ 1 Abs. 1

eine möglichst sichere, preisgünstige, verbraucherfreundliche, effiziente und umweltverträgliche leitungsgebundene Versorgung der Allgemeinheit mit Elektrizität und Gas.

Nach § 1 Abs. 2 dient die

Regulierung der Elektrizitäts- und Gasversorgungsnetze ... den Zielen der Sicherstellung eines wirksamen und unverfälschten Wettbewerbs bei der Versorgung mit Elektrizität und Gas und der Sicherung eines langfristig angelegten leistungsfähigen und zuverlässigen Betriebs von Energieversorgungsnetzen.

Dualität der Regulierungsbehörden

Die **Bundesnetzagentur** ist auch für diese Bereiche primär zuständig (§ 54 Abs. 1, 3), und die allgemeinen Befugnisse und Verfahrensregelungen (§§ 29 ff., 65 ff.) einschließlich der Zuweisung – hier: fast aller – Entscheidungen an **Beschlusskammern** (§ 59) gleichen den Vorschriften des TKG bis in Details. § 54 Abs. 2 EnWG behält aber Kompetenzen den **Landesregulierungsbehörden** vor, soweit »Energieversorgungsunternehmen« (§ 3 Nr. 18) betroffen sind,

an deren Elektrizitäts- oder Gasverteilernetz jeweils weniger als 100.000 Kunden unmittelbar oder mittelbar angeschlossen sind (und) wenn ein Elektrizitäts- oder Gasverteilernetz ... nicht ... über das Gebiet eines Landes hinausreicht.

Besonderheiten beim Rechtsschutz

Rechtsbehelfe gegen Entscheidungen der Regulierungsbehören haben auch hier keine aufschiebende Wirkung (§ 76); **Rechtsschutz** ist jedoch nicht vor Verwaltungs-, sondern vor **ordentlichen Gerichten** zu suchen (Beschwerde zum OLG, §§ 75 ff.; ggf. Rechtsbeschwerde zum BGH, §§ 86 ff., wobei jeweils die Kartellsenate zuständig sind, §§ 106 ff. EnWG).

Gegenstände und Arten der Regulierung

Zentrales Thema des EnWG ist die »**Regulierung des Netzbetriebs**« (Teil 3); sie umfasst Aufgaben der verschiedenen Netzbetreiber (§ 3 Nr. 2 – 7, 10, 27 i. V. m. §§ 11 ff.), Fragen des Netzanschlusses (§§ 17 ff.) sowie insbesondere des Netzzugangs (§§ 20 ff.) einschließlich der hierfür zu entrichtenden **Entgelte**. Insoweit werden die gesetzlichen Regeln für die Bereiche Strom und Gas durch je spezifische Zugangs- und Entgeltverordnungen konkretisiert. Künftig sollen – ebenfalls nach Maßgabe einer Rechtsverordnung der Bundesregierung auf Basis eines Berichts der Bundesnetzagentur (§§ 21 a Abs. 6, 112a, 118 Abs. 5) – Netzzugangsentgelte auch durch eine Methode bestimmt werden, die »Anreize für eine effiziente Leistungsbereitstellung setzt (**Anreizregulierung**)« (§ 21a Abs. 1 EnWG).

»Vertikal integrierte Energieversorgungsunternehmen« (§ 3 Nr. 38) und mit ihnen verbundene Netzbetreiber sind nach

§ 6 Abs. 1 Sätze 1, 2 EnWG

zur Gewährleistung von Transparenz sowie diskriminierungsfreier Ausgestaltung und Abwicklung des Netzbetriebs verpflichtet. Um dieses Ziel zu erreichen, müssen sie die Unabhängigkeit der Netzbetreiber von anderen Tätigkeitsbereichen nach den §§ 7 bis 10 sicherstellen.

Dies beinhaltet eine rechtliche, operationelle, informationelle und buchhalterische Entflechtung (»**unbundling**«), die weit über Gebote struktureller Separierung im Telekommunikations- oder Postrecht (§ 7 TKG, § 10 PostG) hinausgeht. Gewisse Ähnlichkeiten zum TKG weist das Recht zur Nutzung von (gemeindlichen) öffentlichen Wegen für die Verlegung und den Betrieb von Leitungen zum »Letztverbraucher« (§ 3 Nr. 25) auf (§ 46), wofür die Energieversorgungsunternehmen Konzessionsabgaben an die Kommune zu entrichten haben (§ 48 EnWG). Darüber hinaus ist für Errichtung, Betrieb oder Änderung bestimmter größerer Energieanlagen eine Planfeststellung erforderlich (§ 43), und auf dieser Basis, aber auch ganz allgemein »zum Zwecke der Energieversorgung« kommt eine Enteignung von Grundeigentum oder von Rechten hieran in Betracht (§ 45 EnWG). Die gesamtwirtschaftliche und -gesellschaftliche Bedeutung der Energieversorgung wird aus Vorgaben für eine »Energielieferung an Letztverbraucher« (§§ 36 ff.) sowie zu deren »Sicherheit und Zuverlässigkeit« (§§ 51 ff.) deutlich.

Weitere spezifische Regelungen

Schließlich enthält das EnWG auch zwei für das Öffentliche Wirtschaftsrecht allgemein typische **allgemeine Vorschriften**:

§ 4 EnWG

(1) Die Aufnahme des Betriebs eines Energieversorgungsnetzes bedarf der Genehmigung durch die nach Landesrecht zuständige Behörde.

(2) Die Genehmigung nach Abs. 1 darf nur versagt werden, wenn der Antragsteller nicht die personelle, technische und wirtschaftliche Leistungsfähigkeit und Zuverlässigkeit besitzt, um den Netzbetrieb ent-

sprechend den Vorschriften dieses Gesetzes auf Dauer zu gewährleisten. Unter den gleichen Voraussetzungen kann auch der Betrieb einer in Abs. 1 genannten Anlage untersagt werden, für dessen Aufnahme keine Genehmigung erforderlich war. ...

§ 5 EnWG

Energieversorgungsunternehmen, die Haushaltskunden mit Energie beliefern, müssen die Aufnahme und Beendigung der Tätigkeit sowie Änderungen ihrer Firma bei der Regulierungsbehörde unverzüglich anzeigen. ... Mit der Anzeige der Aufnahme der Tätigkeit ist das Vorliegen der personellen, technischen und wirtschaftlichen Leistungsfähigkeit sowie der Zuverlässigkeit der Geschäftsleitung darzulegen. Die Regulierungsbehörde kann die Ausübung der Tätigkeit jederzeit ganz oder teilweise untersagen, wenn die personelle, technische oder wirtschaftliche Leistungsfähigkeit oder Zuverlässigkeit nicht gewährleistet ist.

3. Andere Sektoren

3.1. Postwesen

Weitgehend parallel zu den Regelungen des TKG 1996, die in größerem Umfang für entsprechend anwendbar erklärt werden (z. B. in § 44 Satz 2), zielt das Postrecht (PostG) 1997 auf eine **Regulierung** des Postwesens ab. Auch wegen der langsameren Liberalisierung auf EG-Ebene sind hier zwar »**Postdienstleistungen**« (§ 4 Nr. 1 PostG) weithin nur anzeigepflichtig (§ 36 Satz 1), jedoch gilt für Personen, die gewerbsmäßig »Briefsendungen« (§ 4 Nr. 2 Satz 1) mit einem Einzelgewicht bis 1000 g für andere »befördern« (§ 4 Nr. 3), eine Erlaubnispflicht (§ 5 Abs. 1), vorbehaltlich in § 5 Abs. 2 bestimmter Ausnahmen. In einem engeren – nach der EG-Postrichtlinie 1997/2002 zulässiger Weise – »reservierten« Bereich besteht sogar eine durch Art. 143b Abs. 2 Satz 1 GG grundsätzlich gestattete, bis Ende 2007 befristete »**gesetzliche Exklusivlizenz**« zugunsten der Deutschen Post AG (DPAG). Sie bezieht sich gem. § 51 Abs. 1 Satz 1 PostG auf die gewerbsmäßige **Beförderung von Briefsendungen** und adressierten Katalogen (s. § 4 Nr. 2 Sätze 2, 3), deren Einzelgewicht bis 50 g und deren Einzelgewicht weniger als das Zweieinhalbfache des Preises für entsprechende »Postsendungen« (§ 4 Nr. 5) der untersten Gewichtsklasse (Standardbriefe) beträgt. Das ausschließliche Recht erstreckt sich nicht auf die (acht) in § 51 Abs. 2 PostG aufgezählten Gestaltungen; ausgenommen sind danach vor allem Massensendungen (Nr. 1), »höherwertige« Dienst (Nr. 4) und bestimmte Teilleistungen (Nr. 2, 5-8). Solange die Exklusivlizenz gilt, ist die DPAG verpflichtet, die in der auf Grund von § 11 Abs. 2 PostG erlassenen PUDLV bezeichneten »**Universaldienstleistungen**« zu erbringen (§ 52 PostG).

Auch die Regulierung des Postwesens ist seit 1998 der »**Bundesnetzagentur**« (bis Mitte 2005: RegTP) übertragen.

Ähnlichkeit mit Regulierung der Telekommunikatiom

3.2. Eisenbahnen

Ab Anfang 2006 nimmt diese Bundesoberbehörde auch – neben dem **Eisenbahn-Bundesamt** – Aufgaben im Hinblick auf Eisenbahnen wahr. Gem. § 1 Abs. 1 des novellierten AEG dient dieses Gesetz

Zwei Bundesoberbehörden

der Gewährleistung eines sicheren Betriebs der Eisenbahn und eines attraktiven Verkehrsangebotes auf der Schiene sowie der Sicherstellung eines wirksamen und unverfälschten Wettbewerbs auf der Schiene bei dem Erbringen von Eisenbahnverkehrsleistungen und dem Betrieb von Eisenbahninfrastrukturen. ...

Der Anwendungsbereich erfasst (nach § 1 Abs. 2 AEG) lediglich »**Eisenbahnen**«, nicht

andere Schienenbahnen wie Magnetschwebebahnen, Straßenbahnen und die nach ihrer Bau- oder Betriebsweise ähnlichen Bahnen, Bergbahnen und sonstige Bahnen besonderer Bauart (und auch) nicht die Versorgung von Eisenbahnen mit leitungsgebundener Energie, insbesondere Fahrstrom, und Telekommunikationsleistungen, soweit nicht durch dieses Gesetz oder auf Grund dieses Gesetzes etwas anderes bestimmt ist.

Zu staatlichen Aufgaben und Befugnissen heißt es in

§ 14b Abs. 1 AEG

Der Regulierungsbehörde obliegt die Aufgabe, die Einhaltung der Vorschriften des Eisenbahnrechts über den Zugang zur Eisenbahninfrastruktur zu überwachen, insbesondere hinsichtlich

1. der Erstellung des Netzfahrplans, dies gilt insbesondere für Entscheidungen über die Zuweisung von Zugtrassen für den Netzfahrplan einschließlich der Pflichtleistungen,
2. der sonstigen Entscheidungen über die Zuweisung von Zugtrassen einschließlich der Pflichtleistungen,
3. des Zugangs zu Serviceeinrichtungen einschließlich der damit verbundenen Leistungen,
4. der Benutzungsbedingungen, der Entgeltgrundsätze und der Entgelthöhen.

§ 14c Abs. 1 AEG

Die Regulierungsbehörde kann in Wahrnehmung ihrer Aufgaben gegenüber öffentlichen Eisenbahninfrastrukturunternehmen die Maßnahmen treffen, die zur Beseitigung festgestellter Verstöße und zur Verhütung künftiger Verstöße gegen die Vorschriften des Eisenbahnrechts über den Zugang zur Eisenbahninfrastruktur erforderlich sind.

Da jeweils spezifische (Wirtschafts-)Sektoren nach Maßgabe einzelner Gesetze reguliert werden, stellt sich stets die Frage des Verhältnisses zu den **(allgemeinen) Kartellbehörden**. Die Abgrenzungen der jeweiligen Tätigkeitsbereiche sind nur scheinbar eindeutig.

§ 2 Abs. 3 TKG

Die Vorschriften des Gesetzes gegen Wettbewerbsbeschränkungen bleiben, soweit nicht durch dieses Gesetz ausdrücklich abschließende Regelungen getroffen werden, anwendbar. Die Aufgaben und Zuständigkeiten der Kartellbehörden bleiben unberührt.

In allen einschlägigen Regelungen wird Art und Umfang der **gegenseitigen Zusammenarbeit** näher geregelt.

§ 123 Abs. 1 TKG

In den Fällen der §§ 10, 11, 61 Abs. 3 und § 62 Abs. 2 Nr. 3 entscheidet die Regulierungsbehörde im Einvernehmen mit dem Bundeskartellamt. Trifft die Regulierungsbehörde Entscheidungen nach Teil 2 Abschnitt 2 bis 5, gibt sie dem Bundeskartellamt rechtzeitig vor Abschluss des Verfahrens Gelegenheit zur Stellungnahme. Führt das Bundeskartellamt im Bereich der Telekommunikation Verfahren nach den §§ 19 und 20 Abs. 1 und 2 GWB, Art. 82 des EG-Vertrages oder nach § 40 Abs. 2 GWB durch, gibt es der Regulierungsbehörde rechtzeitig vor Abschluss des Verfahrens Gelegenheit zur Stellungnahme. Beide Behörden wirken auf eine einheitliche und den Zusammenhang mit dem Gesetz gegen Wettbewerbsbeschränkungen wahrende Auslegung dieses Gesetzes hin. Sie haben einander Beobachtungen und Feststellungen mitzuteilen, die für die Erfüllung der beiderseitigen Aufgaben von Bedeutung sein können.

4. Wiederholungsfragen

1. Was bedeutet Regulierung, und welche beiden Problemkreise stehen in ihrem Mittelpunkt? Lösung S. 196 ff., 207
2. Welche Stellung hat und welche Aufgaben erfüllt die Bundesnetzagentur? Lösung S. 196 ff.
3. Auf welchen Gebieten sind neben der Bundesnetzagentur noch andere spezielle Behörden tätig? Lösung S. 204, 207 f.

Besonderer Teil: Subventionsrecht

1.	**Nationale Regelungen**	**212**
1.1.	Rechtsgrundlagen	212
1.2.	»Subventions«-Begriffe	213
1.3.	Arten von Subventionen	214
1.4.	Nationales Verfahren bei Vergabe und Rückforderung von Subventionen	215
2.	**EG-Beihilfenrecht**	**217**
2.1.	Ziele und Systematik	217
2.2.	Beihilfenkontrolle	218
3.	**Wiederholungsfragen**	**220**

1. Nationale Regelungen

Wirtschaftsförderung

Ziel des Subventionsrechts ist die Regelung **staatlicher Förderung der Wirtschaftstätigkeit** mit unterschiedlichsten Zielen, Ansätzen und Instrumenten: Eine Förderung kann etwa bestimmte Regionen (neue Bundesländer), spezielle Wirtschaftszweige (Bergbau), konkrete Unternehmen (Volkswagen AG) oder auch einzelne Stadien unternehmerischer Betätigung (Existenzgründung, Sanierung) betreffen.

1.1. Rechtsgrundlagen

Vielfalt

Förderung kann auf verschiedenen Ebenen erfolgen; relevant ist nationales, europäisches wie internationales Recht.

Arten und Inhalte nationaler Vorschriften

Im **nationalen deutschen Recht** fehlen eine explizite Verfassungsnorm oder ein allgemeines Beihilfegesetz. Vielmehr setzt sich das deutsche Subventionsrecht aus einer Vielzahl spezialgesetzlicher Regelungen zusammen.

Beispiele: Investitionszulagengesetz (InvZulG) 1999/2006 des Bundes; Gesetz zur Förderung der regionalen Wirtschaftsstruktur; Richtlinie (des Sächsischen Staatsministeriums für Wirtschaft und Arbeit) über die Gewährung von Zuwendungen zur Rettung und Umstrukturierung von kleinen und mittleren Unternehmen im Freistaat Sachsen; Verwaltungsvorschrift (des Sächsischen Staatsministeriums des Innern) über die Vorbereitung, Durchführung und Förderung von Strategien und Maßnahmen der städtischen Entwicklung und Revitalisierung von Brachflächen im Freistaat Sachsen (VwV-Stadtentwicklung).

Bundesländer sind zum Erlass subventionsrechtlicher Vorschriften befugt, solange und soweit der Bund nicht von seiner (konkurrierenden) Kompetenz aus Art. 74 Abs. 1 Nr. 11 GG Gebrauch macht.

Überwiegend normieren **Spezialgesetze** auf Bundes- und/oder Landesebene lediglich Ermächtigungen zum Erlass von Durchführungsbestimmungen (Rechtsverordnungen, Verwaltungsvorschriften). Erst diese regeln konkret Art und Umfang sowie Voraussetzungen und Verfahren der Subventionierung. Dies ist im Hinblick auf **Vorrang** und **Vorbehalt des Gesetzes** (Art. 20 Abs. 3 GG) problematisch. Weithin anerkannt ist aber, dass im Rahmen der subventionsrechtlichen **Leistungsverwaltung** der Ansatz bestimmter Fördermittel im **Haushaltsgesetz** bzw. -plan im Zusammenspiel mit Zielsetzung, Empfänger, Art und Höhe der Beihilfe präzisierenden Verwaltungsvorschriften ausreichend ist.

EG-Vorgaben

Das **EG-Beihilfenrecht** entfaltet seine Wirkung im Rahmen des Binnenmarktes (Art. 14 EGV). Primäres Ziel ist es, Verfälschungen des

Wettbewerbs innerhalb der EG zu vermeiden bzw. zu sanktionieren. Rechtliche Grundlagen finden sich sowohl in primärrechtlichen Normen (Art. 81 ff. EGV) als auch in darauf gestützten Sekundärrechtsakten:

Die **Subventionsverfahrensverordnung** (VO [EG] Nr. 659/1999) gibt der Kommission (anstelle der Mitgliedstaaten) ein effizientes Vergabeverfahren vor und eine klare Beihilfenüberwachung auf. Bedeutsam sind weiterhin **Fusionskontrollverordnung** (VO [EG] Nr. 1/2003) und **Transparenzrichtlinie** (2000/52/EG); eine Änderung der Richtlinie 80/723/EWG über die Transparenz der finanziellen Beziehungen zwischen den Mitgliedstaaten und den öffentlichen Unternehmen. Die Vielzahl sekundärrechtlicher Bestimmungen zum Beihilfenrecht zeigt die weitgehende Vergemeinschaftung des nationalen Subventionsrechts.

Hingegen existiert im **internationalen (völkerrechtlichen) Kontext** kein dem vergleichbar dichtes Rechtsregime. Sowohl **GATT** und **GATS** als auch das **WTO-(Anti-)Subventionsabkommen** enthalten Regeln zur Herstellung eines unverfälschten bzw. zur Verhinderung eines unlauteren Wettbewerbs. Allerdings verbietet das GATT (Art. XVI B) weder **Dumping** noch spezifische, z.B. Ausfuhr-**Subventionen**, sondern ermächtigt nur zu (kompensierenden) **Gegenmaßnahmen** in Form von Antidumping- oder Ausgleichszöllen.

WTO-Regeln

1.2. »Subventions«-Begriffe

Die Schwierigkeit einer Begriffsbestimmung liegt darin, dass die Definition der **Subvention** einerseits für neue wirtschaftliche Entwicklungen offen sein, andererseits klare und eindeutige Tatbestandsmerkmale und Rechtsfolgen enthalten muss, um Rechtssicherheit zu gewährleisten.

In Übereinstimmung mit dem BVerfG lassen sich Subventionen generell als **finanzielle Zuwendungen der öffentlichen Hand** zur **Förderung** eines bestimmten wirtschafts-, sozial- oder gesellschaftspolitisch erwünschten Verhaltens einzelner Personen/Gruppen definieren. Maßgeblich sind **vier Merkmale**:

Enge und weite Definitionen

- ∞ die öffentliche Hand als **Subventionsgeber**,
- ∞ eine natürliche oder juristische Person (meist, aber nicht zwingend des Privatrechts) als **Subventionsempfänger**,
- ∞ eine finanzielle Zuwendung, die ohne angemessene Gegenleistung gewährt wird, als **Gegenstand** der **Subvention**, und
- ∞ der wirtschafts- oder gesellschaftspolitische **Zweck** der Förderung.

Direktsubventionen (Subventionen im engeren Sinne) sind vermögenswerte Zuwendungen aus öffentlichen Mitteln, die ein Träger öffentlicher Verwaltung privaten Unternehmen unmittelbar oder durch Dritte ohne marktmäßige Gegenleistung gewährt. Dieser enge Begriff deckt sich weitgehend mit dem strafrechtlichen (§ 264 Abs. 7 StGB). Durch die Gewährung entsteht zwischen hoheitlichem Subventionsgeber und Empfänger ein spezifisches Subventionsrechtsverhältnis.

Indirekte Subventionen (Subventionen im weiteren Sinne) sind im Gegensatz dazu andere (oft »versteckt« gewährte) vermögenswerte Vorteile, die sich z. B. in einer Minderung der allgemeinen Abgabenlast niederschlagen, wie Steuer- und Zollvergünstigungen (»Verschonungssubventionen«); in ihren Genuss gelangt der Empfänger erst mittelbar über die Verringerung/Rückerstattung einer generell erhobenen Abgabe. Diese Vergünstigungen sind zwar aus ökonomischer, nicht aber aus (wirtschafts)verwaltungsrechtlicher Sicht als Subventionen zu qualifizieren.

SUBVENTION

1.3. Arten von Subventionen

Drei wesentliche Typen

Der in § 12 Abs. 2 StWG für den Subventionsbericht der Bundesregierung vorgesehenen Gliederung zufolge lassen sich **direkte Subventionen** ihrer **Art** nach gliedern in:

- ∞ Erhaltungshilfen,
- ∞ Anpassungshilfen,
- ∞ Produktivitätshilfen.

Erhaltungshilfen dienen primär dem Überleben von Betrieben/Unternehmen oder Wirtschaftszweigen; sie sind nicht an strukturändernde Umstellungen gekoppelt. Hingegen zielen **Anpassungshilfen** auf die Veränderung bestehender Strukturen und deren Angleichung an neue wirtschaftliche Bedingungen. **Produktivitätshilfen** sollen

Produktivitätsfortschritt und Wachstum von Unternehmen oder Wirtschaftssektoren fördern. Im Vordergrund steht dabei die Entwicklung neuer Produktionsmethoden und -richtungen. **Sonstige Hilfen** werden selten Unternehmen, sondern meist privaten Haushalten gewährt (etwa Wohngeld).

1.4. Nationales Verfahren bei Vergabe und Rückforderung von Subventionen

Voraussetzung für eine Vergabe von Subventionen ist eine Berechtigung des (künftigen) Empfängers. Aus (materiellen) Vorschriften des öffentlichen Rechts und einem hierdurch begründeten konkreten (Rechts-)Verhältnis zwischen potentiellem Subventionsgeber und -empfänger kann sich ein Anspruch auf bestimmte Zuwendungen ergeben. Vielfach sind aber Subventionsentscheidungen (**Bewilligungen**) Ermessensfragen. In diesen Fällen hat der Interessent nur einen Anspruch auf ermessensfehlerfreie Entscheidung (über seinen Antrag).

Gebundene oder Ermessensentscheidung

Die Beziehung zwischen Verwaltung und Subventionsnehmer ist dem öffentlichen Recht zuzuordnen, wenn die **Subventionsvergabe** der Erfüllung **öffentlicher Aufgaben** dient Die Verwaltung kann jedoch für die Abwicklung des Subventionsverhältnisses zwischen privatrechtlichen Gestaltungsformen (Abschluss von Gelddarlehens-/Bürgschaftsverträgen) oder der Auszahlung durch (öffentlich-rechtlichen) Realakt wählen; in diesem Fall ist ein einstufiges (verwaltungsrechtliches) Verhältnis gegeben.

Ein- oder zweistufige Vergabe

Von der normalen Durchführung ist die **Rückabwicklung** eines fehlgeschlagenen Subventionsverhältnisses zu unterscheiden. Fehlen spezielle Regelungen, sind die allgemeinen verwaltungsrechtlichen Vorschriften über **Rücknahme** und **Widerruf** von Verwaltungsakten anwendbar. Die Behörde kann die Subventionsbewilligung zurücknehmen, sofern dieser Bescheid (im Erlasszeitpunkt) **rechtswidrig** war (§ 48 Abs. 1 S. 1 VwVfG). Subventionsbescheide sind ihrem Wesen nach **begünstigende Verwaltungsakte** (§ 48 Abs. 1 S. 2 VwVfG), denn dem Empfänger wird ein geldwerter Vorteil gewährt. Bei der Entscheidung über eine Aufhebung muss die Behörde **Vertrauensschutzaspekte** berücksichtigen (§ 48 Abs. 2 S. 1, 2). § 48 Abs. 2 S. 3 Nr. 1-3 normiert andererseits bestimmte **Ausnahmetatbestände**, in denen stets das Allgemeininteresse überwiegt. Zudem ist eine Rücknahme rechtswidriger begünstigender Verwaltungsakte nur innerhalb der **Jahresfrist** des **§ 48 Abs. 4** möglich; wann diese Frist beginnt, ist aufgrund des unklaren Gesetzeswortlauts zweifelhaft.

Korrektur bei Fehlschlägen

Handelt es sich um einen (anfänglich) **rechtmäßigen begünstigenden Verwaltungsakt**, richten sich die Voraussetzungen des **Widerrufs** nach § 49 Abs. 2 VwVfG. Dieser ist – analog zu § 48 – ebenfalls nur nach Abwägung gegen schutzwürdiges Vertrauen des Empfängers und in ausdrücklich geregelten Fällen zulässig.

Anders als im Fall des § 48 Abs. 2 VwVfG darf ein rechtmäßiger begünstigender Verwaltungsakt nur in bestimmten Fällen (§ 49 Abs. 3) mit **Wirkung für die Vergangenheit** widerrufen werden. Bei Wirksamwerden führen Rücknahme und Widerruf zur Aufhebung des jeweiligen Bewilligungsbescheides, mit Wirkung entweder für die Vergangenheit (ex tunc) oder nur für die Zukunft (ex nunc). Da damit der Rechtsgrund für die Subventionsgewährung weggefallen ist, sieht § 49a VwVfG die Festsetzung der (Rück-)**Erstattung** der gewährten Leistung vor. Rücknahme und Widerruf sind **Ermessensentscheidungen**. Die zuständige Behörde kann und muss daher die Grundsätze wirtschaftlicher und sparsamer Haushaltsführung (Interessen der Allgemeinheit) gegen Belange des Empfängers am »Behalten-Dürfen« der Mittel abwägen.

2. EG-Beihilfenrecht

2.1. Ziele und Systematik

Im weitgehend realisierten EG-Binnenmarkt, in dem Waren, Leistungen und Kapital frei zirkulieren, sind gemeinschaftsrechtliches Beihilfensystem und nationale (Wirtschafts-)Förderung immer stärker miteinander verzahnt: EG-Beihilfenrecht kann (besonderer) Bestandteil des nationalen Subventionswesens sein, aber auch eigenständige Verfahren im Verhältnis von Kommission und Mitgliedstaat regeln. Das System der Art. 87 ff. EGV dient dabei der Koordinierung der mitgliedstaatlichen Beihilfenpraxis sowie der Abwehr gemeinwohlschädlicher nationaler Subventionen.

Verzahnung von EG- und nationaler Ebene

Während das nationale (deutsche) Recht von einer prinzipiellen Zulässigkeit staatlicher Leistungsverwaltung in Form von Subventionen ausgeht, statuiert Art. 87 Abs. 1 EGV ein **Verbot** den Wettbewerb verzerrender **mitgliedstaatlicher** »Beihilfen«:

Beihilfenverbot des EG-Rechts

Soweit in diesem Vertrag nicht etwas anderes bestimmt ist, sind staatliche oder aus staatlichen Mitteln gewährte Beihilfen gleich welcher Art, die durch die Begünstigung bestimmter Unternehmen oder Produktionszweige den Wettbewerb verfälschen oder zu verfälschen drohen, mit dem Gemeinsamen Markt unvereinbar, soweit sie den Handel zwischen den Mitgliedstaaten beeinträchtigen.

Eine **staatliche Beihilfe** liegt immer dann vor, wenn

∞ vom Staat oder aus staatlichen Mitteln
∞ bestimmte private Unternehmen oder Produktionszweige
∞ durch Geld- oder Sachleistungen oder geldwerte Vorteil begünstigt werden.

Das in Art. 87 EGV normierte Beihilfenverbot greift nur ein, wenn keine vorrangige **Spezialregelung** einschlägig ist. Derartige Ausnahmen gelten vor allem im Bereich der Agrar- (Art. 36 Abs. 2) sowie der Verkehrspolitik (Art. 73, 76). Weitere Sonderregelungen existieren für **Öffentliche Unternehmen** (Art. 86 EGV).

Modifikationen

Eine Einschränkung gilt für Beihilfen unterhalb von in der »**De-minimis**«**-Verordnung** (69/2001/EG) geregelten Schwellenwerte (100.000 € in Drei-Jahres-Zeitraum) oder im Bereich einer EG-Gruppenfreistellungsverordnung, um die für die Beihilfenaufsicht zuständige Kommission (Art. 88 Abs. 1 EGV) zu entlasten; sie soll sich auf »wesentliche« Fälle konzentrieren.

EG-Definition | Im Gegensatz zum nationalen Recht trifft die **europarechtliche Definition** (Art. 87 Abs. 1 EGV) keine Unterscheidung zwischen direkten und indirekten Subventionen. Der **EuGH** erachtet **Beihilfen** als staatliche »Maßnahmen, die in verschiedener Form die Belastungen vermindern, welche ein Unternehmen normalerweise zu tragen hat«.

Mit dem Gemeinsamen Markt **unvereinbar** ist eine Beihilfe, wenn sie

- ∞ den Wettbewerb verfälscht oder zu verfälschen droht und
- ∞ den zwischenstaatlichen Handel beeinträchtigt.

Eine **Verfälschung des Wettbewerbs** liegt immer dann vor, wenn die Marktposition des Begünstigten verfestigt bzw. der Marktzugang für ein neues Unternehmen erschwert wird. Die Beihilfe **beeinträchtigt** den **zwischenstaatlichen Handel**, wenn sie sich über das Gebiet des gewährenden Mitgliedslandes hinaus auf die Konkurrenz mit anderen Unternehmen auswirkt, etwa bei künstlichem Erschweren von Einfuhren aus oder Erleichtern von Ausfuhren in andere Mitgliedstaaten. Die bloße Eignung der Maßnahme hierzu reicht aus; eine tatsächliche Beeinträchtigung ist nicht erforderlich.

Zulässige Beihilfen

Erfüllt eine Beihilfe den Voraussetzungen des Art. 87 Abs. 1 EGV, folgt daraus nicht schon zwingend ihre Gemeinschaftsrechtswidrigkeit. Vielmehr kann einer der in Abs. 2 oder Abs. 3 geregelten Ausnahmetatbestände vorliegen; diese beziehen sich vorrangig auf Maßnahmen zur Verbesserung der Infrastruktur in bestimmten Gebieten oder auf spezielle Produktionszweige. Solche Wirtschaftsförderung ist zulässig, da Wirtschaftspolitik zwar Angelegenheit von gemeinsamem Interesse ist (Art. 99 EGV), aber nicht zu den vergemeinschafteten Politikbereichen zählt, sondern in der Kompetenz der Mitgliedstaaten verbleibt.

2.2. Beihilfenkontrolle

Zwei Arten

Die Gewährung von Beihilfen unterliegt regelmäßig einem förmlichen **Verfahren der Beihilfenkontrolle**. Zu unterscheiden sind die ständig laufende **repressive** Kontrolle (Art. 88 Abs. 1, 2 EGV) und das (**präventive**) Verfahren der Kontrolle (Art. 88 Abs. 3 EGV) im Vorfeld geplanter Beihilfen. In diesem Rahmen trifft die Mitgliedstaaten die Pflicht, die Kommission über beabsichtigte Einführungen oder Umgestaltungen von Beihilfen zu unterrichten (**Notifizierung**, Art. 88 Abs. 3 EGV). Kommt das Mitglied dem nach, überprüft die Kommission die Rechtmäßigkeit (in Vor- und Hauptprüfungsverfahren) und trifft eine Positiv- oder Negativentscheidung über die Zulässigkeit der nationalen Beihilfe. **Unterlässt** hingegen der **Mitgliedstaat** die **Notifizierung**, so ist die **Beihilfe formell rechtswidrig**; damit geht ein vorläufiges formelles Auszahlungsverbot für den Mitgliedstaat einher. In diesem Fall leitet die Kommission das (Hauptprüfungs-)Verfahren von Amts wegen ein und entscheidet über das weitere Schicksal der Beihilfe. Bei einer Negativentscheidung dürfen noch nicht gezahlte Beihilfen nicht geleistet werden, im Hinblick auf bereits gewährte ist der Mitgliedstaat nach dem Prinzip der Gemeinschaftstreue (Art. 10 EGV) verpflichtet, diese zurückzufordern. Da bisher kein einheitliches EG-weites Verwaltungsverfahrensrecht existiert, richtet sich auch die Rückforderung europarechtswidriger Subventionen nach nationalem Verwaltungsrecht, speziell §§ 48, 49 VwVfG. Der Verstoß gegen primärrechtliche Vorgaben (Art. 88 Abs. 3 i. V. m. Abs. 2 EGV) indiziert in der Regel bereits die Rechtswidrigkeit des Bewilligungsbescheids. Obwohl sich die Rücknahme nach nationalem Recht richtet, müssen die für **Vertrauensschutz** relevanten Aspekte **EG-rechtskonform** ausgelegt werden. Der Grundsatz des »effet utile« (Effizienzgebot) bewirkt, dass nationales Recht die EG-rechtlich gebotene Rückforderung nicht praktisch unmöglich machen darf, vielmehr das Gemeinschaftsinteresse an transparenten und rechtssicheren Entscheidungen angemessen zu berücksichtigen ist. Nach übereinstimmender Auffassung von EuGH und BVerwG (»Alcan«-Fälle) kann schutzwürdiges Vertrauen eines Beihilfenempfängers nur dann entstehen, wenn ein ordnungsgemäßes Beihilfeverfahren durchgeführt wurde, insbesondere die Notifizierung gegenüber der Kommission erfolgt ist. Zu den Pflichten eines »sorgfältigen Gewerbetreibenden« zählen daher auch Erkundigungen (Lektüre des Amtsblatts der EU!) über den Stand des gemeinschaftsrechtlichen Verfahrens.

... und zwei Verfahrensstadien

Besonderheiten bei Rückforderung

Die Tendenz zur »**Europäisierung**« des deutschen Verwaltungsverfahrensrechts zeigt sich auch bei der Auslegung von Rücknahmefrist (§ 48 Abs. 4 VwVfG) und Ermessen: Der EuGH erachtet die Rückforderung einer ohne bzw. vor Notifizierung gewährten Beihilfe unabhängig vom (Ab-)Lauf der Rücknahmefrist stets für gemeinschaftsrechtlich geboten, entgegen dem ausdrücklichen Wortlaut der nationalen Vorschrift. Kritik an einer solchen strikten Spruchpraxis des EuGH darf nicht übersehen, dass sich nur auf diesem Weg nationale Alleingänge infolge (ansonsten sanktionsloser) Missachtung des Gemeinschaftsrechts wirksam eindämmen lassen und sich EG-weit eine einheitliche Verwaltungspraxis (bei Subventionen) herausbilden kann.

3. Wiederholungsfragen

1. Welche Arten von Subventionen fallen in den Bereich des öffentlichen Wirtschaftsrechts? Lösung S. 214 f.
2. Was besagt das Beihilfenverbot des EG-Rechts? Lösung S. 217
3. Wie gestaltet sich die Rückabwicklung bei fehlgeschlagenen Subventionen? Lösung S. 215 f.
4. Wie wirkt sich EG-Recht auf die Rückforderung von Subventionen aus? Lösung S. 218 f.

Klausurfälle

1. »Durch dick und dünn« 222
2. »Indian Summer« 231
3. »Verbotenes Silber« 235

1. Durch dick und dünn

Sachverhalt

Auch in Deutschland häufen sich Meldungen über Todesfälle aufgrund von Essstörungen (Magersucht, Bulimie). Vor allem bei jungen Mädchen ist es verbreitet, schlanken Models und abgemagerten Stars als »Vorbildern« nachzueifern. Im Internet ist ein drastischer Anstieg von Foren zum Thema »Pro Ana« (Anorexia nervosa) und »Pro Mia« (Bulimie) zu verzeichnen. Dort tauschen sich Anhänger über ihre Essstörung aus, erklären diese zum neuen, besseren Lebensstil und gibt es zahllose Homepages über »thinspiration« mit Bildern von extrem dünnen Models. Eine vom Bundesministerium für Familie, Senioren, Frauen und Jugend veranlasste wissenschaftliche Studie über den Zusammenhang zwischen dem durch Medien propagierten Schönheitsideal und der Esskultur Jugendlicher bestätigt die Abhängigkeit des Essverhaltens junger Menschen insbesondere von dem Erscheinungsbild der in den Medien auftretenden Models; bei Schauspielern und Sängern stießen dagegen eher darstellerische bzw. gesangliche Fähigkeiten auf Interesse. Als in einer Fernsehshow mit dem Titel »Germany´s Next Topmodel« junge schlanke Aspirantinnen öffentlich von der Jury als zu »fett« bezeichnet werden, bringt die Bundesregierung zum Schutz leicht beeinflussbarer Jugendlicher und der Models selbst das folgende Model-Gesetz (ModG) auf den Weg:

§ 1

Die Ausübung der Tätigkeit eines Models bedarf einer Erlaubnis. Diese ist zu erteilen, wenn der Antragsteller mindestens einen Body Mass Index (BMI) von 20 (Frauen) bzw. von 23 (Männer) hat. Der BMI ist durch Bestätigung eines in Deutschland niedergelassenen Arztes nachzuweisen.

§ 2

Modeltätigkeit ist insbesondere das Laufen auf Fashionshows und Messen, der Auftritt im Fernsehen und die Abbildung in anderen Werbemedien.

§ 3

Die Erlaubnis erlischt, wenn ihr Inhaber nicht bis zum Ablauf von 6 Monaten seit Eingang der früheren bei der zuständigen Behörde eine neue Bestätigung nach § 1 vorlegt.

§ 4

Ordnungswidrig handelt, wer vorsätzlich oder fahrlässig

1. ohne Erlaubnis nach § 1 S. 1 die Tätigkeit eines Models ausübt,
2. die Bestätigung nach § 1 S. 3 oder § 3 nicht oder nicht rechtzeitig vorlegt.

Die Ordnungswidrigkeit kann im Fall von S. 1 Nr. 1 mit einer Geldbuße bis zu 10.000 €, im Fall von § 1 S. 3 oder § 3 mit einer Geldbuße bis zu 5.000 € geahndet werden.

§ 5

Dieses Gesetz tritt am Tage nach seiner Verkündung im Bundesgesetzblatt in Kraft.

Das 17-jährige deutsche Model Heidi (H) und ihre 19-jährige brasilianische Kollegin Giselle (G), die in Deutschland in der Vergangenheit zu den meist gebuchten Models gehörten, sehen durch das ModG »ihre Felle davon schwimmen«. Sie bezweifeln, jemals derart zunehmen zu können, dass sie einen BMI von 20 erreichen. Falls dies wider Erwarten doch möglich sein sollte, würde sie aber niemand mehr buchen. Außerdem halten H und G es für ungerecht, die Erlaubnispflicht nur Models aufzuerlegen, da für Schauspieler eine derartige Regelung nicht existiere.

H und B fragen, ob das ModG sie nicht in ihren Grundrechten verletzt.

Lösung

1. Verletzung von Grundrechten der H?

H könnte hier in ihrem Grundrecht aus Art. 12 GG (Berufsfreiheit) verletzt sein. Dazu müsste ein verfassungsrechtlich nicht gerechtfertigter Eingriff in den Schutzbereich dieses Grundrechts vorliegen.

a) aa) H müsste zunächst vom persönlichen Schutzbereich des Art. 12 GG erfasst sein. Zwar handelt es sich hier um ein Grundrecht, das nur für Deutsche i. S. v. Art. 116 GG gilt; H hat aber – anders als G – die deutsche Staatsangehörigkeit.

bb) Der sachliche Schutzbereich des Art. 12 GG ist eröffnet, wenn die von H ausgeübte Tätigkeit einen Beruf darstellt. Ein Beruf ist jede generell erlaubte (= nicht schlechthin sozialschädliche), auf gewisse Dauer angelegte Tätigkeit, die zur Schaffung oder Erhaltung einer Lebensgrundlage dient. »Beruf« ist dabei weit auszulegen. Einbezogen werden nicht nur klassische Berufsfelder, sondern auch andere, untypische, frei gewählte Betätigungen. Modeln ist eine Tätigkeit von gewisser Dauer (auch wenn H dieser wohl kaum bis ins hohe Alter nachgehen kann), mit der eine Person (H) ihren Lebensunterhalt bestreitet; Modeln ist auch nicht schlechthin sozialschädlich und daher als Beruf i. S. d. Art. 12 GG anzusehen.

b)aa) Ein Eingriff in das Grundrecht liegt vor, wenn die durch Art. 12 GG grundrechtlich geschützte Freiheit durch staatliches Handeln nachteilig betroffen ist. Das ModG stellt eine berufliche Tätigkeit unter Erlaubnispflicht. H kann ihren Beruf nur noch ausüben, wenn sie den Anforderungen des Gesetzes genügt, und ist daher in ihrer Berufsfreiheit beeinträchtigt. Es handelt sich dabei nicht um eine bloße Berufsausübungsregelung (1. Stufe), sondern um eine Beschränkung der Berufswahl. Da die Erteilung einer Erlaubnis für die Modeltätigkeit von einem Mindest-BMI von 20 abhängt und diese Voraussetzung von den Betroffenen beeinflussbar ist, liegt eine subjektive Zulassungsregelung (2. Stufe) vor. Dies gilt sowohl für die Regelung des § 1 als auch für § 3, da hierdurch gefordert wird, dass die Voraussetzung dauerhaft erfüllt werden muss.

bb) Art. 12 GG unterliegt gemäß Abs. 1 Satz 2 einem einfachen Gesetzesvorbehalt. Das Grundrecht kann (ohne weitere explizit genannte Voraussetzungen) »durch oder aufgrund Gesetzes« »geregelt«, damit auch beschränkt werden. Da es sich bei Art. 12 GG um ein »einheitliches Grundrecht der Berufsfreiheit« handelt, gilt diese Schranke nicht nur für die Berufsausübung, sondern auch für die Berufswahl. Das ModG ist daher grundsätzlich als Schranke der Berufsfreiheit der H tauglich.

c) Eine Grundrechtsverletzung liegt jedoch nur dann vor, wenn ein Eingriff nicht (verfassungsrechtlich) gerechtfertigt wäre. Eine Beschränkungsmöglichkeit kann den Eingriff aber nur rechtfertigen, wenn sie sich ihrerseits als verfassungsgemäß erweist.

Erfolgt, wie hier, der Eingriff bereits »durch Gesetz« (und nicht erst durch eine behördliche Maßnahme »auf Grund« eines Gesetzes), ist also die Verfassungsmäßigkeit der Rechtsvorschrift zu prüfen.

d) Eine Gesetzgebungszuständigkeit des Bundes kann hier auf Art. 74 Abs. 1 Nr. 11 (Recht der Wirtschaft) gestützt werden; Art. 74 Abs. 1 Nr. 7 GG (»öffentliche Fürsorge«) ist nicht einschlägig. Gemäß Art. 72 Abs. 2 GG hat der Bund in diesem Bereich ein Gesetzgebungsrecht, wenn es um die Herstellung gleichwertiger Lebensverhältnisse im Bundesgebiet geht oder die Wahrung der Rechts- oder Wirtschaftseinheit eine bundesgesetzliche Regelung erforderlich machen. Der beabsichtigte Zweck des Gesetzes und der dabei angestrebte Jugendschutz lassen eine bundeseinheitliche Regelung als sinnvoll erscheinen.

e) Das geplante Gesetz ist nur dann materiell verfassungsgemäß, wenn für den Eingriff in die Berufsfreiheit ein hinreichend gewichtiger verfassungsgemäßer Zweck gegeben wäre.

aa) Legitimer Zweck des ModG ist der Schutz leicht durch Medien beeinflussbarer Menschen, insbesondere von Jugendlichen, sowie der Models selbst vor gesundheitlichen Schäden. Jugendschutz und Volksgesundheit sind verfassungsrechtlich geschützte Werte von hoher Bedeutung.

bb) Das Erfordernis eines Mindest-BMI für Models ist auch dazu geeignet, größere Teile des Publikums davor zu bewahren, einem krankhaften Schönheitsideal nachzueifern. Der BMI ist eine medizinisch anerkannte Norm, BMI-Werte von 20-25 bestimmen das gesundheitlich unbedenkliche Normalgewicht. Eine wissenschaftliche Studie hat den Zusammenhang zwischen dem von Medien propagierten Schönheitsbild und dem Essverhalten junger Menschen bestätigt. Insbesondere Models prägen das Schönheitsideal der Medien und der Gesellschaft, sie tragen damit in gesteigerten Maß dazu bei, leichter zu beeinflussende Menschen in eine Essstörung zu treiben.

cc) Ein gesetzlicher Erlaubnisvorbehalt ist auch erforderlich, wenn er das mildeste Mittel zur Erreichung des Zwecks darstellt. Bloße Aufklärungskampagnen über die Gefährlichkeit von Essstörungen entfalten nicht mit hinreichender Sicherheit gleiche Wirkungen, weil offen ist, ob und wie weit sich die Allgemeinheit der Menschen davon beeindrucken lässt.

dd) Schließlich müsste die Genehmigungspflicht auch angemessen (zumutbar) sein.

Die Erlaubniserteilung für die Modeltätigkeit von einem Mindest-BMI von 20 bzw. 23 abhängig zu machen, stellt einen Eingriff auf der 2. Stufe dar. Er wäre nur gerechtfertigt, wenn der Schutz insbesondere der Jugend vor schädlichen Beeinflussungen (und letztlich Gesundheits-, ja, Lebensgefahren) und der Models selbst als ein wichtiges Gemeinschaftsgut einzuordnen sind.

Hinsichtlich der Models ist dies fraglich: Soweit es sich um Volljährige handelt, steht einem Schutz vor sich selbst die allgemeine Handlungsfreiheit (Art. 2 Abs. 1 GG) entgegen, die staatlicher Fremdbestimmung Grenzen setzt. Hinzu kommt, dass eine (schuldhafte) Zuwiderhandlung gegen den Erlaubnisvorbehalt mit einer Sanktion (Bußgeld) geahndet werden kann, wodurch der in dieser Regelung liegende Eingriff noch verschärft wird.

Dagegen dürfte für Minderjährige anderes gelten: Zwar ist für die schädliche Beeinflussung junger Menschen irrelevant, ob Models bereits voll- oder noch minderjährig sind; maßgeblich ist allein ihr Aussehen. Jedoch besteht für eine normale gesundheitliche Entwicklung von Jugendlichen (bis zur Volljährigkeit) eine besondere staatliche Schutzpflicht, verdeutlicht durch Art. 2 Abs. 2 S. 1, Art. 5 Abs. 2 und Art. 6 Abs. 2 S. 2 GG. Daher erscheint eine Erlaubnispflicht für die Modeltätigkeit in Abhängigkeit von einem BMI von mindestens 20 bzw. 23 in Bezug auf Minderjährige nicht als unangemessen. Um einen effektiven Schutz zu gewährleisten, ist auch die Bußgeldandrohung dem Grunde wie der (relativ geringen) Höhe nach verhältnismäßig i. e. S.

Für volljährige Models wäre allerdings durch Normierung des Erlaubnisvorbehalts eine übermäßige Beschränkung gegeben. Wenn daher der Gesetzesentwurf nicht um eine entsprechende Unterscheidung ergänzt würde, wären die zentralen Bestimmungen (§ 1 und § 3) verfassungswidrig, da eine einschränkende Auslegung dieser Vorschriften (Geltung nur für Minderjährige) mangels Anhaltspunkten im Wortlaut des ModG nicht zulässig wäre. Daher würde auch für H keine Genehmigungspflicht gelten.

f)aa) Die in § 1 S. 3 (und in § 3) ModG vorgesehene Nachweispflicht stellt sich gegenüber Models als ein – den Erlaubnisvorbehalt flankierendes – Gebot dar; Ärzte hingegen werden hierdurch nicht in ihrer Betätigung beeinträchtigt, da ihnen nicht ebenfalls eine Verpflichtung auferlegt wird, sondern sie den Nachweis lediglich (freiwillig) auf Verlangen eines Models ausstellen.

bb) Die Verpflichtung, eine ärztliche Bescheinigung vorzulegen, soll Voraussetzung sowohl für die Erteilung als auch für den Fortbestand der Erlaubnis sein. Damit ist auch ein solches Gebot auf den genehmigungspflichtigen Beruf bezogen und an Art. 12 GG zu messen.

cc) Soweit der Erlaubnisvorbehalt verfassungsrechtlich unbedenklich ist, gelten hier die Erwägungen zu dessen legitimem Zweck und zur Eignung des zur Erreichung eingesetzten (Hilfs-)Mittels entsprechend. Fraglich ist allerdings, ob gerade eine ärztliche Bestätigung erforderlich ist. Im Hinblick auf bei der Ermittlung des BMI erforderliche (fachliche) Kenntnisse wären allerdings Bescheinigungen seitens anderer Personen nicht immer oder notwendig gleichermaßen brauchbar. Ob die Verpflichtung schließlich auch angemessen ist, hängt nicht zuletzt von den (vom Model zu tragenden) Kosten für das Ausstellen der Bestätigung ab, dürfte aber im Regelfall zu bejahen sein.

dd) Wird die erforderliche Bescheinigung nicht oder nicht rechtzeitig beigebracht, soll auch dies mit einem Bußgeld geahndet werden können (§ 4 Nr. 1 S. 2). Selbst wenn der hierfür vorgesehene Höchstbetrag geringer ist als bei Verstößen gegen die Genehmigungspflicht, ist eine solche Sanktion wohl bereits ungeeignet, den Gesetzeszweck zu erfüllen. Wenn nämlich keine Bestätigung vorgelegt wird, wird entweder keine Erlaubnis erteilt oder diese erlischt, d.h. ein trotzdem erfolgendes Auftreten als Model ist rechtswidrig und kann bereits nach § 4 S. 1 Nr. 1 mit Bußgeld geahndet werden. Wird jedoch angenommen, dass auch solche Fälle tatsächlich vorkommen, ist die Ahndung auch der unterlassenen (rechtzeitigen) Vorlegung jedenfalls unangemessen, weil sie eine doppelte Sanktion unerlaubter Modeltätigkeit ermöglicht. Art. 103 Abs. 3 GG verbietet eine solche Regelung aber nicht nur bei Kriminalstrafen, sondern auch bei anderen Ahndungen sozialschädlichen Verhaltens; da sie berufsbezogen ist, greift sie ebenfalls unverhältnismäßig in das Grundrecht aus Art. 12 GG ein.

g) **Ergebnis:** § 1 (S. 1) und § 3 ModG verstoßen gegen Art. 12 GG, auch soweit hiervon minderjährige Personen wie H betroffen werden. Daraus ergibt sich zugleich die Verfassungswidrigkeit des § 4 S. 1 Nr. 1 (und S. 2), aus anderen Erwägungen auch die des § 4 S. 1 Nr. 2 (und S. 2). Damit erweist sich das Gesetz insgesamt als verfassungswidrig, da § 2 als reine Definitionsvorschrift sowie § 5 als Inkrafttretensregelung nur zusammen mit anderen (gültigen) Vorschriften Sinn ergeben.

2. Verletzung von Grundrechten der G?

a) Für G ist der (persönliche) Schutzbereich des Art. 12 GG nicht eröffnet, da sie Brasilianerin und nicht »Deutsche« ist. Dass sie ihrer Tätigkeit in Deutschland nachgeht, ändert daran nichts. G könnte jedoch in ihrem (Auffang-) Grundrecht aus Art. 2 Abs. 1 GG – allgemeine Handlungsfreiheit – verletzt sein. Dann müsste der Schutzbereich dieser Vorschrift eröffnet sein und ein Eingriff vorliegen, der nicht verfassungsrechtlich gerechtfertigt ist.

b) Art. 2 Abs. 1 GG gewährt »jedem« Schutz, also auch der nichtdeutschen natürlichen Person G. Unter den sachlichen Schutzbereich fallen praktisch alle menschlichen Betätigungen, wenn sie nicht bereits von einem spezielleren Grundrecht geschützt werden. Da Art. 12 GG hier nicht eingreift, fällt die Modeltätigkeit bei G unter den Schutz von Art. 2 I GG.

c) Ein Eingriff in das allgemeine Freiheitsgrundrecht ist bei jeder belastenden staatlichen Maßnahme mit einer gewissen Intensität gegeben und bei einem Erlaubnisvorbehalt für berufliche Tätigkeit offensichtlich zu bejahen.

d) Außer in den – hier nicht einschlägigen – Rechten Anderer und den guten Sitten findet Art. 2 Abs. 1 GG eine Schranke auch in der »verfassungsmäßigen Ordnung«, d.h. der Gesamtheit aller formell und materiell verfassungsmäßigen Gesetze und untergesetzlichen Rechtsvorschriften. Hier gelten die für H angestellten Erwägungen entsprechend. Überdies ist G volljährig, so dass Einschränkungen ihrer Handlungsfreiheit (und Sanktionen für Fehlverhalten) auch nicht mit Jugendschutz gerechtfertigt werden können.

e) **Ergebnis:** G würde durch das beabsichtigte Gesetz in ihrem Grundrecht aus Art. 2 Abs. 1 GG verletzt.

3. Verletzung beider Models in ihrem Grundrecht aus Art. 3 Abs. 1 GG?

a) H und G könnten ferner jeweils in ihrem Grundrecht aus Art. 3 Abs. 1 GG – allgemeiner Gleichheitssatz - verletzt sein. Insoweit kommen zwei Gesichtspunkte in Betracht:

- eine Ungleichbehandlung von weiblichen Models, die einen BMI von mindestens 20 haben, und solchen, die darunter liegen,
- eine Ungleichbehandlung von Models und Schauspielern.

b) aa) Im Hinblick auf eine Ungleichbehandlung in Bezug auf den BMI wäre Art. 3 Abs. 1 GG gegenüber speziellen Gleichheitsgrundrechten nachrangig. Jedoch soll die Regelung für alle Models unabhängig vom Geschlecht gelten (Art. 3 Abs. 2 und Abs. 3 S. 1), und Untergewicht ist schwerlich als »Behinderung« i. S. v. Art. 3 Abs. 3 S. 2 GG einzustufen.

bb) Nach Art. 3 Abs. 1 GG sind alle Personen, d.h. Deutsche wie Ausländer, »vor dem Gesetz« gleich; in Verbindung mit Art. 1 Abs. 3 GG bindet der allgemeine Gleichheitssatz aber auch den Gesetzgeber. Art. 3 Abs. 1 GG verbietet zunächst »willkürliche« Gleich- oder Ungleichbehandlung; nach der »neuen Formel« des BVerfG muss für eine Differenzierung aber nicht nur irgendein einleuchtender, sondern ein sachlich angemessener Grund vorliegen.

c)aa) Die für die Prüfung einer Ungleichbehandlung relevanten Vergleichsgruppen sind hier einerseits weibliche Models mit einem BMI von 20 und darüber, andererseits weibliche Models mit einem BMI unter 20. Bei der gemeinsamen Obergruppe weibliche Models handelt es sich eindeutig um Gleiches, es geht jeweils um bestimmte Personen und ihren Beruf.

bb) Die beiden Untergruppen werden unterschiedlich behandelt. Nur weibliche Models mit einem BMI von 20 und darüber erhalten eine Erlaubnis nach dem Modelgesetz und dürfen daher den gewählten Beruf ausüben.

cc) Diese Ungleichbehandlung ist nur dann gerechtfertigt, wenn zwischen beiden Untergruppen Unterschiede von solcher Art und solchem Gewicht bestehen, dass sie die unterschiedliche Behandlung rechtfertigen können. Ziel des Gesetzesentwurfs ist der Schutz insbesondere von Jugendlichen vor (gesundheits)schädlicher Beeinflussung. Das hierzu eingesetzte Differenzierungskriterium ist eine Erlaubnispflicht für die Tätigkeit von Models in Abhängigkeit von ihrem BMI.

dd) Der vorgesehene BMI-Grenzwert von 20 für Frauen muss zur Erreichung des (legitimen) Ziels geeignet, erforderlich und angemessen sein. Der BMI ergibt sich aus der Abhängigkeit von Größe und Gewicht (Bsp. 58 kg bei einer Größe von 1,70 m führt zu einem BMI von 58/ [1,7 x 1,7] = 20,07). Medizinisch wird ein BMI von 20-25 als normal angesehen. Das ModG bewirkt, dass Models mit Untergewicht ihre Tätigkeit nicht mehr ausüben dürfen und damit auch nicht mehr in Medien und Öffentlichkeit präsent sind. Angesichts des nachgewiesenen Zusammenhangs zwischen der Präsenz von sehr dünnen Models in den Medien und dem Essverhalten Jugendlicher ist die Verdrängung solcher Models aus den Medien dazu geeignet, diesen schädlichen Einfluss zu unterbinden. Zudem ist diese Differenzierung auch erforderlich und verhältnismäßig im engeren Sinne. Insoweit spielt das Alter der Models keine Rolle, weil die zu bekämpfende nachteilige Wirkung auf das (jugendliche) Publikum nicht davon abhängt.

d) **Ergebnis**: Eine Verletzung von Art. 3 Abs. 1 GG durch die Unterscheidung aufgrund des BMI liegt nicht vor.

e) aa) Auch im Vergleich zur (unterschiedlichen) Behandlung von Schauspielern greift offensichtlich kein spezielles Gleichheitsgrundrecht ein, sondern ist allein Art. 3 Abs. 1 GG maßgeblich.

bb) Die relevanten Vergleichsgruppen sind hier Models einer-, Schauspieler andererseits. Beide Gruppen fallen unter die Obergruppe Medienakteure. Dabei handelt es sich um Gleiches, denn Models wie Schauspieler treten in Werbespots insbesondere im Fernsehen auf und erscheinen in einschlägigen Printmedien.

cc) Die beiden Untergruppen werden unterschiedlich behandelt. Nur die Tätigkeit der Models wird unter Erlaubnisvorbehalt gestellt.

dd) Diese Ungleichbehandlung ist nur dann gerechtfertigt, wenn zwischen beiden (Unter-)Gruppen Unterschiede von solcher Art und solchem Gewicht bestehen, dass sie die unterschiedliche Behandlung rechtfertigen können. Zulässiges Ziel des Gesetzesentwurfs ist nur der Schutz insbesondere der Jugend vor (gesundheits)schädlicher Beeinflussung, hingegen kann die Genehmigungspflicht nicht auch auf den Schutz der Gesundheit der Models gestützt werden. Anders als »zu dünne« Models dürfen Schauspieler mit Untergewicht weiter tätig und damit in der Öffentlichkeit präsent sein. Grundsätzlich stellen auch diese oft Vorbilder für Jugendliche dar. Wissenschaftlich belegt ist aber nur eine Beeinflussung des Essverhaltens junger Menschen durch Vorbilder wie Models. Das Interesse an Schauspielern rührt zwar auch vom Erscheinungsbild her, aber im Vordergrund stehen hier andere

Aspekte, darstellerische Eigenschaften und Fähigkeiten; das Optische ist zweitrangig und lediglich ein Teilelement der Schauspielkunst. Damit ist eine Differenzierung zur Zielerreichung geeignet und (im Hinblick auf den Erlaubnisvorbehalt nur für Models) auch erforderlich und verhältnismäßig im engeren Sinne.

f) **Ergebnis**: Auch insoweit würden daher H und G in ihrem Grundrecht aus Art. 3 Abs. 1 GG nicht verletzt.

2. Indian Summer

Sachverhalt

Wolfgang Hohenthal (H) hat immer zahlreiche Pläne. Sein Grundstück am Silbersee scheint für die Vorhaben dieses Sommers alle Möglichkeiten zu bieten. Das überwiegend mit Birken bewachsene, landschaftlich schöne große Gelände liegt abseits der Wohnbebauung. Dort will er zunächst einen Saloon eröffnen, in dem nachmittags Kaffee und selbstgebackener Kuchen und abends Chili con Carne, Rumpsteak und Whiskey angeboten werden sollen. Gäste, die einen längeren Aufenthalt wünschen, um das Entstehen der für Freilichttheateraufführungen gedachten Westernstadt und des Pueblos mitzuerleben, will er in Tipis unterbringen. Diese sind mit Feuerstellen ausgestattet und somit ganzjährig nutzbar. Außerdem sollen Kurse durchgeführt werden; Schulklassen und Erwachsenengruppen können dabei mit Dick Stone und anderen Mitarbeitern von H zur berühmten Eisenhöhle wandern, die indianische Lebensweise kennen lernen und authentische Prüfungen (Spurenlesen, Pfeileschnitzen, Kiefernanpflanzen) absolvieren. Zum Abschluss dieser teilweise mehrtägigen Veranstaltungen, bei denen ebenfalls die Tipis bewohnt werden, soll jeder Teilnehmer ein künstlerisch gestaltetes »Indianer-Diplom« erhalten. Schließlich will H von seinen Angestellten nach Originalvorlagen angefertigte handgearbeitete Traumfänger, Lederkleider und andere Ausstattungsstücke bei besonderen öffentlichen Festen auf dem Silbersee-Gelände zum Verkauf anbieten.

Welche gewerberechtlichen Genehmigungen sind erforderlich?

Der Silbersee befindet sich in Sachsen.

Lösung

Vorüberlegungen

Zunächst sind die im Sachverhalt erwähnten verschiedenen Vorhaben (Saloon, Tipis, Kurse, Handarbeiten-Verkauf) zu unterscheiden, da verschiedene Genehmigungsvorschriften (GewO, GastG, HwO) zu beachten sind. Die Prüfung des Vorliegens eines »Gewerbes« kann zusammengefasst und vorangestellt werden, da insoweit nur geringe Unterschiede bestehen. Nach der Fallfrage sind insbesondere baurechtliche Vorschriften nicht zu prüfen.

I. Vorliegen von Gewerben

1. Gewerbsmäßigkeit

a) Hierfür sind vier Merkmale ausschlaggebend, die sämtlich gegeben sein müssten.

aa) **Erlaubte Tätigkeiten:** Alle geplanten Tätigkeiten sind generell mit der Rechtsordnung vereinbar, keine Tätigkeit ist als solche verboten.

bb) **Gewinnerzielungsabsicht:** Trotz deutlicher ideeller Gehalte sämtlicher Vorhaben wird mit allen geplanten Aktivitäten auch ein Gewinn angestrebt, da nicht ohne weiteres davon ausgegangen werden kann, dass H nur seine (nicht geringen) laufenden Kosten (für die Unterhaltung des Grundstücks, die Vergütung von Angestellten und verschiedene Anschaffungen) ausgleichen will.

cc) **Selbstständigkeit:** H handelt im eigenen Namen und für eigene Rechnung. Er ist persönlich unabhängig und hat die Möglichkeit, über die Gestaltung der Tätigkeiten und die Zeiteinteilung frei zu verfügen. Er trägt zudem das Unternehmerrisiko.

dd) **Fortgesetzte Tätigkeit:** Alle Tätigkeiten sollen nicht nur einmalig oder gelegentlich ausgeübt werden, sondern sind auf gewisse Dauer angelegt. Das Merkmal ist auch schon bei der erstmaligen Betätigung gegeben, solange (wie hier) eine Fortführung beabsichtigt ist. Auch wenn die Tätigkeiten durch jahreszeitliche Bedingungen unterbrochen sein sollten, wäre dies unschädlich.

b) Alle vier Merkmale liegen hier also vor.

2. Gewerbsfähigkeit

a) Auch hierfür müssen bestimmte Voraussetzungen gegeben sein.

aa) **Keine Urproduktion:** Hier liegt keine planmäßige Nutzung der natürlichen Kräfte des Bodens zur Erzeugung von Pflanzen und Tieren oder eine Verwertung selbst gewonnener Naturerzeugnisse vor (obwohl auch auf bestimmte Freizeitaktivitäten Jahreszeiten, Witterung, Bodenverhältnisse usw. großen Einfluss haben).

bb) **Keine wissenschaftliche, künstlerische oder schriftstellerische Tätigkeit:** Bei dem Verkauf selbst gefertigter Handarbeiten treffen Kunst und Gewerbe zusammen. Hier ist das Gesamtbild der Tätigkeit entscheidend. Für einen Schwerpunkt bei der gewerblichen Betätigung spricht, dass die Herstellung der Produkte im Zusammenhang mit weiteren gewerblichen Tätigkeiten steht, eher untergeordnet ist und nach Vorlagen, weniger als eigene, freie schöpferische Gestaltung erfolgt, »in der Eindrücke, Erfahrungen, Erlebnisse des Künstlers durch das Medium einer bestimmten Formensprache zu unmittelbarer Anschauung gebracht werden«. Die laut Sachverhalt »künstlerische« Gestaltung des »Indianer-Diploms« ist als untergeordneter Bestandteil der Veranstaltung der Kurse, nicht als Ausübung eines künstlerischen Berufs anzusehen. Anderes würde gelten, wenn in Zukunft Schauspieler auf der geplanten Bühne auftreten; diese sind nach jeder Definition Künstler und keine Gewerbetreibenden.

cc) **Keine persönlichen Dienstleistungen höherer Art oder freien Berufe:** Es werden keine Tätigkeiten geplant, für die eine »höhere Bildung« erforderlich ist und bei der die »eigenverantwortliche, unmittelbare, persönliche und individuelle Tätigkeit auf der Grundlage berufsethischer Prinzipien gegenüber einem Gewinnstreben im Vordergrund« steht. Zudem ist rechtlich fraglich, ob die (vollständige) Privilegierung dieser Berufsgruppen unter dem Gesichtspunkt der Gleichbehandlung immer (noch) gerechtfertigt ist.

dd) **Keine bloße Verwaltung eigenen Vermögens:** H will sein Grundstück über seine bloßen Eigentumsinteressen hinausgehend nutzen. Die geplanten Aktivitäten weisen zudem eine nach außen wirkende, typisch gewerbliche Prägung auf.

ee) Auch ein **öffentlich-rechtliches Tätigkeitsmonopol** ist nicht betroffen.

3. Zwischenergebnis

Alle Tätigkeiten des H stellen Gewerbe dar.

II. Genehmigungserfordernisse für die einzelnen Vorhaben

1. Saloon

Das Anbieten von Kaffee und Kuchen sowie Chili con Carne, Rumpsteak und Whiskey erfüllt die Merkmale einer Schank- und Speisewirtschaft (§ 1 Abs. 1 Nrn. 1 und 2 GastG). Der erforderliche Öffentlichkeitsbezug (2. Hs) ist gegeben, da der Saloon jedermann zugänglich sein soll und keine Personen(gruppen) ausgeschlossen werden.

Somit ist eine Gaststättenerlaubnis nach § 2 Abs. 1 S. 1 GastG erforderlich. Ausnahmen nach Abs. 2 liegen nicht vor, insbesondere der geplante Alkoholausschank macht das Unternehmen erlaubnispflichtig. Auch Versagungsgründe i. S. v. § 4 GastG sind nicht ersichtlich, insbesondere kann aufgrund der räumlichen Gegebenheiten (Entfernung zur Wohnbebauung) keine Lärmbelästigung (Abs. 1 Nr. 3) angenommen werden. Damit ist die Erlaubnis zu erteilen.

Daneben ist auch die Anzeigepflicht nach § 14 GewO zu erfüllen.

2. Tipis

Das ganzjährige, teilweise mehrtägige Unterbringen von Gästen zur Übernachtung stellt eine Beherbergung dar, die jedoch (nunmehr) gaststättenrechtlich generell erlaubnisfrei ist (vgl. § 2 Abs. 2 Nr. 4 GastG).

Dieses Vorhaben ist somit lediglich nach § 14 GewO anzuzeigen.

3. Kurse

Auch dieses Vorhaben ist (nur) nach § 14 GewO anzuzeigen, denn eine Ausnahme nach § 6 GewO (fehlende Gewerbsfähigkeit) greift hier nicht ein.

4. Handarbeiten-Verkauf

a) Das Anfertigen handgearbeiteter Traumfänger, Lederkleider und anderer Ausstattungsstücke nach Originalvorlagen ist nicht von der Anlage A zur HwO erfasst und stellt somit kein zulassungspflichtiges Handwerk i. S. v. § 1 Abs. 2 HwO dar.

Auch das Betreiben eines zulassungsfreien Handwerks oder eines handwerksähnlichen Gewerbes als stehendes Gewerbe ist der zuständigen Handwerkskammer anzuzeigen (§ 18 HwO). Diese Eintragung ist allerdings nicht konstitutiv, die Tätigkeit also ohne sie zulässig. Ein stehendes Gewerbe liegt vor, da Anfertigung und Verkauf der Waren auf dem Silbersee-Gelände erfolgen sollen.

b) Der Verkauf der selbst gefertigten Handarbeiten könnte als Zubehörhandel i. S. v. § 7 Abs. 1 GastG angesehen werden. Trotz räumlicher, zeitlicher und sachlicher Nähe zum Betrieb des Saloons ist aber wohl eher von einer Unabhängigkeit der Vorhaben auszugehen. Jedenfalls besteht auch insoweit die Anzeigepflicht nach § 14 GewO.

5. Änderung bei Gesamtbetrachtung?

Auch aus der hier vorliegenden Kombination mehrerer Vorhaben ergibt sich nichts anderes. Insoweit stehen die ideellen Gehalte (Kinderbetreuung, Wissensvermittlung, Bewahrung kulturellen Erbes) gegenüber den typisch gewerblichen Betätigungen im Vordergrund.

6. Ergebnis

H muss eine Gaststättenerlaubnis für den Saloon beantragen. Im Übrigen hat er (nur) Anzeigepflichten zu beachten.

3. Verbotenes Silber

Sachverhalt

Marie Maier (M) handelt mit geringwertigem Schmuck aller Art. Der Geschäftsbetrieb der österreichischen Staatsangehörigen hat seinen angemeldeten Standort in Salzburg (Österreich).

M vertreibt ihre Waren nicht in einem Laden am Geschäftssitz, sondern fast ausschließlich in anderen EG-Staaten, vor allem in Deutschland. Zu diesem Zweck veranstaltet sie in Privathaushalten – auch an Sonn- und Feiertagen – sog. »Schmuckschnäppchen«-Events; dabei bietet sie den von der jeweiligen Gastgeberin eingeladenen Anwesenden (meist Hausfrauen) Silberschmuck zum Kauf an, nimmt aber auch Bestellungen auf solchen Schmuck entgegen (und liefert diesen später aus). Der Verkaufspreis pro Stück beträgt höchstens 40 €. M ist nicht im Besitz einer Reisegewerbekarte. Juwelier Julius (J), der von seiner Frau, die eine Einladung zur »Schnäppchenparty« in Goldburg (Sachsen) erhalten hat, von einer Veranstaltung von M erfährt, fordert die zuständige Behörde zum Einschreiten gegen deren angeblich geschäftsschädigendes und »rechtswidriges« Verhalten auf. Wie ist die Rechtslage?

Lösung

1. Nationales (deutsches) Recht

a) J möchte erreichen, dass die (deutsche) Behörde der M ihre Handels-Tätigkeit, zumindest aber die konkrete Art des Waren-Vertriebs über »Schnäppchenpartys« untersagt. Eine Rechtsgrundlage für ein solches Verbot könnte sich aus § 59 GewO ergeben, wenn die Betätigung der M im »Reisegewerbe« erfolgt.

b) Nach § 59 S. 1 GewO kann eine reisegewerbliche Tätigkeit unter der Voraussetzung des § 57 – d.h. wenn Tatsachen die Annahme rechtfertigen, dass die betr. Person die für ihre Tätigkeit erforderliche Zuverlässigkeit nicht besitzt – untersagt werden, sofern eine (an sich nach § 55 Abs. 2 i. V. m. Abs. 1 GewO nötige) Reisegewerbekarte ausnahmsweise nach § 55a oder § 55b GewO nicht erforderlich ist.

aa) M könnte hier ein Reisegewerbe nach § 55 Abs. 1 Nr. 1 (i. V. m. § 42 Abs. 2) GewO betreiben. Sie wird selbstständig, in eigener Person und auch »gewerbsmäßig« tätig, nämlich fortgesetzt mit der Absicht der Wiederholung und Gewinnerzielung. Zudem hat sie keine Niederlassung (i. S. v. § 42 Abs. 2 GewO) im Inland (Bundesgebiet), denn die jeweilige Wohnung der Gastgeberin ist kein derartiges dauerhaftes Geschäftslokal; sie sucht ferner Bestellungen von Waren (Silberschmuck) auf und bietet auch solche Waren (zum Verkauf) feil.

bb) Fraglich ist aber, ob bei der von M praktizierten Art des Vertriebs vom Fehlen einer »vorherigen Bestellung« auszugehen ist. Darunter ist eine vom Kunden ausgehende, an den Gewerbetreibenden – M – gerichtete Aufforderung zu Vertragsverhandlungen zu verstehen, die insbesondere nach ihrem Gegenstand hinreichend bestimmt sein müssen. Mit diesem Kriterium soll einer spezifischen Gefährdung des Kunden begegnet werden, nämlich einer Beeinträchtigung der rechtsgeschäftlichen Entschließungsfreiheit des (potenziellen) Kunden in Form einer Überrumpelung mit der Folge des Abschlusses unüberlegter, für ihn ungünstiger Geschäfte – ähnlich wie beim Haustürwiderruf (§ 312 BGB). Für das Tupperware-System hat der VGH Baden-Württemberg (NVwZ-RR 1997, 702 ff.) die Auffassung vertreten, hier liege eine vorhergehende Bestellung der »Beraterin« durch die Kundinnen vor, wobei auch nicht eine von jener provozierte Bestellung anzunehmen sei. Bei einem – wie hier – weniger verbreiteten, bekannten und ausgefeilten Vertriebssystem dürfte hingegen der Schutzzweck präventiver Kontrolle gegenüber Reisegewerbetreibenden weiterhin zutreffen; dann ist das Vorliegen aller Voraussetzungen des § 55 Abs. 1 Nr. 1 GewO zu bejahen.

cc) § 59 S. 1 GewO greift jedoch nur dann ein, wenn hier auch eine reisegewerbekartenfreie Tätigkeit gegeben ist. Ein Fall des § 55a GewO liegt freilich nicht vor: Weder übt M ihre Aktivitäten (nur) in der Gemeinde ihres Wohnsitzes bzw. ihrer gewerblichen Niederlassung (Salzburg) aus (Abs. 1 Nr. 3) noch agiert sie gelegentlich der Veranstaltung von Messen (§ 64), Ausstellungen (§ 65), »öffentlichen« Festen oder aus besonderem Anlass mit entsprechender behördlicher Erlaubnis (§ 55a Abs. 1 Nr. 1) noch vertreibt sie Waren des täglichen Bedarfs an derselben Stelle (Abs. 1 Nr. 9); auch fehlt eine Ausnahmegenehmigung für »besondere Verkaufsveranstaltungen« nach § 55a Abs. 2. Ebenso wenig ist eine Karte im Hinblick auf § 55b Abs. 1 (S. 1) GewO nicht erforderlich, denn M sucht gerade keine anderen Personen (weder die Event-Gastgeberin noch deren Gäste/ihre Kundinnen) im Rahmen »ihres«, des Geschäftsbetriebs dieser Personen auf.

dd) Eine Untersagung kann sich daher, da hier eine reisegewerbekartenpflichtige Tätigkeit gegeben ist, nicht auf § 59 S. 1 GewO stützen.

c) Die Ausübung des Betriebs eines Reisegewerbe ohne die nach § 55 Abs. 2 GewO erforderliche Karte (Nachweis der erteilten Erlaubnis) kann aber nach § 60d von der zuständigen Behörde verhindert werden.

aa) Wie zuvor dargelegt, liegen hier Ausnahmen von der Erlaubnispflicht nach §§ 55a, 55b nicht vor, so dass gegen M als Störer eingeschritten werden darf. Auf ihr Verschulden kommt es (anders als im Hinblick auf einen Verstoß gegen § 145 Abs. 1 Nr. 1 b] GewO) nicht an. Ohne Bedeutung ist, dass es sich bei M um eine österreichische Staatsangehörige handelt; § 55 GewO erfasst auch die reisegewerbliche Tätigkeit nichtdeutscher Personen im Inland.

bb) Andererseits sind weitere (alternative) Anlässe für ein Verbot nach § 60d GewO nicht ersichtlich. Zwar ist die von M ausgeübte Tätigkeit im Reisegewerbe generell verboten (§ 56 Abs. 1 Nr. 2 a] Hs. 1); jedoch bewegt sich ihr Verhalten im Rahmen der Ausnahme für »Silberschmuck bis zu einem Verkaufswert von 40 €« (Hs. 2). Die Verpflichtung zum Mitführen und Vorzeigen der Reisegewerbekarte (§ 60c Abs. 1 S. 1) kann M zwar nicht erfüllen; diese Vorschrift richtet sich jedoch nicht an Personen – wie M -, die (noch) gar keine solche Karte beantragt haben und besitzen, sondern an (bereits »zugelassene«) Gewerbetreibende, die sich lediglich nicht gehörig ausweisen können.

d) Die (gem. § 155 Abs. 2 GewO durch Landesrecht bestimmte) örtlich und sachlich zuständige Behörde (in Sachsen: die untere Verwaltungsbehörde, also Landratsamt oder eine Behörde einer Kreisfreien Stadt, § 2 S. 1 SächsGewODVO) hat im Rahmen des § 60d nach pflichtgemäßem Ermessen (§ 40 VwVfG) zu entscheiden, ob und wie sie gegenüber M vorgeht. Soweit die reisegewerbliche Tätigkeit der M genehmigungsfähig ist, kann auch angeregt – jedoch nicht dazu (etwa mittels Auflage zur Untersagungsverfügung) aufgefordert – werden, einen Antrag auf Erteilung der Erlaubnis (Ausstellen einer Reisegewerbekarte) zu stellen. Ein Verbot könnte ferner durch das Wirksamwerden einer nachträglich erteilten Erlaubnis auflösend bedingt (s. § 36 Abs. 2 VwVfG) ausgesprochen werden. Schließlich kommt ein eingeschränktes Verbot im Hinblick auf Tätigkeiten an Sonn- und Feiertagen in Betracht (dazu im Folgenden, e]).

e)aa) Im Hinblick auf die verfassungsrechtlich durch Art. 140 GG i. V. m. Art. 139 WRV geschützte Sonn- und Feiertagsruhe sind die in § 55 Abs. 1 Nr. 1 GewO genannten Betätigungen an diesen (landesrechtlich, z.B. durch § 1 SächsSFG festgelegten) Tagen regelmäßig verboten; eine Ausnahme gilt nur für das »Feilbieten« von Waren im Reisegewerbe (§ 55e Abs. 1 S. 1), also nicht auch für das Aufsuchen von Bestellungen. Schuldhaftes Zuwiderhandeln wird gem. § 145 Abs. 3 Nr. 2 GewO als Ordnungswidrigkeit geahndet.

bb) Verboten (und gem. § 24 Abs. 1 Nr. 3 LSchG ordnungswidrig) ist auch (nach § 20 Abs. 1 dieses Gesetzes) das gewerbliche Feilhalten von Waren »an jedermann« außerhalb von »Verkaufsstellen« (§ 1 Abs. 1); einbezogen ist ausdrücklich auch die Entgegennahme von Bestellungen (§ 20 Abs. 1 S. 2). Da hier der »Event« jedoch in Privaträumen stattfindet und die Gastgeberin nur bestimmte (nahe stehende) Personen einlädt, dürfte aber ein Handel mit dem Publikum gerade nicht anzunehmen sein.

cc) Anders als im Hinblick auf Verstöße gegen nach § 56 GewO im Reisegewerbe verbotene Tätigkeiten wird eine Verletzung des § 55e Abs. 1 S. 1 nicht als Grund für eine Einschreiten nach § 60d aufgeführt. Die dort (oder auch in § 59 S. 1 GewO) normierten gewerbepolizeilichen Eingriffsbefugnisse sind jedoch nicht abschließend. Droht bei schuldhafter Missachtung von Bestimmungen der GewO auch ein Bußgeld oder sogar eine Freiheits-/Geldstrafe, so liegt damit zugleich ein Verstoß gegen die »öffentliche Sicherheit« im Sinne des allgemeinen Polizeirechts vor, so dass (Ermessens-)Maßnahmen der Polizeibehörden nach der »Generalklausel« des jeweiligen Landespolizeigesetzes in Betracht kommen (z.B. nach §§ 3 i. V. m. 4 SächsPolG). Verbote können dabei jedoch nur zeitlich und sachlich begrenzt (nur für Sonn- und Feiertage, nicht in Bezug auf das Feilbieten von Waren überhaupt) ausgesprochen werden.

f) Der ausländische Geschäftssitz der M (Salzburg) führt schon deshalb nicht dazu, dass vom Betrieb eines stehenden Gewerbes (§§ 14 ff. GewO) ausgegangen werden kann, weil dieser nicht im Geltungsbereich der GewO liegt und damit gerade keine (inländische) »Niederlassung« (auch i. S. v. § 55 Abs. 1) begründet. Daher können Maßnahmen gegen M nicht auf § 35 (Abs. 1) GewO gestützt werden.

g) Maßnahmen nach § 60d GewO bzw. aufgrund der polizeilichen Generalklausel sind Verwaltungsakte (§ 35 S. 1 VwVfG), so dass vor der betr. Entscheidung §§ 9 ff. VwVfG zu beachten sind, vor allem regelmäßig eine Anhörung der M als Beteiligter (§§ 11, 13) zu erfolgen hat (§ 28).

h) Gegen die Verfassungsmäßigkeit der hier relevanten gesetzlichen Eingriffsbefugnisse (GewO, [Sächs]PolG) bestehen keine Bedenken.

aa) Die Ermächtigung zum gänzlichen oder teilweisen Verbot der weiteren reisegewerblichen Tätigkeit berührt den sachlichen Schutzbereich der Berufsfreiheit (Art. 12 Abs. 1 S. 1 GG); da M aber keine »Deutsche« i. S. v. Art. 116 Abs. 1 GG ist, kommt hier (subsidiär) nur ein Eingriff in die allgemeine (wirtschaftliche) Handlungsfreiheit (Art. 2 Abs. 1 GG) in Frage. Vom Vorliegen eines »Berufs« als einer auf Dauer angelegten wirtschaftlichen Betätigung kann ausgegangen werden. Dabei stellt sich das Erfordernis einer (vorherigen) Erlaubnis als subjektive Berufszulassungsschranke (»zweite Stufe« i. S. d. »Apotheken«-Urteils des BVerfG) dar; ein Verbot der (zuvor gewählten) weiteren Tätigkeit kann ebenfalls als Zulassungsbeendigungsgrund gewertet werden, aber auch (sofern vorübergehend und/oder unbedeutend) auch als bloßer Eingriff in die Berufsausübung (»erste Stufe«).

bb) Sowohl für die generelle Erlaubnispflicht nach §§ 55 Abs. 2, 57 GewO als auch für die Befugnis zur Verhinderung weiterer Tätigkeit nach § 60d ist ein legitimes gesetzgeberisches Ziel, nämlich Sicherstellung einer ordnungsgemäßen, die Interessen der Kunden angemessen wahrenden Ausübung des (Reise-)Gewerbes, gegeben; dies sind hinreichend gewichtige Belange, um Eingriffe gegenüber Gewerbetreibenden generell zu rechtfertigen. Hinzu kommt, dass Maßnahmen nach § 60d GewO im Ermessen der Behörde stehen, dabei also dem Grundsatz der Verhältnismäßigkeit durch Wahl eines geeigneten, erforderlichen und angemessenen Mittels im Einzelfall Rechnung getragen werden kann (und muss). Die generelle Erlaubnispflicht gerade für das Reise- im Unterschied zum stehenden Gewerbe kann sich auf erhöhte Schutzwürdigkeit des Kunden stützen; das allein als Zulassungskriterium gewählte Merkmal der »Zuverlässigkeit« wird hier (anders als beim stehenden Gewerbe, s. § 35 GewO) bereits vor Beginn der Tätigkeit überprüft. Da aber bei Fehlen von Tatsachen, die die Annahme von Unzuverlässigkeit begründen, ein Rechtsanspruch auf Erteilung der Erlaubnis besteht, wird durch diese Vorkehrung (»Kontrollerlaubnis«) die Berufs- bzw. Gewerbefreiheit sachangemessen geregelt und nicht übermäßig sachlich oder zeitlich eingeschränkt.

2. EG-Recht

a) Das generelle Verbot der Tätigkeit an Sonn- und Feiertagen (nach § 55e GewO) und die regelmäßige Genehmigungspflicht (§§ 55 Abs. 2, 57) für das Reisegewerbe (einschließlich der Befugnis zum Einschreiten bei Verstößen nach § 60d) könnten Grundfreiheiten ausländischer Gewerbetreibender in Deutschland in unzulässiger Weise beeinträchtigen. Im Fall der M liegt das Schwergewicht ihrer Betätigung (Veranstaltung der Events) in der Anbahnung und Durchführung des Verkaufs von Waren; M hat nur einen Geschäftssitz (im EG-Ausland) und strebt nicht die Errichtung weiterer Niederlassungen o. ä. in einem anderen EG-Mitgliedstaat an. Auch wenn im Zusammenhang mit ihrer Tätigkeit zudem Dienstleistungen erbracht würden, so tritt dieser Umstand doch tatsächlich und rechtlich (Art. 50 Abs. 1 EGV) hinter den freien Warenverkehr zurück.

b) M, Staatsangehörige des EG-Mitgliedslandes Österreich mit geschäftlicher Niederlassung in diesem Staat, tätigt ihre (Waren-)Geschäfte fast ausschließlich in anderen EG-Staaten (vor allem in Deutschland) und mit Personen, die die Staatsangehörigkeit des jeweiligen »Gastlandes« haben. Maßnahmen des EG-Mitgliedstaates Deutschland, die ihre reisegewerbliche Tätigkeit ganz oder teilweise untersagen, sind daher an den Vorschriften über den freien Warenverkehr (Art. 28 ff. EGV) zu messen, da sie »Maßnahmen gleicher Wirkung« (wie mengenmäßige Ein- oder Ausfuhrbeschränkungen) darstellen könnten.

c) Die relevanten mitgliedstaatlichen Regelungen sind nicht schon deshalb (wegen Verstoßes gegen vorrangiges – sekundäres – Gemeinschaftsrecht) rechtswidrig, weil insoweit eine Harmonisierung des Verbraucher-/Kundenschutzes für bestimmte Vertriebsmethoden durch EG-Rechtsakte erfolgt ist. Art. 8 der Richtlinie 85/577/EWG belässt nämlich den Mitgliedstaaten das Recht, Bestimmungen zu erlassen oder beizubehalten, die einen umfassenderen als den nach der Richtlinie vorgesehenen Verbraucherschutz garantieren sollen.

d)aa) Das Recht, ein für den Abschluss von Verträgen außerhalb der (eigenen) Geschäftsräume geltendes Verbot teilweise oder vollständig beizubehalten oder auch einzuführen, darf aber nur unter Beachtung des fundamentalen primärrechtlichen Grundsatzes des freien Warenverkehrs ausgeübt werden. Nach ständiger Rechtsprechung des EuGH ist dabei als »Maßnahme gleicher Wirkung« jede Handelsregelung eines Mitgliedslandes anzusehen, die »geeignet ist, den innergemeinschaftlichen Handel unmittelbar oder mittelbar, tatsächlich oder potenziell zu behindern«. Der EuGH hat andererseits klargestellt, dass diese Einordnung nationale Bestimmungen, die »bestimmte Verkaufsmodalitäten beschränken oder verbieten«, nicht erfasst, »sofern diese Bestimmungen zum einen für alle betroffenen Wirtschaftsteilnehmer gelten, die ihre Tätigkeit im Inland ausüben, und zum anderen den Absatz inländischer Erzeugnisse und der Erzeugnisse aus anderen Mitgliedstaaten rechtlich wie tatsächlich in der gleichen Weise berühren«.

bb) Sowohl §§ 55 Abs. 2, 57 als auch § 60 d und §§ 55e, 56 Abs. 1 Nr. 2 a) GewO gelten für alle Reisegewerbetreibende, die ihre Tätigkeit in Deutschland ausüben. Auch wird (in § 56 Abs. 1 Nr. 2 a]) nicht nach dem Ursprung des fraglichen Schmucks unterschieden. Des Weiteren betreffen §§ 55 Abs. 2, 57 und § 56 Abs. 1 Nr. 2 a) GewO nur eine bestimmte Vertriebsform; die GewO verbietet nicht, die in § 56 aufgeführten Tätigkeiten in anderer Form/mit anderen Methoden durchzuführen, also im stehenden oder auch im Marktgewerbe (§§ 64 ff. GewO) zu vertreiben. Andererseits ist die Sonn- und Feiertagsruhe generell, nicht nur im Reisegewerbe zu beachten (s. §§ 1, 3, 29 LSchlG; § 71a GewO; § 4 SächsSFG). Schließlich ergibt sich aus der Tätigkeit der M nicht ohne weiteres, dass damit der Vertrieb der aus anderen Mitgliedstaaten als Deutschland stammenden Waren stärker berührt würde als der von inländischen Erzeugnisse (vgl. EuGH, Rs. C-441/04, EuZW 2006, 221 f.)

cc) Unter diesen Voraussetzungen handelt es sich bei den relevanten nationalen Regelungen um »Bestimmungen über Verkaufsmodalitäten«, die keine »Maßnahmen gleicher Wirkung« i. S. v. Art. 28, 29 EGV sind.

dd) Würden jedoch durch die deutschen Vorschriften Erzeugnisse aus anderen EG-Mitgliedstaaten im Hinblick auf den Zugang zum inländischen Markt mehr berührt als inländische Waren, könnte diese Beschränkung (hilfsweise) durch »zwingende« (nichtwirtschaftliche) Allgemeininteressen gerechtfertigt werden. Die religiös-kulturell motivierte Sonn- und Feiertagsruhe dürfte ein solches Allgemeininteresse darstellen, wobei jedoch das Ausmaß des Schutzes zeitlich und örtlich unterschiedlich intensiv sein kann (und Tätigkeiten, die sich nicht in der Öffentlichkeit abspielen, jedenfalls als weniger störend gewertet werden können). Auch der Verbraucherschutz kann einen derartigen Rechtfertigungsgrund abgeben, ein Verbot aber ebenfalls nur unter der doppelten Voraussetzung legitimieren, dass dieses »geeignet ist, die Verwirklichung des verfolgten Ziels zu gewährleisten, und nicht über das hinausgeht, was zur Erreichung dieses Ziels erforderlich ist«.

ee) Schließlich könnten mitgliedstaatliche Beschränkungen auch durch die in Art. 30 S. 1 EGV explizit aufgeführten Gründe gerechtfertigt werden, sofern sie weder ein Mittel zur willkürlichen Diskriminierung noch eine verschleierte Beschränkung des Handels zwischen den Mitgliedstaaten darstellen (S. 2). Insoweit wäre die Sonn- und Feiertagsruhe als Aspekt der »öffentlichen Ordnung«, die striktere Kontrolle der reisegewerblichen Tätigkeit als Fall der »öffentlichen« (inneren) »Sicherheit« einzuordnen; die einschlägigen GewO-Regelungen stehen auch nicht im Widerspruch zur Schranken-Schranke des Art. 30 S. 2 EGV, denn sie gelten für jedermann und bewirken auch nicht faktisch (mittelbar) Nachteile speziell für nichtdeutsche Reisegewerbetreibende.

3. Ergebnis

§§ 55 Abs. 2, 57, § 55e, § 56 Abs. 1 Nr. 2a) und § 60d GewO verstoßen nicht gegen EG-Sekundärrecht oder gegen Art. 28 (bzw. Art. 29) EGV; auf ihrer Grundlage ergangene Maßnahmen der je zuständigen deutschen Behörden sind sowohl verfassungsrechtlich (s. oben, 1.h]) als auch gemeinschaftsrechtlich unbedenklich.

Register

A

Anzeige
Mittel der ⇨ Wirtschaftsüberwachung/Wirtschaftsaufsicht, auf das nur selten (etwa bei Telediensten) ganz verzichtet und durch dessen gesetzliche Festlegung die ⇨ Gewerbe- bzw. ⇨ Berufsfreiheit nur geringfügig eingeschränkt wird. ⇨ 107, 115, 119 f., 123, 137 f., 158 ff., 181, 206 f.

B

Behörden
Nach Stellung im Staatsaufbau und Aufgabenbereichen unterschiedene Teile der Exekutive, die mit der Erfüllung ⇨ öffentlicher Aufgaben insbesondere der Staats- und Kommunalverwaltung betraut sind und deren (örtliche, sachliche und instanzielle) Zuständigkeiten in der Regel durch Gesetz näher bestimmt werden. ⇨ 8 f., 54 ff., 138 f., 147

Beihilfen
Vor allem in Art. 87 ff. des EG-Vertrags verwendete Bezeichnung für ⇨ Subventionen.

Berufsfreiheit
Zentrales wirtschaftliches Freiheits-⇨ Grundrecht, das nur für »Deutsche« – natürliche wie juristische Personen – gilt und unter dem Aspekt des Erwerbs jede nicht generell verbotene, nachhaltige ökonomische Aktivität gegenüber Eingriffen der öffentlichen Gewalt schützt. Außer in Bundes- und Landesverfassungen wird Berufsfreiheit auch im Recht der ⇨ EG (bisher aber noch nicht ausdrücklich) verbürgt. ⇨ 23 ff., 123 f.

Binnenmarkt
Über das ursprüngliche Konzept eines Gemeinsamen Marktes hinausreichendes, zentrales Ziel der ⇨ EG, welches (vorbehaltlich der Wahrung wesentlicher nichtwirtschaftlicher Interessen) auf die Schaffung eines das gesamte Gebiet der EG-Mitgliedstaaten umfassenden Raums ohne Binnengrenzen gerichtet ist, in dem alle ⇨ Grundfreiheiten so weit wie möglich wirksam sind. ⇨ 23, 25, 34 ff., 72 ff., 212

D

Daseinsvorsorge
Von Sozialstaatsprinzip und Menschenwürde abgesteckter Bereich elementarer öffentlicher Infrastruktur-Aufgaben, für deren sachlich und räumlich ausreichende Erfüllung jede Ebene der öffentlichen Gewalt verantwortlich ist, entweder durch eigene (wirtschaftliche) Aktivitäten oder durch Gewährleistung für dauerhafte Tätigkeiten Privater, z.B. in Form von Leistungen des Universaldienstes. ⇨ 18, 70, 79, 82, 87 f.

Dispens
Im Hinblick auf ⇨ Gewerbe- bzw. ⇨ Berufsfreiheit nur unter strikten Voraussetzungen zulässiges Mittel (auch) der ⇨ Wirtschaftslenkung, bei dem ⇨ Behörden von einem generell geltenden Verbot bestimmter sozial schädlicher Aktivitäten bei Vorliegen einer atypischen oder Sonder-Situation befreien können; der Begünstigte hat regelmäßig keinen Anspruch auf Erlass eines derartigen ⇨ Verwaltungsaktes, vielmehr wird hierüber nach pflichtgemäßem Ermessen entschieden. ⇨ 110, 124

E

EG-Recht
Die auch als Gemeinschaftsrecht bezeichnete Rechtsordnung der beiden ⇨ Europäischen Gemeinschaften (EG und Euratom) ist Teil (»erste Säule«) des Rechts der ⇨ Europäischen Union und hat im Hinblick auf ihre »supranationale« Natur Vorrang vor jeglichem mitgliedstaatlichen Recht. ⇨ 7 f., 36, 46, 71 ff., 89 ff., 125, 128, 177, 197, 203, 219

EG-Rechtsakt
Vor allem in Art. 249 des EG-Vertrags aufgeführte Maßnahme von EG-Organen (Rat, Europäisches Parlament, Kommission), die teils nach Form und Inhalt eine Rechtsvorschrift darstellt (Verordnung, Richtlinie), teils Einzelfälle regelt (Entscheidung). Neben verbindlichen gibt es auch unverbindliche, gleichwohl aber rechtserhebliche Rechtsakte wie z.B. Empfehlungen. ⇨ 7 f., 32, 72, 213

Eigentum
Neben der ⇨ Berufsfreiheit zentrales wirtschaftliches Freiheits-⇨ Grundrecht, das weniger »Erwerb« als

»Erworbenes« schützt, indem jeder Person, auch Ausländern, der Bestand grundsätzlich jedes vermögenswerten Rechts (einschl. geistigen Eigentums wie etwa Urheberrechte, Marken oder Patente) gegenüber Eingriffen der öffentlichen Gewalt gewährleistet wird. Der Gesetzgeber ist jedoch berechtigt und verpflichtet, Inhalt und Schranken im Hinblick auf die Sozialpflichtigkeit/Sozialbindung von Eigentum näher auszugestalten und dabei dessen »privatnützigen« Charakter angemessen zu wahren. Eine Entziehung (Enteignung) ist nur im öffentlichen Interesse und gegen Entschädigung zulässig (Wertgarantie); auch der Schaden aus zufälligen Nebenfolgen hoheitlichen Handelns ist als enteignungsgleicher oder enteignender Eingriff zu ersetzen. ⇨ 11, 19 f., 25 ff., 46, 48 f., 72, 79, 146

Europäische Gemeinschaft (EG)
Eine seit Auflösung der Montanunion 2002 noch bestehende, 1957 durch die »Römischen Verträge« errichtete Internationale Organisation, deren Bezeichnung bis zur Errichtung der EU 1993 und der damit verbundenen Erweiterung ihres Aufgabenfeldes Europäische Wirtschaftsgemeinschaft (EWG) lautete. Haupt-Organe der EG sind: Europäisches Parlament, (Minister-)Rat, Kommission, Europäischer Gerichtshof und Europäischer Rechnungshof. Die EG ist bis auf weiteres ein nach Breite und Tiefe ihrer Kompetenzen über klassische Internationale Organisationen weit hinaus reichender »Staatenverbund«, aber kein (Bundes-)Staat. ⇨ 7 f., 34 ff., 42 ff., 71 ff., 89 ff., 99, 106, 121, 128, 177, 197, 202 ff., 217 ff.

Europäische Union (EU)
1993 in Form eines völkerrechtlichen ⇨ Vertrags zwischen allen E(W)G-Mitgliedstaaten errichtetes »Dach«, unter dem zum einen die beiden verbliebenen Europäischen Gemeinschaften (⇨ EG) ihre Tätigkeiten entfalten, aber auch eine enge »intergouvernementale« Zusammenarbeit der Staaten auf nichtwirtschaftlichem Gebiet erfolgt. ⇨ 20, 34, 125, 171

Finanzdienstleistungen
Volkswirtschaftlich bedeutsamer Teilbereich des Dienstleistungssektors, für den international Vorgaben der WTO (GATS), des Weiteren ⇨ EG-Rechtsakte zur Verwirklichung eines ⇨ Binnenmarktes auf diesem Gebiet und schließlich nationale Vorschriften insbesondere der ⇨ Wirtschaftsaufsicht über Bank- bzw. Versicherungsunternehmen einen Rahmen abstecken. ⇨ 57 f., 147, 180

Gaststätte
Bisher noch im Gaststättengesetz des Bundes und Durchführungsvorschriften geregelte Gewerbe-Art, bei der ein Betrieb von Schank- oder Speisewirtschaften regelmäßig einer ⇨ Genehmigung bedarf, das Führen eines Beherbergungsbetriebs hingegen nicht mehr. ⇨ 2, 115, 124, 165 ff.

Gefahr
Auch für ⇨ Gewerbe und ⇨ Immission zentrale Kategorie für Art, Ausmaß und Ziel behördlicher Maßnahmen zur Abwehr von (oder bereits als Vorsorge vor) Gefährdungen der öffentlichen Sicherheit oder Ordnung, um zu verhindern, dass aus einem störenden Verhalten oder Zustand ein Schaden entsteht. ⇨ 25, 100, 104 ff., 113 ff., 122 ff., 146, 153, 158 ff., 172 f., 187 ff.

Genehmigung
Neben Erlaubnis, Konzession oder Zulassung verwendete Bezeichnung für eine verbindliche (behördliche) Gestattung wirtschaftlicher oder anderer Tätigkeiten aufgrund des positiven Ergebnisses der Prüfung ihrer Unbedenklichkeit; im Vergleich zur Verpflichtung zu einer ⇨ Anzeige weiter gehender Eingriff in (wirtschaftliche) ⇨ Grundrechte und daher verfassungsrechtlich nur unbedenklich, wenn hierfür gewichtige Belange der Allgemeinheit (vor allem Abwehr von ⇨ Gefahren) sprechen. Werden mehrere Genehmigungen durch eine ⇨ Behörde im Hinblick auf die Erfüllung unterschiedlicher Rechtsvorschriften erteilt, liegt sog. Konzentrationswirkung vor. ⇨ 4, 24, 86, 108 ff., 118 ff., 126, 160, 165 ff., 178 ff., 189 ff., 198 ff., 205 f.

Gewerbe
Oberbegriff für eine Vielzahl wirtschaftlicher Tätigkeiten, die weder Freie Berufe, Land- oder Forstwirtschaft noch weitere nicht »gewerbsmäßige« Aktivitäten umfasst, was auch für die Gewerbesteuerpflicht maßgeblich ist. Kennzeichnend ist ferner »gewerbsmäßiges«, d.h. auf Dauer und mit Absicht der Gewinnerzielung erfolgendes Handeln. Zu unterscheiden sind stehendes Gewerbe (anknüpfend an eine feste Niederlassung als Regelfall), Reise- und Marktgewerbe (⇨ Markt). Für Gewerbe wird ein spezielles (Gewerbe-)zentralregister geführt. ⇨ 4, 26, 61 ff., 99, 104 ff., 107 ff., 118 ff., 139 f., 152 ff., 189, 219

Gewerbefreiheit
Zentrales Prinzip des Gewerberechts, das für In- wie Ausländer und auch für juristische Personen gilt, jedoch enger als ⇨ Berufsfreiheit ist, weil nur (alle) ⇨

Gewerbe erfasst werden. Regelmäßig bedürfen Aufnahme, Änderung oder Aufgabe gewerblicher Tätigkeiten daher lediglich einer ⇨ Anzeige an die Gemeinde als die zuständige ⇨ Behörde, die daraufhin einen Gewerbeschein ausstellt. Auch wenn und soweit aus gewerbepolizeilichen oder anderen Gründen des Allgemeinwohls für bestimmte Arten des stehenden Gewerbes und generell für das Reise-Gewerbe eine vorherige ⇨ Genehmigung eingeholt werden muss, bleibt dies mit der Gewerbefreiheit jedenfalls dann vereinbar, wenn die betreffende Person einen Rechtsanspruch auf Erteilung hat, wenn und solange sie den legitimen Voraussetzungen hierfür genügt. Zwischen Anzeige und Genehmigung stehen Gewerbe, die lediglich einer besonderen Überwachung (während des Betriebs) unterliegen. ⇨ 104, 122 f., 138, 157 f.

Grundfreiheiten
Grundlegende Regeln des Rechts der ⇨ EG, die im Hinblick auf je einzelne grenzüberschreitende wirtschaftliche Tätigkeiten (Personen-, Waren-, Dienstleistungs-, Kapital- und Zahlungsverkehr) jedem EG-Mitgliedstaat Diskriminierungen von Personen oder ⇨ Unternehmen aus anderen Mitgliedsländern verbieten und zudem auch gleichermaßen In- wie Ausländer belastende (»beschränkende«) staatliche Maßnahmen untersagen, die nicht durch spezielle nichtwirtschaftliche öffentliche Interessen gerechtfertigt sind. Um einen EG-weiten ⇨ Binnenmarkt zu verwirklichen, reicht die »negative« Wirkung der Grundfreiheiten allerdings nicht aus; sie müssen dazu durch Erlass von ⇨ EG-Rechtsakten ergänzt werden, durch die gemeinschaftsweit einheitliche Schranken (aus Gründen des Allgemeinwohls) präzisiert werden. ⇨ 23, 34 ff., 72, 101

Grundrechte
Im Unterschied zu ⇨ Grundfreiheiten nicht auf grenzüberschreitende Sachverhalte beschränkte, regelmäßig in staatlichen Verfassungen besonders ausgestaltete wesentliche Rechte natürlicher und auch (modifiziert) juristischer Personen. Nach dem Träger eines Grundrechts zu unterscheiden sind »Jedermann«- (Menschen-) und Deutschen-Rechte, nach der Zielrichtung Abwehr- bzw. Freiheits- und Gleichheitsrechte, nach der Bindung unmittelbare Wirkung (nur für jede Form öffentlicher Gewalt) und Dritt- oder mittelbare Wirkung (auch gegenüber anderen Privaten, ausdrücklich nur bei der Koalitionsfreiheit). Sowohl Freiheits- als auch Gleichheitsgrundrechte lassen sich ferner in spezielle und allgemeine Gewährleistungen trennen; für ihren Anwendungsbereich gehen jene (z.B. Berufsfreiheit) diesen (etwa der Allgemeinen Handlungsfreiheit) vor. Als im Kern auch vor Verfassungsänderungen geschützte elementare Rechte bezwecken Grundrechte nicht nur Verhinderung staatlicher Übergriffe und Willkür, sondern haben daneben weitere Funktionen: Sie gewährleisten bestimmte Einrichtungen oder Institute (wie Ehe und Familie, privates ⇨ Eigentum), verpflichten den Staat, selbst Maßnahmen zu ihrem Schutz (vor Eingriffen seitens Dritter) zu treffen (z.B. Vorschriften zum Presserecht, zum Post- und Fernmeldegeheimnis), und ihre inhaltlichen Garantien werden durch Organisations- und Verfahrensbestimmungen abgerundet (z.B. bei Enteignungen). Wirtschaftliche Grundrechte sind vor allem ⇨ Berufs- und ⇨ Eigentums- sowie ⇨ Vereinigungs(- einschl. Koalitions)freiheit, ergänzt durch die Allgemeine Handlungsfreiheit als Auffanggrundrecht. Vor allem bei ⇨ Wirtschaftsförderung ist aber auch das (allgemeine) Gleichheitsgrundrecht von hoher Bedeutung. ⇨ 11, 17 ff., 23 ff., 30 ff., 71, 87, 98, 101, 104, 116, 131, 136, 171

(Allgemeine) Handlungsfreiheit
Im Hinblick auf geschützte Personen und Betätigungen umfassendes, gegenüber speziellen ⇨ Grundrechten jedoch nachrangiges Freiheitsrecht, das für wirtschaftliche Aktivitäten immer dort bedeutsam wird, wo es entweder um Nicht-Deutsche oder der Schutz durch ⇨ Berufsfreiheit oder Eigentumsgarantie nicht eingreift (z.B. bei Vertragsfreiheit). ⇨ 22, 31 f., 63

Handwerk
In der Handwerksordnung speziell normierte, durch primär manuelle, »handwerksmäßige« Betätigung gekennzeichnete Form gewerblicher Tätigkeit, für die noch immer ein besonderes Verfahren der ⇨ Genehmigung (Eintragung in die Handwerksrolle durch die Handwerkskammer [⇨ Kammer]) zur Kontrolle einer spezifischen Qualifikation (Befähigungsnachweis, Meisterprüfung) gilt; die Zulassung wird durch eine Handwerkskarte dokumentiert. Seit 2004 werden zulassungspflichtige von (weniger strikt geregelten und lediglich einer Verpflichtung zur ⇨ Anzeige unterworfenen) zulassungsfreien Handwerken unterschieden; nicht »handwerksfähig«, gleichwohl aber von einigen Vorschriften der Handwerksordnung erfasst sind handwerksähnliche Gewerbe. Handwerk kann auch die Form eines Neben- oder Hilfsbetriebs annehmen; nur wenn (bei jenem) mehr als ein Minder-, nämlich ein Vollhandwerk vorliegt, greifen die Regeln der Handwerksordnung für den selbstständigen Betriebe eines zulassungspflichtigen Handwerks (als stehendes Gewerbe) ein. ⇨ 2, 29, 61 ff., 65 ff., 77, 119, 138, 171 ff.

Immissionsschutz
An der Schnittstelle zwischen Öffentlichem ⇨ Wirtschaftsrecht und Umweltrecht (⇨ Umweltschutz) liegender Bereich, weil und soweit die zu vermeidenden oder jedenfalls zu verringernden Umweltbeeinträchtigungen durch wirtschaftliche Betätigungen beim Betrieb »lästiger Anlagen« hervorgerufen werden, die gerade deshalb (nach dem BImSchG) ein spezielles Genehmigungsverfahren durchlaufen müssen. ⇨ 19, 138, 152, 165, 186 ff.

Kammer
Als juristische Person (Körperschaft) des ⇨ Öffentlichen Rechts organisierte Einrichtung der ⇨ Selbstverwaltung der Wirtschaft, die entweder Aufgaben für eine Vielzahl von Wirtschaftsbranchen erfüllt (wie die Industrie- und Handelskammern) oder dies lediglich für die ⇨ Unternehmen (sowie teils auch deren Personal, so bei der Handwerkskammer) einzelner Gewerbezweige oder Freier Berufe (z.B. Ärzte-, Anwalts-, Steuerberaterkammer) tut. Auch solche berufsständischen Kammern basieren (bisher) auf der Pflichtmitgliedschaft (zumindest) aller selbstständig Tätigen des jeweiligen Bereichs und finanzieren ihre ⇨ öffentlichen Aufgaben primär durch Beiträge. ⇨ 31, 61 ff., 77, 119, 138, 167, 171, 174 ff.

Kartell
Zentraler Begriff des Wettbewerbs- bzw. Kartellrechts auf der Ebene der ⇨ EG wie des nationalen Rechts, der vertragsförmige oder sonst einvernehmliche Wettbewerbsbeschränkungen bezeichnet, die in der Regel verboten sind. Die Kontrolle der Einhaltung des Kartellverbots und die Entscheidung über Ausnahmen obliegen besonderen (allgemeinen) Kartellbehörden, in Deutschland primär dem Bundeskartellamt, in der EG der Kommission. ⇨ 88 f., 125, 203, 208 f.

Kommunale Selbstverwaltung
Verfassungsrechtliche Gewährleistung eines Mindestmaßes an Autonomie für die Gestaltung und Regelung örtlicher Angelegenheiten unter staatlicher Aufsicht, die Gemeinde, Landkreise und andere kommunale Körperschaften auch zu Maßnahmen der ⇨ Wirtschaftsplanung, ⇨ -lenkung und -förderung sowie zur Errichtung und Beteiligung an (kommunalen) öffentlichen ⇨ Unternehmen und/oder ⇨ öffentlichen Einrichtungen (insbesondere der ⇨ Daseinsvorsorge) berechtigt. ⇨ 54, 73, 127

Kontrollerlaubnis
Für gewerbliche und andere berufliche Tätigkeiten wesentliche Form einer behördlichen ⇨ Genehmigung, bei der vor Aufnahme oder wesentlicher Änderung der (wirtschaftlichen) Aktivitäten deren rechtliche Unbedenklichkeit geprüft wird, wobei dann, wenn keine gesetzlichen Voraussetzungen für eine Versagung (Ablehnung des Antrags) vorliegen, ein Rechtsanspruch auf Erteilung besteht. Dadurch wird in weitest möglichem Umfang ⇨ Gewerbe- bzw. ⇨ Berufsfreiheit verbürgt. ⇨ 123, 158

Konzession
Herkömmliche Bezeichnung für eine ⇨ Genehmigung wirtschaftlicher Tätigkeit, die sich entweder auf persönliche Merkmale, insbesondere ⇨ Zuverlässigkeit oder Sach-/Fachkunde (Personal-Konzession), oder auf sachbezogene Kriterien (örtliche Lage, technische Beschaffenheit einer baulichen oder sonstigen Anlage) bezieht (Sach-Konzession), aber auch beide verbinden kann (gemischte Konzession). Neben der generell für ihre Erteilung geschuldeten Verwaltungsgebühr existiert im Energiebereich eine besondere, an Gemeinden zu entrichtende Konzessionsabgabe. ⇨ 108, 119, 162, 205

Leistungsverwaltung
Teilbereich behördlicher Tätigkeiten zur Wahrnehmung ⇨ öffentlicher Aufgaben, in dem anders als bei der Eingriffsverwaltung zwar der Vorrang, aber nicht immer der Vorbehalt des Gesetzes gilt und Leistungen an Personen oder ⇨ Unternehmen auch mittels Abschluss und Erfüllung privatrechtlicher ⇨ Verträge erfolgen können. ⇨ 20, 127, 212, 217

Markt

Veranstaltung zum Austausch von Waren, Dienstleistungen und anderen Gütern zwischen einer Mehr-/Vielzahl von Personen, die auf unterschiedlichen Ebenen und in verschiedenen Regelungskontexten durchgeführt wird, so dass Märkte unter räumlichem global/international (z.B. Finanzmärkte), national bzw. bezogen auf ein Wirtschaftssystem (Marktwirtschaft) oder auch lokal abgegrenzt werden können. Daneben muss zur Ermittlung von Marktmacht, -beherrschung oder -missbrauch (vor allem durch private Monopole) auf einem bestimmten Markt im Kartell- und im Regulierungsrecht auch eine sachliche Abgrenzung (primär nach einem Bedarfsmarktkonzept) erfolgen. Gegenüber einem Marktversagen kommen Maßnahmen der ⇨ Regulierung in Betracht. Im Gewerberecht bezeichnet Markt einen besonderen Typus, bei dem unterschiedliche Formen existieren (von Messen bis zu Wochen- oder auch Großmärkten) und mit deren Festsetzung Marktfreiheit für beide Teilnehmerseiten, vor allem für die Anbieter gewährleistet wird; zudem gelten im Markt-⇨ Gewerbe Regeln für die Lenkung des Zugangs bei einem »Überhang« von Interessenten. Märkte können auch als kommunale ⇨ öffentliche Einrichtungen betrieben werden. ⇨ 2, 6, 12, 16 ff., 34 ff., 42 ff., 70 ff., 80, 89, 98, 101, 104, 121, 125, 129, 158, 163 f., 196 ff., 217 f.

O

Öffentliche Aufgaben

In Staatszielen oder Gesetzgebungskompetenzen normierte Materien, deren ordnungsgemäße Wahrnehmung auf Dauer staatlichen Stellen (⇨ Behörden) oder auch internationalen Organisationen übertragen ist und deren Aktivitäten (gegenüber Privaten) legitimiert. ⇨ 13, 16, 26, 29, 57 ff., 70, 80, 82, 92, 94, 104, 215

Öffentliche Einrichtungen

Im weiteren Sinne bezogen auf juristische Personen des ⇨ Öffentlichen Rechts, in einem engeren, spezifischen Sinn Kategorie des Kommunalrechts, bei der ein Zugang zu und die Nutzung solcher Einrichtungen (z.B. Wasserversorgung, Abwasserbeseitigung) jedem »Einwohner« und ortsansässigen ⇨ Unternehmen gestattet wird, während Fremde (die nicht in der betr. Gemeinde, Stadt oder Kreis wohnen) nicht bzw. nur bei noch verfügbaren Kapazitäten zugelassen werden (müssen). ⇨ 6, 58, 80 ff., 163

Öffentliches Recht

Im Unterschied zum sich an jede Person richtenden ⇨ Privatrecht Teilbereich des (nationalen) Rechts, in dem der Staat bzw. seine Organe und ⇨ Behörden nur ihm/ihnen zustehende (»hoheitliche«) Befugnisse ausübt, um ordnungsgemäß ⇨ öffentliche Aufgaben zu erfüllen. ⇨ 6, 13, 26, 58, 62, 65, 76, 83 ff., 88, 132, 215

Privatisierung

Sammelbegriff für verschiedene Arten der Verlagerung von Aufgaben/Tätigkeiten zwischen öffentlichem und privatem (wirtschaftlichen) Sektor eines Gemeinwesens. Bei einer formellen oder auch Organisations- oder »Schein«-Privatisierung ändert sich die Einordnung der betreffenden ⇨ öffentlichen Aufgabe inhaltlich nicht, sie wird jedoch nunmehr von einem öffentlichen ⇨ Unternehmen in einer Rechtsform des ⇨ Privatrechts erfüllt, regelmäßig einer Kapitalgesellschaft. Bei einer Privatisierung der Rechtsform (im Rahmen der ⇨ Leistungsverwaltung, bei der Nutzung ⇨ öffentlicher Einrichtungen oder bei ⇨ Subventionen) wird lediglich die Beziehung zwischen Staat und Privatperson/Unternehmen privatrechtlich ausgestaltet; auf staatlicher Seite muss ansonsten keine Änderung (etwa als Ausgliederung einer eigenständigen wirtschaftlichen Einheit) erfolgen. Aufgaben- und materielle Privatisierung hingegen verkürzen den Umfang staatlicher Aufgaben/Befugnisse und erweitert im Gegenzug privat(wirtschaftlich)e ⇨ Handlungsfreiheit; sie kann (funktionell) als Abtrennung einzelner, weniger wichtiger Aktivitäten (und der Heranziehung von Privaten für deren Vornahme) oder auch umfassend im Hinblick auf eine Branche vor sich gehen, deren Verhalten der Staat dann nur noch durch ⇨ Regulierung oder allgemeine Maßnahmen der ⇨ Wirtschaftslenkung beeinflussen kann, um fortbestehende öffentliche Interessen zu wahren. ⇨ 13, 71 ff., 83, 92 f., 125

Privatrecht

Im Unterschied zum ⇨ Öffentlichen Recht prinzipiell für jede Person geltende Regeln über Aufnahme, Ausgestaltung und Beendigung rechtlicher Beziehungen. Die einer Regelung unterworfene Personengruppe kann aber unterschiedlich weit abgegrenzt sein; so gilt etwa das Handelsgesetzbuch (HGB) nur für Kaufleute, das Bürgerliche Gesetzbuch (BGB) hingegen für natürliche und (in vielen Teilen) auch für juristische Personen. Selbst staatliche Stellen können auf der Grundlage des Privatrechts tätig werden. Hierbei steht Wirtschafts-Privatrecht für auf (privates) wirtschaftliches Handeln bezogene und hierfür besonders wichtige Regelungen, also Vertrags-, Vermögens-, Handels- oder Gesellschaftsrecht. ⇨ 2 ff., 6, 11 ff., 23, 26, 29 ff., 59, 61, 64 f., 76, 83 ff., 92 f., 99, 132, 141, 190 f., 215

Regulierung

Von dem englischen »regulation« abgeleiteter Begriff, der alle staatlichen Maßnahmen zur Steuerung des Verhaltens von Personen ⇨ Unternehmen umfasst und über ⇨ Wirtschaftslenkung / ⇨ Wirtschaftsaufsicht hinausgeht. Besondere Bedeutung hat er in (häufig früher oder teils noch von der öffentlichen Hand kontrollierten) Sektoren der Netz-Wirtschaft, in denen die Einflussnahme durch spezifische ⇨ Behörden (vor allem die Bundesnetzagentur) vor allem den Netzzugang und hierfür oder auch für andere Leistungen geforderte Entgelte betrifft, aber auch technische Regulierung einschließt, oft durch spezielle Beschlusskammern stattfindet und (im Energiebereich) als besondere Anreizregulierung ausgestaltet werden soll. ⇨ 45, 78, 89, 121, 141 f., 147, 196 ff.

Selbstverwaltung der Wirtschaft

Wahrnehmung ⇨ öffentlicher Aufgaben durch private Akteure, die entweder über eine Pflichtmitgliedschaft in unterschiedlichen ⇨ Kammern zusammengeschlossen sind, die dann allgemeine oder meist nur berufsständische Interessen vertreten, oder in bei staatlichen Stellen eingerichteten Beratungsgremien mitwirken oder schließlich in Form privater Verbände oder Einrichtungen Angelegenheiten besorgen oder regeln, die ansonsten durch ⇨ Behörden erfüllt werden müssten. Damit verwandt ist Selbst-Regulierung, womit vor allem das Aufstellen und Überwachen der Einhaltung von eigenen, privaten Regelwerken erfasst wird, die teils über vertragliche Bindungen wirksam werden, teils ausdrücklich nur Empfehlungen aussprechen bzw. deren Befolgung freiwillig (aber vorteilhaft) ist. ⇨ 31, 61 ff.

Subventionen

Als Teil der ⇨ Wirtschaftsförderung und ⇨ Wirtschaftslenkung Sammelbegriff für eine Vielzahl vermögenswerter Zuwendungen der öffentlichen Hand (vor allem) an ⇨ Unternehmen, um diese zu einem bestimmten Handeln/Unterlassen zu veranlassen; eine solche indirekte Verhaltenssteuerung kommt aber auch bei anderen ⇨ öffentlichen Aufgaben in Betracht. Im Öffentlichen ⇨ Wirtschaftsrecht erfassen Subventionen im engeren Sinne lediglich finanzielle Zuwendungen auf EG- oder verschiedenen staatlichen Ebenen aus öffentlichen Haushalten an private oder auch öffentliche Unternehmen. In einem ökonomischen Sprachgebrauch fallen unter (indirekte) Subventionen auch Steuer- und andere Abgabenvergünstigungen – für die ein strikter Vorbehalt des Gesetzes gilt – und die Einräumung von Vermögensvorteilen im Rahmen der Vergabe öffentlicher Aufträge. Bei der Bewilligung von direkten Subventionen wird häufig eine (meist öffentliche) Bank als Verwaltungshelfer, teils auch als Beliehener tätig, die dann Partei der Darlehensvereinbarung wird und den Kredit abwickelt. Im Hinblick auf die mit ihnen einher gehende Wettbewerbsverzerrung unterliegen Subventionen auch Regeln des Rechts der WTO; dort dürfen gegenüber bestimmten spezifischen (u.a. Ausfuhr-)Subventionen Ausgleichszölle als Gegenmaßnahme getroffen werden. ⇨ 20, 33, 48, 55, 74, 89, 128 ff., 132, 212 ff.

Umweltschutz

Als ⇨ öffentliche Aufgabe auf internationaler, europäischer und nationaler Ebene anerkannte Zielsetzung zur Bewahrung und Pflege einer lebenswerten (natürlichen) Umwelt auch für künftige Generationen und nicht allein auf die menschliche Existenz bezogen, sondern auf den Schutz jeglicher Lebewesen und von Ökosystemen (wie Klima). Umweltschutz hat mehrere Schnittstellen zum Öffentlichen ⇨ Wirtschaftsrecht: Gewerbliche und andere wirtschaftliche Tätigkeiten rufen in unterschiedlichem Maße Umweltbeeinträchtigungen hervor, woraus sich die Notwendigkeit von Umweltverträglichkeitsprüfungen bei größeren Vorhaben und allgemein von Regeln und Maßnahmen des ⇨ Immissionsschutzes ergibt. Die Herstellung umweltfreundlicher Produkte bzw. der Einsatz umweltfreundlicher Verfahren ist ihrerseits ein wesentliches Element vieler Wirtschaftszweige. Zustand und Entwicklung der Umweltsituation erfordern staatliche Beobachtung, deren Ergebnisse dann so weit wie möglich der Öffentlichkeit zugänglich gemacht werden (müssen). ⇨ 18, 33, 102, 127, 158

Unternehmen
Regelmäßig nicht von einer einzelnen Person (als Unternehmer), sondern von einer als Personen- oder Kapitalgesellschaft (nach Maßgabe je nationalen Handels- und Gesellschaftsrechts) organisierten Personenmehrheit planmäßig betriebene wirtschaftliche Tätigkeit. Bei einem tendenziell globalen Betätigungsfeld spricht man von inter- oder transnationalen ⇨ Unternehmen, internationale Unternehmen im engeren Sinn dagegen beruhen auf einem völkerrechtlichen ⇨ Vertrag zwischen mindestens zwei Staaten. Sind an einem Unternehmen außer privaten natürlichen oder juristischen Personen auch staatliche Stellen beteiligt, wird diese Einheit als gemischtes Unternehmen bzw. »joint venture« bezeichnet. Öffentliche Unternehmen unterscheiden sich von privaten nicht primär nach der Rechtsform, sondern nach der Art der Beteiligten: Hier muss zumindest eine Kontrolle durch die öffentliche Hand vorliegen, wird diese aufgegeben, so entsteht ein (auch materiell) privatisiertes Unternehmen. Auf kommunaler Ebene gelten dabei unterschiedliche Regeln für wirtschaftliche und nicht-wirtschaftliche, d.h. direkt zur Erfüllung einer ⇨ öffentlichen Aufgabe errichtete und nicht kommerziell ausgerichtete Einrichtungen. ⇨ 3 f., 6, 9, 11 ff., 16, 26 ff., 31 ff., 38 ff., 45 f., 49 f., 70 ff., 78 ff., 82 ff., 90 ff., 98 f., 101, 103 f., 125 ff., 128 ff., 142 f., 147, 158, 161, 174 ff., 196 ff., 212 ff.

Unternehmensgruppe
Im Hinblick auf (finanzielle und andere) Verflechtungen mehrerer ⇨ Unternehmen in Form etwa eines Konzerns verwendete Zusammenfassung zu einer Einheit für bestimmte staatliche Zwecke (z.B. der ⇨ Wirtschaftsaufsicht), durch die der einheitlichen Gesamtleitung Rechnung getragen, die unternehmerische Freiheit aber nicht mehr als nötig eingeschränkt werden soll. ⇨ 183

Unternehmer
Unterschiedlich verwendeter Begriff für eine einzelne natürliche Person, entweder als Gegensatz zum Verbraucher bezogen auf geschäftliches (und nicht privates) Handeln, oder als Synonym für wirtschaftlich selbstständige Tätigkeit, die vor allem für Gewerbetreibende (außer im Reisegewerbe) kennzeichnend ist. Gegenüber dem definitionsgemäß unselbstständigen, weisungsgebundenen Arbeitnehmer unterscheidet sich der »echte« (und nicht nur »Schein«-)Unternehmer dadurch, dass er das Unternehmerrisiko für das Scheitern seiner Projekte trägt. ⇨ 11, 31, 39,

70, 78 f., 99, 104, 122 f., 127, 142, 154, 175, 177 ff., 212

Vereinigungsfreiheit
Neben ⇨ Berufs- und Eigentumsfreiheit das dritte wesentliche wirtschaftliche ⇨ Grundrecht, das auch – allgemein wie in seiner speziellen Ausgestaltung als Koalitionsfreiheit in Bezug auf Wirtschafts- und Arbeitsbeziehungen – auf internationaler Ebene gewährleistet wird. Vereinigungsfreiheit bezieht sich nur auf privatrechtliche Gesellschaften und Organisationen, nicht auf eine (Pflicht-)Mitgliedschaft in ⇨ Kammern. Geschützt wird sowohl die einzelne Person im Hinblick auf Bei- oder Austritt als auch die (auch wirtschaftliche) Betätigung der Vereinigung (des Kollektivs) selbst. Davon zu unterscheiden ist eine positive bzw. negative Komponente, d.h. die Freiheit, eine Gesellschaft (nicht) zu gründen und zwischen gesetzlich vorstrukturierten Typen von Rechtsformen auszuwählen. ⇨ 4, 29 f., 63

Verhältnismäßigkeitsprinzip
Wesentliches Element des Rechtsstaatsprinzips wie der Gewährleistung von ⇨Grundrechten, das für jedes, vor allem das hoheitliche Handeln aller staatlichen Ebenen, aber auch für die ⇨ EG gilt. Das Verhältnis zwischen einem (seinerseits legitimen) Ziel und dem zur Erreichung eingesetzten Mittel muss (überhaupt) geeignet, erforderlich (d.h. kein milderes Mittel) und schließlich für den Betroffenen zumutbar (also angemessen) sein. ⇨ 19, 21 f., 25, 28, 30 ff., 38, 48, 63, 113, 118, 123, 136 f., 156, 161, 171, 176, 192

Vertrag
Aus übereinstimmenden Willenserklärungen von mindestens zwei Personen bestehendes Rechtsverhältnis, das sowohl auf dem Gebiet des ⇨ Privat- als auch dem des ⇨ Öffentlichen Rechts (Verwaltungsrechtlicher Vertrag) zustande kommen kann. Ferner können zwischen Staaten und/oder Internationalen Organisationen auch völkerrechtliche (oder Staats-)Verträge geschlossen werden. Vertragsfreiheit (als Kern der Privatautonomie) mit ihren Komponenten Form-, Abschluss- und Inhaltsfreiheit wird durch die ⇨ Allgemeine Handlungsfreiheit auch grundrechtlich und nicht zuletzt für das Wirtschaftsleben gewährleistet. ⇨ 3 f., 7 ff., 18, 30 ff., 40 ff., 70 ff., 81, 86 ff., 114, 125 f., 132, 199 ff., 215, 217

Verwaltungsakt

Neben und vor dem Verwaltungsrechtlichen ⇨ Vertrag wichtigste hoheitliche Handlungsform, nämlich eine hoheitliche Maßnahme einer Behörde auf dem Gebiet des ⇨ Öffentlichen Rechts, die der Regelung eines Einzelfalls dient und unmittelbare Rechtswirkung nach außen besitzt. Aus der Sicht des Betroffenen (Adressaten oder Dritte) kann ein Verwaltungsakt begünstigend oder belastend sein; von dieser Einordnung (und von dem Umstand, ob die Maßnahme beim Erlass rechtmäßig oder rechtswidrig war) hängt ab, ob eine spätere Aufhebung die Voraussetzungen einer Rücknahme oder eines Widerrufs beachten muss. Mit einem Verwaltungsakt können Nebenbestimmungen, vor allem Auflagen, Bedingungen oder Befristungen, verbunden werden. Ein privatrechtsgestaltender Verwaltungsakt betrifft unmittelbar die Wirksamkeit privatrechtlicher Vereinbarungen, z.B. bei ⇨ Genehmigung des gesamten ⇨ Vertrags oder einzelner Teile wie des Entgelts. Rechtsschutz im Sinne einer Aufhebung von oder einer Verpflichtung einer Behörde zum Erlass eines Verwaltungsakten gewähren Verwaltungsgerichte. ⇨ 4, 88, 101, 124, 132, 140 f., 163, 167, 175 f., 198, 202, 215 f.

Verwaltungsprivatrecht

Wahrnehmung ⇨ öffentlicher Aufgaben durch ⇨ Behörden in Handlungs- und Rechtsformen des ⇨ Privatrechts, wobei die öffentliche Hand an ⇨ Grundrechte und andere wichtige Vorschriften des ⇨ Öffentlichen Rechts gebunden bleibt. ⇨ 13, 87 f.

Verwaltungsverfahren

Für ⇨ Behörden nach unterschiedlichen Gesetzen, aber inhaltlich weithin übereinstimmend geltende Regeln, die vor Erlass eines ⇨ Verwaltungsakts oder Abschluss eines Verwaltungsrechtlichen ⇨ Vertrags zu beachten sind. Zu unterscheiden sind das generelle »nicht-förmliche« von einigen besonderen Verfahren (förmliches, Planfeststellungs-, Widerspruchsverfahren). ⇨ 11, 46, 54, 123, 219

Wirtschaftsaufsicht

Über eine bloße allgemeine Wirtschaftsüberwachung hinausreichende umfassende, d.h. von Aufnahme bis zu Beendigung (und darüber hinaus) einer bestimmten wirtschaftlichen Tätigkeit eingerichtete behördliche Kontrolle, vor allem in Bezug auf Finanzdienstleistungen als Banken- oder Versicherungsaufsicht. Im Unterschied zur ⇨ Regulierung bleibt die Verhaltenssteuerung aber weitgehend »global«, d.h. einzelne Transaktionen werden nur ausnahmsweise durch Verpflichtungen zur ⇨ Anzeige oder gar ⇨ Genehmigung betroffen. ⇨ 19, 101, 177 f.

Wirtschaftsförderung

Durch das Sozialstaatsprinzip und die Pflicht, ein gesamtwirtschaftliches Gleichgewicht zu sichern, legitimierte ⇨ öffentliche Aufgabe, die zwar dem Vorrang des Gesetzes unterliegt, jedoch – soweit sie Teil der ⇨ Leistungsverwaltung ist – bereits auf der Grundlage von in staatlichen Haushalten bereitgestellter Mittel erfolgen darf, freilich dabei vor allem den Gleichheitsgrundsatz beachten muss. ⇨ 19, 63, 76, 82, 122, 127 ff., 212

Wirtschaftslenkung

In einer durch wirtschaftliche ⇨ Grundrechte und (im Hinblick auf Vorgaben des EG-Vertrags) marktwirtschaftlich ausgerichteten Wirtschaftsordnung nur zum Schutz bestimmter nicht-wirtschaftlicher öffentlicher Interessen – vor allem zur Abwehr von ⇨ Gefahren – einsetzbare Art der Einflussnahme der öffentlichen Hand auf ⇨ Unternehmen und Geschäfte/Vorgänge. Wirtschaftslenkung kann sich unterschiedlicher Instrumente bedienen, insbesondere der ⇨ Wirtschaftsplanung, ⇨ -aufsicht oder ⇨ -förderung. ⇨ 17, 101, 121 ff., 153

Wirtschaftsplanung

Auch in einer marktwirtschaftlichen Ordnung zulässige und (in Grenzen) erforderliche Form der Einflussnahme der öffentlichen Hand auf ⇨ Unternehmen und Geschäfte/Vorgänge. Anders als in einer Zentralverwaltungs- oder Planwirtschaft sind bindende (»imperative«) Planvorgaben jedoch ausgeschlossen, weil mit wirtschaftlichen ⇨ Grundrechten unvereinbar. Pläne haben vielfältige Gestalten, und von der konkreten Regelung hängt die Art des Rechtsschutzes ab. Im Hinblick auf Parzellenschärfe und Projektbezug können jedoch Bebauungspläne oder Planfeststellungsbeschlüsse Grundlage für die Verwirklichung (oder das Scheitern) konkreter wirtschaftlicher Vorhaben sein, deren Rahmen sie rechtsverbindlich abstecken. ⇨ 101 ff., 122

Wirtschaftsrecht

Gesamtheit der Rechtsvorschriften mit Bezug auf ⇨ Unternehmen und wirtschaftliche Vorgänge. Je nach räumlichem Bezug und Geltungsgrund sind internationales, Europäisches bzw. EG- und nationales Wirtschaftsrecht zu unterscheiden. Vor allem auf staatlicher Ebene wird weiter zwischen Wirtschaftsprivat- und Öffentlichem Wirtschaftsrecht getrennt. Aus der Sicht von Unternehmen/Unternehmern sind jedoch alle wirtschaftsbezogenen oder -relevanten Regelungen gleichermaßen wichtig, um ökonomisch Erfolg zu haben. ⇨ 2 f., 6 f., 9 ff., 16 ff., 29, 42, 45 f., 49, 54, 75, 136, 141 ff., 157, 204 f.

Wirtschaftsverfassung

Bezeichnung für die Gesamtheit der grundlegenden, wirtschaftsbezogenen Regeln einer Rechtsordnung, die nicht notwendig oder gar im Sinne einer bestimmten Systematik in einer (staatlichen) Verfassung, also GG oder Landesverfassungen, enthalten sind, sondern auch in anderen, insbesondere völkerrechtlichen Regeln (deutsch-deutscher Einigungsvertrag) oder dem EG-Recht festgelegt werden können. Die deutsche Wirtschaftsverfassung wird vor allem durch wirtschaftliche ⇨ Grundrechte und bestimmte Staatsziele geprägt. ⇨ 6, 16 ff., 71

Zuverlässigkeit

Zentrale Anforderungen nicht nur des Gewerbe-, sondern des gesamten Öffentlichen Wirtschaftsrechts. Von ⇨ Gewerbe- bzw. ⇨ Berufsfreiheit kann ohne weiteres und auf Dauer nur Gebrauch machen, wer nicht unzuverlässig ist, d.h. durch dessen Verhalten nicht ⇨ Gefahren für die öffentliche Sicherheit oder Ordnung, vor allem für Beschäftigte, Nachbarn und Geschäftspartner hervorgerufen werden oder unmittelbar drohen. Fehlt bei einer Person die je für eine bestimmte Aktivität erforderliche Zuverlässigkeit oder fällt sie weg, so kann, ohne dass ein Verschulden vorliegen muss, entweder durch ⇨ Verwaltungsakt eine Untersagung verfügt oder eine ⇨ Genehmigung wieder aufgehoben werden. ⇨ 106 ff., 112, 137 ff., 160 ff., 167, 204 f.

GPSR Compliance

The European Union's (EU) General Product Safety Regulation (GPSR) is a set of rules that requires consumer products to be safe and our obligations to ensure this.

If you have any concerns about our products, you can contact us on

ProductSafety@springernature.com

In case Publisher is established outside the EU, the EU authorized representative is:

Springer Nature Customer Service Center GmbH
Europaplatz 3
69115 Heidelberg, Germany